书山有路勤为径，优质资源伴你行
注册世纪波学院会员，享精品图书增值服务

项目管理
洞见与实践

张文光 著

电子工业出版社
Publishing House of Electronics Industry
北京·BEIJING

未经许可，不得以任何方式复制或抄袭本书之部分或全部内容。

版权所有，侵权必究。

图书在版编目（CIP）数据

项目管理洞见与实践 / 张文光著. -- 北京 : 电子工业出版社, 2024. 9. -- ISBN 978-7-121-48587-9

Ⅰ. F224.5

中国国家版本馆 CIP 数据核字第 2024K4J996 号

责任编辑：刘淑丽
印　　刷：北京虎彩文化传播有限公司
装　　订：北京虎彩文化传播有限公司
出版发行：电子工业出版社
　　　　　北京市海淀区万寿路173信箱　邮编100036
开　　本：720×1000　1/16　印张：16.75　字数：348千字
版　　次：2024年9月第1版
印　　次：2024年9月第3次印刷
定　　价：82.00元

凡所购买电子工业出版社图书有缺损问题，请向购买书店调换。若书店售缺，请与本社发行部联系，联系及邮购电话：（010）88254888，88258888。

质量投诉请发邮件至zlts@phei.com.cn，盗版侵权举报请发邮件至dbqq@phei.com.cn。

本书咨询联系方式：（010）88254199，sjb@phei.com.cn。

读者感言

再一次踏入校园，听了张老师讲授的项目管理概论课程，我仿佛知道了自己多年以来一直探寻的是什么。在张老师的课堂上，我总能集中精神、心无杂念地倾听他讲述的项目管理知识，这些知识并非只是概念性的文字，通过张老师的讲述，它们仿佛变成了有生命的小精灵，可以毫无征兆地融入人的内心，增强了人内心的力量。

过去我看待自己总有一种朦朦胧胧的感觉，但通过课程上张老师对于人的内在层次的讲述，我仿佛看到了一个非常躁动的自己，总是为了达成一些和个人成长无关的目标而白费力气，这也是自己多年来一直处在一种消耗模式的原因。这种对自己更加清晰的把握，让我内心有了些许确定性，能够及时调整自己，更加有信心面对不确定的未来，这也是我重进校园后最大的收获。子曰："朝闻道，夕死可矣。"过去这句话对我来讲只是一个概念，现在我稍微有了一些理解。多年来我一直苦苦找寻的、一直想要得到的，可能正是这种纯粹的对于成长方向的指导，而不是外在的某种具体的方法，张老师的讲述里蕴含着很多这样内核性的指导思想。

希望每个有所彷徨的生命在阅读这本书后都能得到心灵的滋养，让生命之花尽情绽放，让内在得到真实的成长。

时国旗
自动化集成项目经理

在我的印象中，课堂上的张老师永远散发着一种独特的人格魅力，几乎让所有的同学都为之着迷。渴望解决工作难题的我们，"迷"上了张老师课堂上充满实践内涵的课程知识，因为取之能解题；充满人生疑惑的我们，更加"迷"上了张老师那睿智、幽默却又一针见血的犀利点评，因为听之能解惑。一直以来，学校的莘莘学子以及社会各界群体都期望张老师能写一本充满人生智慧的管理书。幸运的是，这本书终于在大家的强烈呼声中面世了。这本书的顺利出版更加完美地诠释了张老师是如何践行"知行合一"，做到项目管理智慧和人生管理智慧的有机统一的。书中，张老师以一种全新的视角，给予了"项目管理"深刻的"智慧"内涵，既告诉我们如何灵活地处理工作中碰到的种种难题，也为我们优雅地解决人生这个重大项目中出现的困惑提供了不同的可能性，这完全是"智慧"的"实践"运用。沉溺于概念的解读并不能帮助我们很好地管理当前项目，唯有多视角、深层次、系统化搞清楚内在的底层逻辑，站在更高维度看清它，才能更加合理地解决项目问题，这完全依赖于我们的当前认知、拥有的能量层级以及所处的思考维度。当然，这也是本书想要传递给大家的重要"心法"，值得我们深入挖掘，细细品味。

我想，我们既可以把它看作一本普通意义上的项目管理读本，也可以将其视作人生路上的智慧锦囊，做到时时开卷有益。在如今人们普遍浮躁的社会背景下，我觉得这本书就是张老师开出的一剂"除躁"良方，如何用好这副良药，实现药到病除，完全就看我们自己了。

邓吕
设备管理工程师

人生是一次复杂而充满挑战的旅程，我们常常需要一些指引来帮助自己找到方向和目标。对我的指引出现在我读研的时候。那是研一的下半年，我有机会学习了张老师的项目管理概论课程。在课堂上，张老师展示出的深刻洞察力和广博见识，仿佛源自无垠的宇宙，轻盈地流淌进我们的内心。他的话语如洪钟大吕般直击我们的内心深处，又似流水般轻快自在。在实际工作中，通过张老师的课程，我从原本的工程师思维模式中解放出来，去拥抱更高的层次。张老师的课程为我提供了深远的指导，拓宽了我的视野，让我能够全面把握整个项目的维度。

但是，课堂时间非常短暂，我们时常在心中渴望这些珍贵的知识能以一本书的形式展现出来，那将是多么美好！最近收到了书要面世的消息，我们的愿望即将成真。这本书将成为我成长中珍贵的一部分，永远铭刻在我心中，成为未来的指引。更重要的是，它将成为我美好过往的纪念，将那些珍贵的回忆凝聚其中。这本书不仅为我未来的职业道路打下了坚实的基础，更给予了我个人成长的方向和动力。它的深刻教诲和实践指导让我能够成为一个全面发展的项目管理者，将理论转化为实践，将梦想转化为现实。我决心用真正的行动去攀登更高的山峰，欣赏更美的风景。路阻且长，心怀感恩，且行且珍惜。

我记得张老师曾经说过："如果找不到路，就去找一个认识路的人。"我感到非常幸运。对张老师的教导，我心怀感恩。我真心希望这本书也能够带给更多人共鸣和感悟，为大家的职业生涯带来启迪和指引。路虽远，行必至。愿每个人都能够在人生的航程中找到类似的宝藏，探索属于自己的辉煌。

虞捷雄
研发项目经理

这不仅是一本需要大脑思考的书，更是一本需要用心体会的书。对于项目管理的初学者，它提供了项目管理的基础知识和核心理论，可以帮助你迅速建立一套关于项目管理的语言体系，快速适应组织文化并融入志同道合的团队。对于有经验的项目管理者，它通过大量的真实案例分析，更好地理解和应用项目管理的理论和技巧，可以帮助你解决实际工作中的棘手问题。对于资深的高级管理者，它在思维层面对项目管理的方式、方法和问题解决逻辑进行阐述，将知识和经验的积累、方法和工具的应用转化为智慧和心力，转变为卓越管理者内在的自觉和素养。对于学习爱好者，它提供了实用的方法和思想，同样能为你的日常生活减少麻烦，增添快乐，因为琐碎的生活同样离不开管理。无论你是谁，项目管理都是一项值得掌握的关键技能，这本书将为你的成长和成功带来巨大的推动力。

安鹏
资深工程师

这本书不是一本纯粹讲"术"的教材，而是通过讲述项目管理方法论背后的底层逻辑，来探讨"道"的层面的内涵。这是本书最大的魅力所在。恰恰是因为讲述"道"的层面，才能让非专业读者可以在完全不理解项目管理专业知识的情况下，也能领略"道"的精髓并从中受益。作为一名项目管理专业人士，在读此书时，我也时常叹服："原来是这样。"阅读这本书，最大的收获是思维的深度、广度和颗粒度得到了提升。我相信许多项目经理和我一样，虽然学过很多知识和技巧，但在实际应用中仍然感到迷茫。这本书正是解决此问题的良方，它不仅告诉我们"怎么做"和"做什么"，还清晰地阐述了"为什么"这一层面。它让我们之前学到的零碎知识变得完整、体系化，明白这些知识如何组合在一起，为什么存在这些知识，以及何时应该使用这些知识。总的来说，对于项目管理专业人士来说，这是一本可以使你豁然开朗、答疑解惑的好书。而对于非项目管理专业人士来说，它会为你打开项目管理的大门。

范卫华
大数据运营PMO

推荐序一

感谢上海交通大学张文光教授写下这本呕心沥血之作，给我们带来了对项目管理全新的思考洞见与认知觉醒。

有幸结识张文光教授是因为我们都在PMI中国项目管理大奖评委会担任评委，有机会一起交流讨论企业项目管理实践相关事宜，多年共事下来，张教授的睿智与才华令我无比钦佩。

正如张教授在本书中所言，做项目管理不光需要知识还需要智慧，获得智慧不像学习知识，不能通过简单地教，智慧需要通过自己学、自己悟。项目管理从业者学习的学科不能只有技术与科学，也应当包括人文、社会学科，通过科学与人文来帮助我们平衡对项目的管理。而张教授人如其文，学识极其渊博，具有深厚的工程技术与人文素养功底，使得他的教学深受学生的喜爱与同行的赞誉。

本书堪称中国传统智慧、哲学底层逻辑与项目管理的完美结合，它体现了项目管理发展的最新理念，也包含了企业价值创造的实战逻辑。其思想的深刻性与缜密性使得该书具有独特的魅力与专业价值。

本书也是继丁荣贵教授《项目管理知与行》之后，清晖学者丛书的第二部作品。清晖学者丛书是由清晖项目管理发起，旨在汇集国内项目管理领域资深专家学者的智慧，为中国项目管理的发展贡献一份力量。张文光教授的这本著作将带给我们这样的价值。

傅永康 博士
清晖项目管理创始人

推荐序二

与张老师初次见面是在2019年秋季召开的工程管理硕士招生宣讲会上,虽然是第一次见面,却几乎没有陌生感,反而有一种似曾相识的亲切感。

再次见到张老师是一年后入学,与学生时代天天盼着早点下课不同,听张老师的课总是意犹未尽,有一种久旱逢甘露的感觉,临下课时,心里总是泛起阵阵不舍。记得每次下课后,总有同学前呼后拥围着张老师,我也随着人群一起跟在后面,渴望多听一些张老师传授的内容。

张老师博览群书,会向我们推荐一些书籍并利用自己的宝贵时间无偿为我们领读。在此之前许多年,由于繁忙的工作以及心性的浮躁,自己难以静下心来,专注而沉浸地阅读。已经几乎抛弃阅读的我,在张老师的带领下重新点燃了对阅读的兴趣。跟着张老师学习的两年时间里,我已读了100本书,内容涵盖东西方文化与哲学、心理与宗教等方面。由于理工科背景的成长经历,我对于自我探索、人性、人文社科的了解非常有限。跟随张老师学习期间,我拓宽了视野,并开始逐渐关注自我内在的成长。当时我正面临多重挑战:婚姻七年之痒、职业乏味期、养老与育儿的双重压力等;与此同时,内在的孤独感、焦虑感、无力感、匮乏感也越来越强烈。在我渴望找到解决方法的时候,张老师仿佛黑暗中的一盏明灯,为我指明了方向。

张老师上课时讲过"知行合一,说到就要做到,要求别人做到之前自己先做到"。虽寥寥数语,在践行张老师这句话后,我和伴侣开始逐渐减少对彼此的要求,双方尽量把注意力放在要求自己上,夫妻间的指责和不满随之减少了。工作中也是如此,把试图要求和改变同事或客户转为要求和改变自己,更专注于做好自己的事,效率随之提高了,内心相比之前也平静了。如果没有张老师的授业解惑,可能我依然会花费几年甚至几十年时间试图去要求别人甚至改变别人,却没想过认认真真反观自己。张老师也强调过"不要把时间和精力用到不重要的事情上"。在此之前,我把许多时间和精力浪费在刷手机和无意义的社交上,当我开始向内关注自己的状态时,忽然发觉刷手机和无意义的社交会让人变得很浮躁,这种躁动会对自己产生很大的消耗。反之,每次专注地听张老师讲课,内心会有一种怡然宁静的感觉。我从害怕独处、爱刷存在感,到慢慢喜欢独处并享受内心平静时带来的喜悦感。我从原来的急脾气开始变得不忙不乱、不焦不躁,焦虑感也随之减少了。

张老师还有一句话,对我启发也很大,"活在头脑和情绪的世界里,就会失去对世界的真实判断和感知。痛苦源于内心没有尽头的缺憾,但那并不真实。当你抱怨生活的时候,正在错过当下的美景。不是世界不美,而是你看不见"。有一次我带着孩子向张老师请教如何育儿,张老师说:"你应该向小孩子学习,小孩子也是父母的老师。"当时我没有理解张老师的这句话,后来在带孩子的过程中,才逐渐领悟到,成年人往往是活在头脑的故事里和情绪的世界里,我们的头脑中有太多剧情时时刻刻在上演,同时又有太多的评判与是非对错的观点。我们看待人、事、物常常基于个人的喜好,可是因为自身心量与格局的限制,能够接纳和看得惯的事很少,于是我们对这个世界有诸多的不满和抱怨。但小孩子看世界往往更真实。小孩子觉得晴天是有趣的,下雨天也是有趣的,春天长出的小草是有趣的,秋天的落叶也是有趣的,一个活得真实的人通常更善于捕捉生活中的美。小孩子所展现出来的正是人的心灵主动性较高的一种状态。心灵主动性高的人,对周围的事物感觉敏锐明晰,对身边人的疾苦感同身受,感知力、洞察力很强。生活中的幸福是平凡而朴素的,平凡而朴素的感受也最为真实,心灵要足够清明纯净,才能感知到最真实的幸福,因为敏锐来自清净的心。能够察觉细微朴素的幸福存在,幸福感会很高,所以要像小孩子一样活得真实。"活在头脑和情绪的世界里,就会失去对世界的真实判断和感知",人的心灵主动性越低,对周围的人和环境的感知力越低、越麻木,越察觉不到真实朴素的幸福存在,因此幸福感很低。屏蔽了身边的美好,只活在自己头脑编制的一个小世界里不断抱怨,这样的格局也注定了其世界里只能装得下自己,哪怕拥有得再多,也体会不到真实的满足感和幸福感。于是,我开始尝试着一次次识破头脑中的戏码和剧情,从情绪和故事里跳出来,匮乏感随之慢慢少了,取而代之的是学着用心去感受工作与生活给予的馈赠。

"师者,所以传道受业解惑也。"这句话的含义是,老师不只是简单传播知识的人,也是人生经验的传授者、人生方向的领路人。"传道"排在首位。"受业""解惑"属于"经师""句读之师",而"传道者"才可谓真正意义上的"人师"。老师不仅能传授学生知识,还能解答学生的疑惑,传授合乎于道的人生经验。古人云:"经师易求,人师难得。"一位优秀的老师,应该是"经师"和"人师"的统一,既精于

"受业""解惑",也以"传道"为责任和使命,帮助学生实现心智上的成长。可以说,认识了张老师,才让我对韩愈的这句话有了更深的体会。

在学习项目管理的过程中,我重新梳理了项目管理的知识架构,个人的内在也有了成长,这个成长让我更加从容自信地面对工作和生活中的挑战。我们盼望已久,希望张老师以出书的方式保留课堂上的宝贵财富,让同样面临项目管理工作瓶颈的读者找到方向,让追求自我成长的小伙伴们获得一些启迪。本书内容以项目管理为主要对象,但其背后蕴含的内容可以运用到工作的方方面面,在提升项目管理工作有效性的同时,把我们的人生也看作一个大项目,通过心智上的成长,让这个大项目更加合理并取得成功。

由衷地希望每一位阅读此书的人都有所收获。

程姣

销售总监

推荐序三

有人说，"一个人在年轻的时候就能够遇到一位人生导师是一件很幸运的事情"。张老师是我在上海交通大学读MBA期间的老师，更是我的人生导师。如果问读MBA最有意义的事情是什么，于我而言无疑就是遇到了张老师。

第一次遇到张老师是在上海交通大学安泰经济与管理学院MBA项目管理概论的课堂上，在这门课上，我们不仅学到了项目管理的逻辑，更重要的是学到了做人做事的逻辑。通过这门课，我们班很多同学开启了对人生的深刻思考，这对于我们这些青年人来说是极其宝贵的。上海交通大学徐汇校区有一家星巴克，因为每次下午上完课总有一大群人围着张老师问各种问题，于是张老师干脆每次下课后在星巴克给我们开第二课堂，为我们每个人解答关于工作和生活中的种种困惑，也就是在这里，我感受到了前所未有的强烈的心灵震动，从此开启了跟随张老师学习的道路。

成年以后，经历过生活和工作中的起伏，摸爬滚打8年多的我再次回到校园读全日制MBA，其实只为寻找内心深处的答案。我始终觉得财富和名利不是目的，对于大多数人选择的安稳也无动于衷，在生活中疯狂地尝试，不停地折腾，却总也不知道要把自己的心安放在哪里。苏东坡说过，"此心安处是吾乡"，可是何处是此心安处？有些人终其一生都在苦苦追寻，有些人早早就放弃了，过着日复一日安稳的生活。幸运的是，我找到了张老师。在跟随张老师学习的过程中，我慢慢地解开了过去30年不断思考的生命中各种无解的问题，关于生死，关于意义，关于爱和付出，关于自由和责任，关于如何面对生活和工作中的种种问题……在张老师的课堂上，所有的问题都有答案。张老师妙语连珠，可以即时解答不同学生问的问题，直击问题本质，分寸又总能把握得刚刚好，让人瞬间豁然开朗，这一点经历过的同学都能感同身受。

在2022年上海疫情期间，张老师带着我们一众学生开展线上读书会，每天晚上我们在线上进行读书分享、观影分享、读诗分享等，大家一起讨论心得，张老师一一给予点评。在此期间我和我的同学就好似灵魂家人，隔屏相望就可以感受到同频共振的喜悦，那种场能无法用言语来形容。在张老师的带领下，那段时间我陆续读完了《当下的力量》《薄伽梵歌》《传习录》等书籍，感受到了内心的充实和富足。后来了解到张老师的梦想，第一是发扬中国优秀的传统文化，第二是融通世界上不同文明的智慧。我更加坚定了跟随张老师持续学习的愿望，希望能够为张老师梦想的实现贡献微薄之力。

作为一名曾在项目管理领域摸爬滚打的资深从业人员，能够为张老师的第一本书提供一些真实的案例，对我而言是十分荣幸的。这本书一方面让我对项目管理有了更加全面的反思，另一方面让我对于事物的底层逻辑有了更加深刻的认识。我意识到很多看似无解的问题，其实只是因为认知能力的不足以及方法的缺乏。在项目管理的工作中，会遇到特别多的人事关系挑战，随着项目复杂度的提升，未来对于管理者的要求会越来越高。如何积极地应对挑战、快速反应和正确决策，对于管理者来说不仅是职业发展的需要，更是在职场中生存的必备技能。正如张老师所说，管理者的认知决定了管理者的行为，底层认知如果不突破，行为一定不会发生改变。张老师在这本书中讲的都是项目管理的底层逻辑和实战心法，为我们指出了一条明确的内在心智的升级道路，需要静静地读，反复地读，不断体悟并在现实的事务中不断磨炼。长此以往，一定可以对读者的工作和生活有所帮助。

如张老师所说，"人生也是一个项目"，人生中每天都会面临大大小小的项目，一切皆可项目化管理。人生会遇到很多问题，大部分人的心力只为眼前琐碎的问题所占据，疲于应对，而没有时间和精力去思考生命最根本的问题。但是，一个人若没有明灯的引领，在遇到挫折的时候就很容易焦虑、恐惧和不知所措，在这个时候若能遇到一个老师给予引导是非常幸运的事情，若没有，最好也能够拥有一本可以宽慰心灵、指引方向的枕边书，在我们忙碌到不可开交的时候、在我们遇到重大挫折的时候可以拿起来反复阅读，从而获得重新面对生活的勇气。这本书表面上在讲项目管理，实际上更是在讲人生的管理，希望大家在遇到各种人生问题的时候，可以随手翻阅几页，以获得心灵的片刻宁静。

邹赛

高级数字化顾问

序

中国正在迈向第二个百年奋斗目标，目前是离中华民族伟大复兴最近的时候。在这样一个伟大变革的时期，我们有很多挑战和任务。面对这些复杂的挑战和任务，需要有一些有效的处理手段和方法。中国目前在世界范围内面临的项目应该是最多的，也是最复杂、最难以应对的。我们做过很多非常复杂的项目，如青藏铁路工程、航空航天工程、C919大客机工程等，这些项目的开展对祖国的崛起起到了决定性的推动作用。在未来，我们还会面对更多这样的项目的开展，因此需要更多真正懂项目的人参与其中。

我从2010年开始教项目管理，到现在差不多有13年的时间，培养了几千名学生。在教学的过程中，我深切地感受到，国内非常需要一本融合中国人的实践、结合中国人的文化背景和中国人思维方式的教材。长期以来，我们在教学中使用的主要参考书都是国外的教材，这些教材的理论性很强，结构也比较完整，但不能反映我们当前项目管理发展的需求，也不能满足学员的需要。所以，在这种情况下，无论是学术界还是企业界，大家都迫切地需要一本书，可以作为学校学生的教材，也可以作为项目管理从业者的参考书，能够帮助他们提升思维、能力和认知。本书是在我长期的教学实践过程中，在理论和实践相互交互的过程中，融合了来自各行各业的数以千计的学生的实践经验撰写而成的。本书反映了整个教学思想的精华和理念精髓，我希望它既适合对项目管理感兴趣的初学者，也适合在读的本科生和研究生，还适合在项目管理领域长期从事项目管理实践的从业者。它具有基本的理论框架和完整的体系，也具有学术思想的深度，同时融合了我对项目管理所独有的一些理解，结合了中国传统文化中的很多智慧和心法层面的内容。我的教学风格就是强调知行合一，我对阳明先生的心学有比较长时间的学习和探究，对中国传统文化也有比较深刻的理解，在此基础上结合项目管理，我打造了这样一本书。希望本书是一本各个阶层的人都喜闻乐见的书，对那些长期从事项目管理工作的人来说，能够提升他们的思维认知，让他们达到更高的认知水准。

本书在创作过程中融合了我的学生的很多实践经验和实践智慧，可以说本书是群体智慧的结晶和产物。我非常荣幸能够把大家的智慧呈现在众多读者面前。程姣、虞捷雄、时国旗、张璟文、吴姝衡、邹赛和安鹏在本书的写作过程中贡献了非常多的好想法，也提供了有力的支撑素材，对于本书的完成起到了巨大的推动作用，在此向他们表示衷心的感谢！同时感谢范卫华、董宏伟、邓吕、李姗、冯雷阳、付娇娇、姜颖、杨琪和朱焕有，他们在早期的素材整理和文字稿整理的过程中也做出了很大的贡献。当然，还要感谢历年来参加过我的课程的学生，从他们的作业和报告中，我得到了很多的启发和灵感。

在此，我要特别感谢清晖项目管理创始人傅永康先生，本书的出版源于我和傅老师、山东大学丁荣贵教授的一次深度交流，两位老师在项目管理领域精耕细作多年，为国家培养了大量的项目管理人才。因为傅老师的邀请和提议，本书才得以成形和出版。在本书的出版过程中，傅永康老师、陈万茹女士给予了多方面的支持和帮助，在此深表谢意！同时，我也由衷地感谢在我项目管理教学与实践中给予无私指导和帮助的上海交通大学林少培教授，以及项目管理界的各位前辈和朋友，你们的观点和分享给了我莫大的启发和帮助！

本书是个人长期教学实践经验的总结，希望能够起到抛砖引玉的作用，为每位致力于项目管理的人士提供有益的启示和借鉴，促使未来有更多此类书籍面世，供各位同行共同切磋和探讨。希望所有读到本书的人能够提出意见和建议，将本书完善得更好。希望本书能够服务于中国整个项目管理界，为大家的提升和成长做出贡献。

前 言

项目，如今已经成为人们日常工作和生活中必不可少的一部分。从企业上市到国家政策的发布，从一个订单的交付到一次结算的完成，项目无处不在，承载着各种大小事务的处理和完成。那么，什么是项目？如何进行有效的项目管理？《PMBOK®指南》及系列书籍为读者提供了丰富的知识结构和理论基础。然而，当在生活和工作中面对星罗棋布的各类项目时，无论是微小而琐碎的，还是复杂而庞大的，人们如何灵活运用项目管理的底层思维来应对和处理它们？

本书是作者13年项目管理教学经验的结晶。通过深入了解项目管理领域，以及与读者实际工作经验相结合，本书以一种博学而温暖的方式向读者传递项目管理知识。它像一位智者，倾听每一位读者的心声，耐心地为他们讲述项目管理的精髓。本书涵盖了项目管理的底层逻辑、理论知识和实践技能，将带领读者一同探索项目管理在哲学层面的深意，以及在更广泛范围内的应用。

如果你是资深项目管理人员，希望获得更深入的经验和洞察，帮助你在更重要和更复杂的项目中取得成功，那么我强烈建议你仔细阅读本书。它将引导你通过项目管理的知识体系，把你已经具备的丰富实践思维层面的认知进行深度融合，为你在下一个征程中取得胜利提供强有力的支持。

如果你具备项目管理专业相关方向的教育背景，希望开始更灵活地运用管理思维，提升工作效率，增强职场价值，我也建议你阅读本书。本书展示了哲学思维的高度、项目管理底层逻辑和认知体系的独特性，将帮助你更好地运用专业知识，提升自身的影响力，从底层思维出发，让你在职场上充满张力。

如果你对项目管理非常感兴趣，希望拓展自己的职业维度和人生经历，那么我同样推荐你阅读本书。本书不仅包含完整的项目管理知识体系，还是理论与实践、知识与操作方法的完美结合，通过丰富而精彩的案例详解和分析，带你领略项目管理的魅力和内涵。

如果你是一个人生的探索者，希望找到应对焦虑和迷茫的方法，从日常生活的点滴幸福中寻找生命的意义，那么我也欢迎你阅读本书。本书提出了一些创新性的概念和理论模型，从管理思想的层面帮助你拓宽视野，从更广阔的角度看待项目管理，帮助你识别问题、梳理问题，为你提供应对问题的思路和方法。

"认知改变格局，格局改变布局，布局改变结局。"本书将伴随你迈出改变对项目管理认知的第一步，从底层逻辑出发，多维度解析项目管理。请与我一同以全新的认知模式来审视项目管理，运用项目管理的方法，提升管理能力和改变思维模式，这将成为你个人格局拓展的一部分。随后，在被称为"人生"的项目管理过程中，你将改变命运的布局，获得不同寻常的人生体验和经历。

希望本书能够成为你项目管理学习和实践的指南，带给你启发和帮助。祝愿你在项目管理的旅程中取得辉煌的成就！

目 录

导读 一切都是项目 ································· 001
    人生是一个项目 ································· 002
    生活中的项目管理 ································· 005
    工作中的项目管理 ································· 005

第1章 为什么学习项目管理 ································· 006
    1.1 纵览项目管理 ································· 007
    1.2 VUCA时代的项目管理 ································· 015
    1.3 项目管理的基本逻辑 ································· 021
    1.4 项目管理思维 ································· 032

第2章 项目组织与高效沟通 ································· 048
    2.1 项目组织 ································· 049
    2.2 项目团队 ································· 058
    2.3 团队管理的核心是沟通 ································· 078

第3章 项目管理的逻辑 ································· 091
    3.1 需求导向的项目管理逻辑 ································· 094
    3.2 干系人管理的逻辑 ································· 102
    3.3 项目管理的逻辑层级 ································· 113
    3.4 项目进度管理的逻辑 ································· 120

第4章 项目管理的关键 ... 157

- 4.1 心智模式与创新思维 ... 158
- 4.2 目标与范围管理 ... 172
- 4.3 项目风险管理 ... 177
- 4.4 项目管理的多视角关系 ... 184

第5章 项目管理中的人 ... 190

- 5.1 多维度的人 ... 191
- 5.2 项目中的人性管理 ... 194
- 5.3 项目中的多维认知 ... 204

第6章 项目经理的修炼之道 ... 218

- 6.1 项目经理的核心价值 ... 219
- 6.2 项目经理的进阶之路 ... 243
- 6.3 终身学习,知行合一 ... 246

结论 ... 248

参考文献 ... 249

导读

一切都是项目

21世纪的社会，一切都是项目，一切也必将成为项目。

——保罗·格雷斯

人类自从进行有组织的活动，就一直执行着各种各样的项目。项目管理实践的历史可以追溯到几千年前，从意大利古罗马斗兽场、古代埃及金字塔、中国万里长城到印度泰姬陵；从公司的发展、成长、成熟到衰退；从孩子呱呱坠地、上学、毕业到恋爱、结婚……所有这些都可以看作一个又一个的项目。

项目无处不在。可以将你所遇到的任何事情都视为项目，因为每件事情都具有项目的特征。例如，项目是一次性的，它有起点和终点，有目标和意义，需要消耗资源，需要在资源约束条件下去完成任务。你可以发现，几乎所有事情都具有这个特征。因此，你可以将所有事情看作项目，同时采用项目管理的方法和逻辑去解决所有遇到的问题。

> 项目管理背后体现的是人做事的逻辑，也是人底层思维的逻辑。

世界在不断发展和变化，我们遇到的事情也随着外界在不断发展和变化，而项目管理是应对变化和变革最有效的方法，其具有很强的普遍性和通用性。所有事情都可以按照项目管理的逻辑和方法来应对和解决，不只是工作中的事情，还包括平时生活中遇到的各种事情，如子女教育、结婚、找工作等，因此，人人都应该学习项目管理，它是一套方法论和一套思维体系。当今世界，万事皆项目，项目管理无处不在。

人生是一个项目

> 人生是项目，幸福是目标。

孔子在《论语·为政第二》中有一段自述，讲他一生学习、成就的过程。子曰："吾十有五而志于学，三十而立，四十而不惑，五十而知天命，六十而耳顺，七十而从心所欲，不逾矩。"这是孔子定义的人生的六个阶段。

人生其实就是一个项目。为什么这么说？因为人自呱呱坠地伊始，到最后与世长辞而终，在此期间，每个人都应该有自身的目标和意义。人生最重要的资源是时间，其次是人们所拥有的财富、经历、经验、知识。在这些有限的资源的支撑下，活出自己的人生，实现自己的人生目标，中间需要很多人的支持和配合，参与到各种活动中去，实现一个又一个阶段性目标，这样人生就具有了项目的所有特征。所以，用项目管理的方法确定好人生的目标，用好人生的资源，控制好人生的每个关键节点，完成好人生的每个阶段的计划，这样的人生将是绚烂而完美的。每个人都是自己人生项目的项目经理，需要为自己的人生项目负责。你是否能幸福地过一生，完全取决于你自己。

人生开始

> 生命里最重要的事情是要有个远大的目标,并借助才能与坚毅来完成它。
>
> ——歌德

对于人生这个项目,人生目标是极其重要的。如同航行需要灯塔,人生也需要有目标指引着我们前进。如果一个人没有人生目标,没有规划,就容易原地踏步,循规蹈矩,这样的一生就如同一天一样,很难实现真正的成长,也很难创造属于自己的独特人生价值。

人生规划

《礼记·中庸》提到:"凡事豫则立,不豫则废。言前定则不跲,事前定则不困,行前定则不疚,道前定则不穷。"意思是,做任何事情,事前有准备就可以成功,没有准备就会失败。说话之前有准备,就不会陷入争辩困境;做事之前有计划和决策,就不会发生错误或后悔的事情。

人生也是如此,如果我们没有将事情的发展方向进行规划,就会犹如无头苍蝇一般,失去人生的方向。因此,对于未来一段时间所追求的目标进行系统科学的安排和准备,是人生观、价值观及世界观持续建立和不断探索的过程,是个人能力和素质持续提升的过程,也是自己作为社会人不断成长的过程。其核心是基于个人自我价值实现,为社会创造更多的价值,同时提升个人的生活质量和幸福感。

人生执行

> 学了就要用,知道做不到,等于不知道,不要把知道当成做到。

目标确立以后,坚定有力地执行人生目标是非常重要的一步。如果只能做"言语上的巨人,行动上的矮子",只能构建自己的空中楼阁,只能给自己带来虚假的满足感,目标就不可能轻易实现。从目标到结果需要一个严密而复杂的执行过程。那么什么是执行?就是按照目标和规划做事情。

在执行过程中,实际上是在落实规划过程中确定要实现的任务,并根据预定时间逐一地实施这些任务。因此,在项目管理中,高效执行非常重要,高效意味着要严格按计划执行,计划要详尽完整,所有这些工作的实施都需要项目执行者具有良好的自律性和自我控制能力,每个细节都执行到位。众所周知,细节决定成败,但现实中很难做到,这是因为,多数人思维的严谨性不强,并且缺少足够的内在驱动力,也就是缺少一种内在更为精微、深层的力量来支持实现细节。因此，要执行好项目，项目经理需要不断累积自己的力量，实现持续成长，以支撑项目的有效执行。

自我监控

> 学习管理先从管理自己开始。管理自己从时间管理开始。
> 一个高度自律的人不会随便浪费时间、浪费精力。

自我监控是实现知行合一最重要的步骤。能够控制和驱使自己按照正确的方向和目标前行，是实现知行合一的最有力保证。按照既定的计划前行，年复一年地去履行对自我的承诺，是人生成长的必由之路。

自我监控是指自己能够评估自己的行为、想法和情感，以便进行必要的调整和改进，包括对自己行为和思想的持续关注与反思，以便更好地了解自己的思想和自己的行为方式，并从中学习和成长。自我监控下得到的自控力就是对自己的认知和行为进行有效管控的能力。

自我监控通常需要自我意识、自我控制和自我调整的能力，这些能力可以通过不断地实践和反思来加强。在个人和职业生涯中，自我监控是一项非常重要的技能，可以帮助我们更好地理解自己的缺点和优点，从而更好地管理自己的行为、情感和习惯。有了自我监控，就可以充分利用自己拥有的资源，以支撑落实和执行人生的计划，并促进个人和职业生涯的成功。

人生结束

> 一个人的生命应该这样度过：当他回首往事的时候，不因虚度年华而悔恨，也不因碌碌无为而羞愧。这样在临死的时候，他才能够说："我的整个生命和全部精力都已献给世界上最壮丽的事业——为人类的解放而斗争。"
> ——尼古拉·奥斯特洛夫斯基

从项目管理的角度来讲，项目结束就是移交可交付成果并且获得客户或者发起人的签字验收。人生的"可交付成果"就是你自己一生的成就和成长，最终的验收者也是你自己，在验收的时候，我们可以根据原先的目标及规划来确认这一辈子是否令自己满意，是否实现了真正的成长，灵魂是否到达了更高的地方，是否做到了那个理想中的自己。无论你的人生结局是逗号、句号，抑或是感叹号，那都将会是你自己独特的人生项目，也只有自己才可以主宰。

生活中的项目管理

生活是一个人生命中最重要的部分。生活中有家庭、朋友,以及各种各样的问题,如教育孩子的问题、照顾老人的问题、家庭和谐的问题,还有自我健康管理的问题等。一次运动、一次旅行、一次家庭聚会,生活中有许多大大小小的事情,而这些事情也都属于项目,那么我们也可以用项目管理的方式、方法来处理所遇到的各种生活问题。

谈到旅行计划,可能很多人会想,为啥要做项目计划,不是来一场说走就走的旅行吗?的确,对于一些人来说,旅行可以随性而为,想到哪就走到哪,但这并不适合多数人。说走就走的旅行虽令人向往,但现实是,没有计划的旅行通常会令人陷入被动和无序,并经常会遇到意想不到的麻烦。毫不夸张地说,任何一段高效、完美的旅行都建立在筹谋和规划之上。

又如考研的项目管理:排队、占座、啃英语……近年来为了获得更大的发展空间,越来越多的人加入考研大军。从2018年到2022年全国考研的报考人数增加了近一倍,录取率仅为24.22%,可见竞争不是一般的激烈,若想顺利上岸必须做好充足的准备。可以从项目管理的角度对整个备考过程进行分析,首先采用SWOT分析自身的优势和劣势、外部环境的机遇和威胁,确定可行性和目标;其次对考研项目进行WBS分解,制订相适应的进度计划;最后,进行成本分析和风险分析,确定整个项目的预算,并针对时间、经济、家庭、身体健康、意志力等方面的风险制定风险应对措施。这就是对于考研的项目管理。

工作中的项目管理

除了家庭生活,工作对大多数人来讲都非常重要,工作中总会遇到各种各样充满挑战的问题,这些问题五花八门,应有尽有,似乎无任何规律可循。然而,从项目管理的角度看,这些问题都是以项目的方式存在的。比如,工作的内容是不断变化的,你要完成的工作通常都有明确的目标,以及非常明确的时间约束和资源约束,那么它就具有项目的所有基本特征。

工作中的项目可以按照项目管理的方法,将工作内容进行分解,获取有效的资源来支撑项目活动,把每个活动的可交付成果界定清楚。同时,可以把项目管理的流程、方法和技巧用于应对工作中的种种问题,肯定会起到事半功倍的效果。进而,项目执行就变成了一种工作方式,项目管理的思维就变成了一种工作思维,这种思维模式因基于项目管理独特的严密逻辑而变得非常高效。其中包括资源的高效利用、团队的高效工作、沟通的高效执行、决策的高效制定等。因此,项目管理模式是提升工作效率的有效手段和途径。

第1章

为什么学习项目管理

> 项目管理的价值是在不增加或少增加资源投入的情况下大幅度提高产出。

20世纪50年代，项目管理的概念开始在工程领域崭露头角，随着社会和科学技术的发展，项目管理逐渐充实并与行为学、心理学等学科交相辉映，形成了专业且广泛的业务领域。进入21世纪，项目管理逐渐发展成为一门独立的学科。如今，许多企业和职位在招聘过程中将项目管理能力视为理想候选人的标准之一。这主要源于项目管理能够解决资源投入与产出不成比例的难题，提高项目的成功率和效率，促进团队协作与沟通。

通过项目管理，企业可以优化资源利用，降低成本，提高工作效率，并确保项目的成功交付。此外，项目管理还注重团队合作和沟通，帮助团队成员协同工作，共同追求项目目标。因此，项目管理已经成为一门重要的学科，并备受关注，被广泛应用于商业和企业实践中。

1.1　纵览项目管理

项目管理是一种被国际社会广泛认可的先进管理模式。它最初的发展目的在于解决那些规模庞大、复杂程度超出传统手段所能有效管理的项目挑战。在中国的各行业、企业和其他组织中，项目管理已经得到广泛推广和实际应用。以往的原子弹计划、导弹计划以及中国在"十五"计划期间推动的重点建设项目，如青藏铁路、西气东输、西电东送和南水北调等，都是需要采用项目管理方法的典型例子。

同时卓越的项目管理实践在航空航天、石油石化、铁道运输、水利建设、信息技术等领域层出不穷。中国的月球探测工程、嫦娥一号至五号探测卫星、神舟系列载人飞船，以及神舟十四号载人飞船和火箭的成功分离并进入预定轨道，都是极其复杂的项目，需要成千上万人的协同参与。这些成功的项目管理成果有效地推动和促进了我国经济、社会和科技创新的飞速发展。

如何应对如此庞大的项目管理挑战呢？如果不依据项目管理原理进行管理，传统的管理手段将难以胜任。因此，许多项目管理工具应运而生，并成为项目管理的重要组成部分。诸如工作分解结构（Work Breakdown Structure，WBS）、进度网络分析、关键路线法、SWOT[优势（Strengths）、劣势（Weaknesses）、机会（Opportunities）、威胁（Threats）]分析等工具和技术都在实践中得到了广泛应用。

实践证明，学习和应用项目管理理论和工具，及时总结项目管理的最佳实践，对于推动我国经济和科技的高质量发展、加快供给侧结构性改革、引导传统产业加快转型升级，以及培育强大的新兴产业等方面都具有至关重要的基础管理作用。因此，不仅要不断汲取项目管理的经验教训，还要在实践中不断地完善和创新项目管理的方法与工具，以应对不断变化和日益复杂的项目环境。

1.1.1 项目管理的萌芽阶段

项目管理由来已久

从远古时期一直到20世纪30年代，人们在进行各种活动时，并没有意识到这些活动实际上符合项目的形式。古埃及的金字塔、北宋真宗时期的"丁谓工程"、河北的赵州桥及北京的故宫等，都是历史上复杂项目的杰作。这些项目不仅在当时展示了人类的智慧和技术水平，而且在今天仍被视为极其复杂而庞大的工程。

然而，在那个时期，由于缺乏科学和有效的项目管理技巧与方法，项目管理更多地依赖于人类的经验、直觉、智慧和天赋。人们通过实践和尝试，以及前人的经验教训，逐渐摸索出一些管理项目的有效方法。尽管这些方法并不像现代项目管理那样系统和精确，但它们在当时的环境中发挥了重要作用，帮助完成了这些令人惊叹的项目。

司马迁在《十二本纪·秦始皇本纪》中记载：三十五年，除道，道九原抵云阳，堑山堙谷，直通之。於是始皇以为咸阳人多，先王之宫廷小，吾闻周文王都丰，武王都镐，丰镐之间，帝王之都也。乃营作朝宫渭南上林苑中。先作前殿阿房，东西五百步，南北五十丈，上可以坐万人，下可以建五丈旗。周驰为阁道，自殿下直抵南山，表南山之颠以为阙。为复道，自阿房渡渭，属之咸阳，以象天极，阁道绝汉抵营室也。阿房宫未成；成，欲更择令名名之。作宫阿房，故天下谓之阿房宫。隐宫徒刑者七十馀万人，乃分作阿房宫，或作丽山。发北山石椁，乃写蜀、荆地材皆至。关中计宫三百，关外四百馀。於是立石东海上朐界中，以为秦东门。因徙三万家丽邑，五万家云阳，皆复不事十岁。

对于像阿房宫这样复杂的工程项目，高水平的项目管理至关重要。否则，想要按照既定计划完成这个项目将面临巨大的困难。尽管在那个时代尚未有项目管理的概念，但可以确定的是，在这些工程建设中，各个活动之间必然存在统筹的安排，并采用了一套严密甚至是军事化的组织管理方式。

同时，这些项目必然有时间（工期）上的安排和控制，有费用的计划和核算，有预定的质量要求、质量检查和控制。然而，由于当时科学技术水平和认识能力的限制，这些项目管理方法无法达到现代意义上的水平。即便如此，人们在当时所具备的经验、智慧和组织能力仍然起到了关键作用，帮助他们在有限的条件下完成了这些宏伟的工程。

通过对过去项目管理的反思和总结，我们能够更好地理解现代项目管理的重要性和发展。现代项目管理不仅注重计划和组织，还包括更加精确和科学的技术工具和方法。它能够更好地应对项目复杂性、风险管理、资源优化等方面的挑战，提高项目的执行效率和质量。因此，我们应当珍视并不断提升项目管理的水平，以应对日益复杂和庞大的工程项目，实现可持续发展的目标。

甘特图出现

1917年，亨利·甘特发明了著名的甘特图，这一工具对项目管理产生了重大影响。甘特图以直观的方式展示了项目的任务、时间和进度安排，使项目经理能够清晰地了解项目的执行情况。

曼哈顿计划

20世纪30年代，美国航空业逐渐采用类似于"项目办公室"的方法来监控飞机的研制过程，同时美国的工程行业也开始设立类似于"项目工程师"的职位来监控和协调各个职能部门在项目中的进展。

然而，真正认识到项目管理的重要性始于第二次世界大战。战争中需要的新型武器和雷达设备等项目接连涌现，这些项目不仅技术复杂，参与的人员众多，而且时间紧迫。因此，人们开始关注如何有效地实施项目管理以实现既定目标。"项目管理"这个词开始被使用。然而，这一阶段的项目管理被普遍认为仅限于实践层面，尚未形成系统的理论框架。

1942年6月，美国陆军部开始实施曼哈顿计划，这是利用核裂变反应研制原子弹的计划。该项目集结了当时西方国家最优秀的核科学家，动员了超过10万人参与，历时3年，耗资20亿美元。1945年7月16日，该项目成功地进行了世界上第一次核爆炸，并按计划制造出两颗实用的原子弹。在项目执行过程中，负责人L.R.格罗夫斯和R.奥本海默应用了系统工程的思路和方法，极大地缩短了工程的时间。

1.1.2 项目管理的成长阶段

在第二次世界大战以后，全球进入了一个全新的时期。从宏观政治的角度来看，美国和苏联进入了冷战时期，为了在这场冷战中取得优势，双方展开了高强度的军备竞赛，并开始研究大规模杀伤性武器。这类武器涉及数千家潜在承包商，更加侧重于技术创新，而非预算或进度。传统的栅格管理体系受到了巨大的冲击，如北极星导弹计划和阿波罗计划等。

在经济体系方面，布雷顿森林体系的确立对全球经济产生了深远影响。该体系通过建立稳定的货币汇率体系来促进全球贸易增长，为世界经济的稳定和发展做出了巨大贡献。它不仅加强了国家间的经济合作，还为全球经济的全面发展奠定了坚实基础。

在全球化方面，主权经济体的全球化模式成为主导。该模式的核心理念是国家在开展经济活动时保持主权地位，并积极参与全球经济活动，以实现国家经济的快速发展和国际竞争力的迅速增强。通过这种方式，各国可以更好地维护自身利益和主权地位，并在全球市场中获得更多机会和资源。在这一时期，许多国家开始积极探索新的经济发展方式，以应对当时的国际形势和市场竞争。

项目管理在这个时期的发展与当时的政治、经济和全球化发展密不可分。项目管理也进入了快速成长阶段，成为应对复杂性和不确定性的重要工具。新的项目管理方法和技术不断涌现，以适应当时快速变化的环境和需求。这一时期为项目管理领域奠定了坚实基础，为未来的发展制定了重要的框架和原则。

项目管理的早期成长阶段

20世纪50年代初到70年代末，一个重要的特征是网络计划技术的开发和推广。它可以克服甘特图的一些缺陷，展示项目中各工作之间的逻辑关系，并描述工作环节和单位之间的接口界面以及项目的进展情况。因此，网络计划技术为管理人员提供了极大的方便，使他们能够事先进行科学安排，有效地管理项目。

到了20世纪60年代中后期，几乎所有的航空航天和国防工业项目都开始使用项目管理技术，并要求供应商也采用该技术。然而，除了航空航天、国防和建筑行业，20世纪60年代的大多数公司采用了更为非正式的项目管理方法。这种非正式的项目管理方法意味着项目以非正式的方式处理，项目经理的权限被最小化。这使得项目经理很难做出必要的决策以符合项目的成功标准。大多数项目存在于一个或两个职能部门中，并由职能经理处理。正式的沟通被认为不必要，或者仅通过直线经理之间的良好工作关系进行非正式处理即可。

（1）北极星导弹计划。

北极星导弹计划是美国军事史上的重要里程碑，也是一个典型的先进技术应用项目。这个项目面临着巨大的技术和管理挑战，因为导弹系统的设计和研发涉及多个领域的复杂技术，并且项目成本非常高昂。

为了应对这些挑战，美国海军在北极星导弹计划中采用了许多创新的管理方法和技术。其中最重要的是项目网络计划，通过建立项目活动之间的逻辑关系和时间要求，来管理项目的进度、资源和成本。

这些先进的管理技术对北极星导弹计划的成功研制起到了重要的推动作用，使其成为高精度、可靠的导弹系统。同时，这些方法和技术也为今天的项目管理实践提供了宝贵的经验和教训。

（2）华氏双法。

20世纪60年代，华罗庚提出了双法的概念，即"优选法"和"统筹法"，并强调了它们在问题解决和项目管理中的重要性。

优选法强调选择最简单、最直接、最有效的方法来解决问题。它能够快速解决问题，降低复杂度，提高效率。华罗庚将优选法视为智慧的代名词，强调了它在问题解决中的重要性。

统筹法则要求从整体上考虑问题，不仅关注当前问题，还要考虑问题背后的原因和相关因素。它能够深入分析问题，找出问题的根本原因，以便更好地解决问题。通过统筹法，可以预防问题的发生，并避免只看到问题的表面而忽略更深层次的问题。华罗庚认为，优选法和统筹法相互依存、相辅相成，应该同时使用。优选法可以解决问题，而统筹法可以预防问题。只有两者结合使用，才能真正解决问题并达到最佳效果。

为了推广和应用双法，我国成立了双法项目管理研究委员会。该委员会致力于推进中国项目管理学科的发展，促进项目管理专业化、职业化和国际化。双法的提出和双法项目管理研究委员会的成立，为我国的项目管理实践提供了重要的理论和实践支持，并推动了项目管理学科的发展。

（3）阿波罗计划。

阿波罗计划在实施过程中采用了WBS，将整个项目分解为可管理和可控制的任务与子任务。WBS为每个任务分配了责任和资源，并帮助项目管理团队识别关键任务和风险，监控项目进展情况。

在阿波罗11号任务中，WBS的分解层次不止一级，不同层次的分解关注不同的范围和目标。在整个项目层次上，WBS关注阿波罗11号任务的整体范围和目标，以及所需的资源和资金管理。在项目阶段层次上，WBS关注任务不同阶段所需的产出物和目标，以及实现这些目标所需的任务和活动。

除了WBS，阿波罗计划还应用了项目评审技术（Program Evaluation and Review Technique，PERT）和关键路径法（Critical Path Method，CPM）等项目管理工具。PERT用于评估任务的时间和资源需求，帮助确定关键路径和项目进度计划。CPM则用于分析和优化任务之间的依赖关系，帮助确定关键任务和风险。这些工具在阿波罗计划中发挥了重要作用，帮助项目团队合理分配资源、制订项目进度计划，并监控项目的关键任务和风险。

项目管理的现代成长阶段

到了20世纪70年代和80年代初期，随着经济全球化和市场竞争的激烈化，许多公司开始面临规模和复杂度不断增长的项目管理挑战。传统的非正式项目管理方式已经无法满足这些挑战，因此许多公司逐渐转向了正式的项目管理，并进行了组织重组，以实现项目管理流程的正式化。这种转变需要引入标准化的项目管理流程，包括明确定义项目成功的标准。

与此同时，现代项目管理的应用范围不断扩大，涵盖了可持续性、风险管理、干系人管理等方面。为了满足这些要求，项目管理需要与其他学科进行交叉融合，引入跨学科的知识，以更好地实现项目管理的目标。在这样的背景下，现代项目管理需要面向市场和竞争，引入人本管理和柔性管理思想，以确保项目的顺利进行和高效管理。

现代项目管理正朝着全方位的发展方向前进，追求干系人的满意。为了实现这一目标，项目管理人员需要具备专业知识和技能，能够理解和应对项目管理的复杂性，并与各干系人保持良好的沟通和协调。只有这样，才能在激烈的市场竞争中保持竞争优势，并实现项目管理的成功。

（1）PMI的启动。

项目管理协会（Project Management Institute，PMI）的启动阶段可以追溯到20世纪60年代末期。当时，一位名叫吉姆·施耐德的项目经理在美国IBM公司工作，他意识到项目管理领域存在许多问题，同时意识到没有一个组织能够为项目经理提供交流和学习的平台。受到这些观察和想法的启发，吉姆·施耐德积极推动项目管理领域的发展，并在1969年成立了PMI。PMI的成立旨在促进项目管理的发展，为项目经理提供一个专业的组织，以分享最佳实践、培养技能，并推动项目管理的标准化和认可。

PMI的成立为项目管理领域的发展起到了重要的推动作用。随着时间的推移，PMI逐渐壮大并成为全球最大的项目管理专业组织之一。它通过提供培训、认证、研究和资源等方面的支持，帮助项目经理提升他们的专业能力，并为项目管理行业制定了标准和指南。PMI的存在为项目管理的交流和合作提供了一个平台，使得项目经理能够互相学习、分享经验，并促进项目管理实践的不断改进和提高。同时，PMI的影响力也促进了人们对项目管理的认知和重视程度，在全球范围内推动了项目管理的应用和发展。

（2）鲁布革冲击。

20世纪80年代，随着现代化管理方法在中国的广泛推广和应用，项目管理得到进一步发展。中国的项目管理起步于此时，并从鲁布革水电站项目开始学习和借鉴国际上先进的项目管理做法，进入了探索和研究阶段。

具体而言，中国的项目管理实践始于1984年，当时云南省开展了一项名为鲁布革水电站的水电工程项目，这被视为中国项目管理发展的契机。

> **鲁布革水电站**
>
> 鲁布革水电站位于云南省罗平县与贵州省兴义市交界的黄泥河下游河段。1981年6月，国家批准建设装机60万千瓦的鲁布革水电站，该工程被列为国家重点工程。鲁布革工程由水利电力部十四工程局（以下简称水电十四局，现为中国水利水电第十四工程局有限公司）负责施工，开工3年后，1984年4月，水利电力部（1988年已撤销）决定在鲁布革工程中利用世界银行贷款。当时正值改革开放初期，鲁布革工程是中国第一个利用世界银行贷款的基本建设项目。但是，根据与世界银行的协议，工程三大部分之一——引水隧洞工程必须进行国际招标。在中国、日本、挪威、意大利、美国、德国、南斯拉夫、法国等8国承包商的竞争

中，日本大成公司以比中国与外国公司联营体投标价低3 600万元而中标。大成公司报价8 463万元，而引水隧洞工程标底为14 958万元，比标底低了43%！大成公司派到中国来的仅是一支30人的管理队伍，从水电十四局雇了424名劳动工人。他们开挖23个月，单头月平均进尺222.5米，相当于当时中国同类水电工程的2.5倍；在开挖直径8.8米的圆形发电隧洞中，创造了单头进尺373.7米的国际先进纪录。1986年10月30日，隧洞全线贯通，工程质量优良，工期比合同计划提前了5个月。

相比而言，水电十四局承担的枢纽工程进度迟缓，原因有很多。1984年4月和1985年5月，世界银行特别咨询团两次考察了该工地，并认为按期截流难以实现。与日本大成公司所使用的劳务相比，这两者之间存在着巨大的差距。为什么会出现这种差距呢？原因在于当时中国的水电建设企业长期沿用"苏联老大哥"的"自营制"模式，缺乏科学的管理机制。中国水电建设企业意识到成功背后是好的管理机制和高效的经济效益，因此，他们将这种科学的管理方式演绎为"项目法施工"。

项目法施工是以工程建设项目为对象，以项目经理负责制为基础，以企业内部决策层、管理层和作业层相对分离为特点，以内部经济承包为纽带，实行动态管理和生产要素优化的一种施工管理活动。1985年11月，经过水利电力部上报国务院批准，鲁布革工程厂房工地开始试行外国项目管理方法。水电十四局率先在鲁布革地下厂房施工中进行了项目法施工的尝试。水电十四局参照日本大成公司鲁布革公司的建制，成立了精干的指挥机构，使用配套的先进施工机械，优化施工组织设计，改革内部分配方式，形成了中国最早的"项目法施工"雏形。通过试点，水电十四局提高了劳动生产力和工程质量，加快了施工进度，取得了显著的效果。

在鲁布革工程的建设过程中，还实行了国际通行的工程监理制度（工程师制）和项目法人责任制等管理方法，取得了投资节省、工期缩短、质量优良的经济效果。到1986年年底，仅用了13个月的时间，不仅追回了耽误的3个月，而且提前四个半月完成了开挖工程，并且提前半年完成了安装车间混凝土工程。国务院领导在视察工地时说："看来同大成的差距，原因不在工人，而在于管理，中国工人可以提高效率。"

1.1.3 项目管理的快速发展

自20世纪80年代以来，全球化已经进入了一个新的阶段，被哈佛大学经济学教授伊罗德里克称为"超级全球化"或"无限制全球化"，不再以主权经济体为基础。这一波全球化浪潮不同于之前的整体产品，而是以组装品为主，是新自由主义的产物。其目的在于推动全球经济的分工合作，从经济学的角度实现高效率和有效配置。同时，资本和货物的跨国流动已经影响了政治、法律、管理、组织、文化、思想观念、人际交往以及国际关系等多个领域。这种全球化给个人、社会和国家带来了巨大的冲击。

早在20世纪90年代，许多企业已经意识到实施项目管理的必要性，因为它们已经没有其他的选择。争论的焦点也从如何实施项目管理转向了如何加快实施速度。在制造企业中，实施项目管理的原因要么是项目资本规模巨大，要么是同时进行多个项目。高层管理人员很快意识到项目管理对现金流的影响。此外，进度计划可以结束工人散漫的工作状态。

销售产品或为客户提供服务（包括安装）的企业必须建立良好的项目管理机制。尽管这些企业通常不是由项目驱动的，但它们的运营方式与项目驱动型企业相似。这些企业不仅为客户提供了完整的解决方案，还会提供专业的项目管理指导。因为它们实际上销售的是先进的项目管理理念。企业在项目管理成熟程度上的发展取决于其对项目管理重要性的认知以及项目管理标准化流程实施的深度与广度。非项目驱动型和混合型组织必须通过提高内部管理效率和效果才能达到较高的成熟度水平。当然，企业通过参与竞争的方式也能逐步提高其项目管理水平，而对于项目驱动型组织来说，它们会通过提高项目管理成熟度来提高其自身的竞争力。

《项目管理知识体系指南》的发展

《项目管理知识体系指南》（*Project Management Body of Knowledge*）是被广泛应用于全球的项目管理标准。它由美国项目管理协会（PMI）编写并持续更新，为项目管理领域的理论和实践提供了指导和规范。

项目管理十大体系主要分为三部分：第一部分是集成和范围管理，针对整体进行管理；第二部分包括成本、质量和进度三个核心管理要求以及八个控制要点；第三部分涵盖了五个知识体系，即人力资源管理、沟通管理、风险管理、采购管理和项目干系人管理。这十个方面几乎涵盖了项目管理的所有领域。要做好项目管理，必须对每个方面都有深刻的认识。这十大领域基本上覆盖了所有项目所涉及的内容。然而，要真正学好项目管理，则需要学习大量的内容。如果想要专业化，需要在多个领域达到一定的专业水平，如人力资源、供应链和采购等方面。只有如此，才能成为真正的项目管理专家。

目前，《项目管理知识体系指南》已经更新到第7版。第7版引入了新的框架，包括八个核心领域和以价值创造为导向。与以往版本相比，第7版有许多显著的变化。新版本更加强调项目实现价值的方式，并引入了系统思考的概念，以帮助管理者更好地理解项目的复杂性和相互依存性。此外，第7版还更加注重敏捷项目管理方法，并为敏捷方法提供了更详细的指导。数字化技术的应用也被视为重要趋势之一，第7版详细介绍了数字化技术在项目管理中的应用。同时，社会责任的概念也被纳入项目管理的考虑范围之内。总之，这些变化将帮助项目管理从业人员更好地应对现代项目管理中的挑战。

1.2 VUCA 时代的项目管理

1.2.1 什么是VUCA

> 唯有变化，是不变的事实。

VUCA代表了易变性（Volatility）、不确定性（Uncertainty）、复杂性（Complexity）、模糊性（Ambiguity）。在疫情暴发后，复杂性和不确定性频繁出现，使得VUCA成为一种新的常态，即所谓的"外部环境的不确定性是确定的"。

VUCA时代的变化呈现出跳跃性和震荡性，会产生破坏性的现象，如信息爆炸、员工投入度低、突发事件频繁、变化成为新的常态、资源紧缺等。这些挑战给组织带来了更多的管控风险。如果组织不能及时调整方向、适应新的环境，就可能迷失航向，甚至面临瓦解的风险。人类认知的滞后性使得投入资源的方式变得低效，同时人类认知的局限性也阻碍了问题的解构，导致各种冲突的产生。

VUCA 的源起与特点

> 这是一个VUCA的世界。
> ——罗伯特·麦克唐纳德

"VUCA"源于军事用语。20世纪90年代的美国军方在冷战结束后面临的全新挑战中，意识到传统的军事计划和策略模式已经不再适用，因为面对恐怖组织和非传统敌人的行动，情况变得异常复杂和不确定。

第一，易变性。易变性指的是经济环境和社会环境的变化加强、加快的情况。在不断涌现的新技术推动下，市场上一些既定的商业秩序、业务逻辑、用户行为等商业环境变得不稳定，时刻都可能发生变化。

第二，不确定性。不确定性指的是缺乏对未来的预期和理解。常用"黑天鹅"事件来形容事情的难以预测性。影响企业管理决策的不确定因素有很多，包括企业内部的因素，如组织机构、人员、产品、业务流程、信息系统等，以及企业外部的因素，如竞争环境、政治环境、法律环境、经济环境等。此外，中美两国的贸易冲突、全球的疫情等"黑天鹅"事件，更增加了企业商业环境的不确定性。

第三，复杂性。复杂性指的是企业面临的竞争环境日益复杂，不仅有来自本行业的竞争，还有来自跨行业的竞争。从企业的角度来看，复杂性可以分为业务复杂性和技术复杂性。业务复杂性指的是业务环境的各种因素之间不是孤立存在的，而是相互影响和干扰的，每个变化都可能影响其他事情。在易变性和不确定性的影响下，业务变得更加复杂。此外，还存在技术复杂性，现今的数字化系统不仅需要考虑功能方面的易用性和适用性，还需要考虑性能方面的稳定性、可靠性和可扩展性等。

第四，模糊性。模糊性指的是企业对预期的判断变得更加模糊，难以准确判断事物的边界。在数字化时代，万物互联、数据互通、生态融合，以及元宇宙的发展，在各种数字技术的推动下，从物理世界到数字世界，事物之间的边界越来越模糊。价值边界的模糊性成为一个重要问题。

VUCA时代与项目管理

为什么VUCA时代下的项目管理变得越来越重要呢？不确定性、易变性是VUCA时代最典型的特征。而应对这种易变性和不确定性，恰恰是项目管理最为擅长的领域。项目本身就是在开放且不确定的环境中产生的，这也凸显了学习项目管理的重要性。了解如何应对易变且不确定的环境，项目管理成为最有效的方法。

项目管理是一种思维方式和方法，它涵盖了方法论和认知体系。然而，过去的项目管理往往局限于技术层面。换句话说，一些人只学习了项目管理的技术，而未深入理解项目管理的核心概念。只有真正理解项目管理的思想、方法论和认知体系，才能广泛应用于任何地方和领域。掌握这一核心，许多问题都能得到解决。比如，项目管理的原则甚至可以用来改善家庭关系，也可应用于一些大型比赛和文艺演出。例如，像运动员参加奥运会比赛就是一个项目。冬奥会也可以被视为一个项目。

在VUCA时代，项目管理的重要性日益凸显，因为它提供了一种应对变化和不确定性的框架与方法。项目管理能够帮助组织和个人在复杂且不断变化的环境中有效规划、组织和执行项目，以实现预期目标。运用项目管理，可以增强对风险的识别和管理能力，提高团队的协作效率和资源的利用效率。因此，学习和掌握项目管理成为VUCA时代中具有竞争优势的关键因素之一。

1.2.2　VUCA时代的社会特征

熵增定律

> 熵增定律，指孤立热力学系统的熵不减少，总是增大或不变，用来给出一个孤立系统的演化方向。

在自然过程中，一个孤立系统的总混乱度（"熵"）只会增加，不会减少。当熵达到最大值时，系统会陷入严重混乱，并最终走向死亡。封闭系统的熵随着时间的推移不断增加，且不可逆。这是因为系统内部的能量无法自行重新组织和重置，而且随着时间的推移，系统中的无序状态会不断增加，即熵增加。可以说，熵是系统混乱程度的度量。

然而，在VUCA时代，也被称为信息技术高度发达的现代，计算机和互联网技术的迅猛发展为我们应对熵增提供了一些解决方案。通过这些信息技术的应用，人们可以更高效地获取、处理和管理大量的信息，从而降低系统的无序度，减缓熵增的速度。VUCA时代中的信息技术应用，通过提供更高效的信息处理和管理手段，有助于使系统保持有序，尽可能减少能量的浪费和无效能量的产生。

然而，无论是在VUCA时代还是在其他时代，封闭系统中的所有事物都必然经历从有序到无序的过程，直至死亡。这是世间万物的共同规律，被熵增定律所揭示。无论是个人生活中的不良习惯和无规律，还是组织大导致的臃肿，甚至是国家越封闭越落后等，都是生命熵增演化的过程。

从哲学的角度来看，万物追求平衡和能量守恒，这与中国的"阴阳""五行""八卦"等理念非常相似。然而，如果没有外力干预，平衡将被打破，最终导致系统的退化和衰亡。这个过程与人类的生老病死过程非常相似。当人生病时，必须接受治疗来恢复平衡。如果不接受治疗，病情将恶化。

因此，在任何领域中，熵都是一直存在并不断增加的，这就是熵增定律。当熵增长到一定程度时，人类的思维频率与世界发展的频率相差过大，就进入了VUCA环境。然而，通过项目管理，我们可以最大限度地减少不确定性，使项目在一定程度上变得可预测、可确定，尽量将一个"混乱"状态转化为一个相对"稳定"的状态。

内卷

> 成功的经验反而变成了你未来行走的"枷锁"。

社会发展至今，人们普遍感受到内卷现象的存在。许多人发现，曾经看似常规简单的工作，现在似乎跟不上事物发展的速度。为什么会如此？因为整个世界的复杂性正在迅速增加，问题和挑战不断增加，这实质上是世界熵不断累积的结果。要处理这些事务，项目管理的思维是一种有效的应对方法。

如何应对世界的不确定性？如何应对各种复杂的变化和挑战？唯有拥有创造性思维。许多人一直活在过去的逻辑模式中，缺乏自己的想法，因此容易在这种内卷的环境中受到挤压。

内卷的本质在于我们很难突破自身的局限，困在传统模式和惯性思维的牢笼中，因而无法找到未来的出路。只能沿着所谓成功的道路前行，不断在经验中优化，而道路越来越狭窄。如果大家都在同一条路上前进，那就会导致内卷。

社会发展的动力是恐惧。大多数人感到纠结、痛苦和焦虑。我们试图通过让别人的行为、想法符合自己认知的模式来增强自己的安全感。然而，问题并未得到解决，这些问题往往不会直接显现，而是形成冰层，最终成为不可解决的冰山，阻碍前行。

从社会的角度来看，整个社会不断内卷。人们内心承受着巨大的压力和痛苦，因此需要更强大的外在力量来平衡。对外在事物的需求越来越强烈，争夺会越来越激烈。

如果两个缺乏安全感的个体相遇，就会纠缠不清，以强者为先。人们对于内心安全感的需求越来越大，获得安全感所付出的成本越来越高，力量的趋势也越来越强，所有人都被卷入其中。

因此，我们需要提升自己，以更强大的力量和更智慧的方式来面对生活和工作。我们要以一种智慧的生活方式，为世界带来和谐和自在。一方面，我们的精神智慧和自由将转化为工作能力和专业能力；另一方面，我们需要考虑自己的格局、眼界和局限，是否能够突破其中的限制。智慧是关键所在，只有拥有智慧才能找到根本出路。我们要搞清楚学习的目的，短期来看可以是为了满足生活和金钱的需求，但从长远来看，我们应该追求智慧和自由的境界。

内耗

> 你每天的患得患失之心才是最大的伤害。
> 你的紧绷和内耗消耗了你大部分的心力。

为何人会陷入内耗之中？内耗模式是一种强烈的内在冲突模式，其中存在许多不一致和不统一的价值判断和认知。因此，当面对同一个问题时，你可能持有两种或三种不同的观点，具有多种立场。因此，你经常在不同的立场、观点和认知之间摇摆不定。你或许一会儿站在左边，一会儿又转向右边，来回摇摆。这种反复无常对解决问题并没有直接的帮助，实际上，你只是在进行内部的自我斗争。这种模式表现为内耗模式，即一种对内在能量毫无意义的牺牲和消耗模式。它源于对许多问题的认知模糊，以及价值观的不一致和不统一。

内耗模式的根源在于你的基本认知中存在许多矛盾和不清晰之处，因此在努力澄清它们的过程中，你就会摇摆不定。这种摇摆过程会消耗能量，从而导致内耗模式的形成。因此，一个人的内耗模式通常是由于对事物的认知不清晰、内在底层逻辑不明确以及模糊的价值判断所造成的。它的根源在于自我认知的不清晰，从而导致与外界的关系不明确。亚里士多德曾说："认识自我是智慧的开端。"只有真正开始认识自己，才是真正成长的开端。

当你面对外界问题或受到外界刺激时，会触发内在不同的价值判断模式和认知模式，而你自身的立场和认知模式会导致你在这些问题上不断跳跃和摇摆。这种跳跃和摇摆就构成了长期的内耗模式。

身心放松

> 有闲方得静，有静方能思，有思方能悟，有悟方得道。

在当今社会环境中，人们普遍忙碌，将大部分时间都投入工作事务中，几乎没有时间来照看自己的思想。许多人一年到头都没有阅读一本书，连工作报告都来不及看完，更别提有时间看书了。但是，我们需要理解忙碌究竟意味着什么。忙的本质是"心"和"亡"的结合，即一忙起来，内心就失去了活力。忙碌会导致混乱，而乱是由"舌"和"刀"组成的，这意味着开始乱说话，口不择言。

我们需要让自己的内心得到宁静。那么，如何得到宁静呢？就是给自己一些空闲。出门到草地上散一下步，与大自然亲近一下，忙碌的感觉就会减少。古人也强调在闲暇时要善待自己，有句古语"有闲方得静，有静方能思，有思方能悟，有悟方得道"，意思是说，只有在闲暇时放松自己，才能保持思考的清晰和智慧的启迪。每天到草地上走上两圈，将一天累积的能量释放出来，也许会有意想不到的效果。

1.2.3 VUCA时代的项目管理特征

VUCA时代的问题分析

问题本身复杂度的增加以及不确定性的增加给我们认知和解决问题带来了巨大的挑战。我们发现，在使用过去的认知来应对这些问题时，会遇到许多困难。因此，我们希望能够从项目管理的思维方式中找到一种办法，以解决这些难题。在信息爆炸的时代，各种信息源源不断地涌现，信息辨识的难度成倍增加。

这些信息到底意味着什么？它们可能意味着资源的稀缺，员工的低投入，或者人们心态的不断变化。外部环境的不断变化容易导致人们变得急躁，进而影响整个企业的经营环境。这些背后潜藏着许多危机。如果我们无法识别这些危机，将对企业经营和个人发展产生重大负面影响。

以汽车行业为例，目前传统汽车行业面临困境。一些新政策的出台，如碳达峰、碳中和，给整个行业的发展带来了更大的挑战。许多车企正在发展新能源汽车，认为这是一条出路。所以可以看出，即使是传统行业也会面临环境变化所带来的压力和挑战。传统的思维方式很难解决这些问题。这些企业都在寻找出路，但出路在哪里呢？

环境的改变、客户行为的改变和科技的进步带来了动荡和波动，人们难以快速适应并进入新的工作状态。因此，大多数人普遍感觉工作压力大，并面临未来越来越多的不确定性。实际上，这种压力和挑战源于环境的快速变化，增加了问题的复杂性。

VUCA时代全方位的挑战

> 将自己保持在一个客观开放的状态，不落入经验陷阱，实事求是地看待和分析问题。

当前时代所面临的挑战是全方位的，几乎涉及各行各业，因为这是一个大环境、大趋势和大动态的变化。同时，新兴技术的出现也使许多人难以适应，如大数据、人工智能等，这也迫使企业的生产管理模式发生变化。

那么，在这样的环境下，我们应该如何应对呢？首先，我们需要对当前的状况有足够的认识和感知。也就是说，我们要能够洞察环境的变化，提前识别可能影响我们的因素。我们需要从这种模糊和不确定的环境中看到未来发展的趋势。这对于我们把握机会、拥抱变化至关重要。

实际上，很多时候，我们还没有做好准备，只是被环境带着往前走。所以当遇到困难和问题时，我们感觉难以处理，但本质上是因为我们有时看不到背后的原因。从另一个角度来看，与其被动接受，不如主动参与这种变化。这种变化带来了许多困扰，但更重要的是看到困扰背后的机会。我们应该快速反应，重新塑造我们在这个环境中的角色，实现自我进化和提升。换句话说，你在其中的主动程度越高，你未来的人生就越从容。大环境的变化可能对我们产生一些影响和冲击，但既然环境的变化无法阻止，我们能做的就是完善自己、提升自己，让自己在这个大环境和变化中保持主动。

1.2.4　VUCA时代如何做项目管理

> 未来市场的需求以产品满足客户的更高层次的
> 需求为基础，与产品本身是否高端无关。

易变性下的项目管理特征

易变性源于经济环境和社会环境的变化。如今，我们亲身经历着世界的变化不断加速，周围的环境越来越陌生，有时甚至感觉跟不上这些变化。这种变化更加迅速，经常出现许多突发事件。因此，我们应该适时地调整自己的认知并持续不断地学习才能适应这种变化，才能在做事的过程中变得游刃有余。

不确定性下的项目管理特征

环境的不确定性不断增加。当前的世界格局变得异常不稳定。越来越多的"黑天鹅"事件给人们的工作和未来的发展带来了巨大的冲击，稳定性变得很差。无法预见的因素正在增加，环境的复杂性也在上升。无论从事何种行业，我们都面临着前所未有的挑战和问题。因此，我们应该学会与"不确定性"共舞，在不确定中找到我们可以确定和把握的内容，做好自我定位，更加灵活地应对外部环境带给我们的压力。

复杂性下的项目管理特征

许多问题的出现并非因为我们的工作能力下降，而是因为事物本身的复杂性增加。因此，我们学习和阅读的目的，实际上是希望学习如何应对复杂的变化，以保持在工作中的主动地位。这种复杂性能够影响每个人，每个人都能直接感受到其影响。因此，我们应该改变自己一成不变的既定思维模式，以及非黑即白的二元思维模式，在复杂的环境中看到更多的可能性和机会，在复杂的动态环境中找到规律，以更为综合而灵活的思维模式应对这种复杂性。

模糊性下的项目管理特征

事物的复杂性导致边界变得不清晰。因此，我们学习的各种途径都旨在更好地理解事物。要理解事物，首先需要认识问题，只有认识问题，才能解决问题。因此，我们需要从不同专业学科和思维的视角去了解这个世界，从而拼凑出一个更完整的对世界的认知，也就是说，我们需要突破已经固化的认知体系，在一种更为融通和宽广的视角下去解读这个模糊的世界，并持续提升自己的认知分辨率，只有这样，模糊的世界才能变得清晰起来。

1.3 项目管理的基本逻辑

图1-1展示了项目管理的基本逻辑。

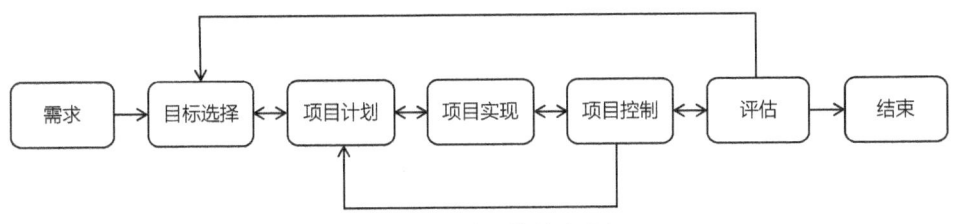

图1-1 项目管理的基本逻辑

项目是由问题或需求驱动的，重要的是确保项目建立在真实需求的基础上。这是项目中最重要且首要的事情，即做正确的事情。因此，我们首先要强调需求确定的过程。确定需求后，需要证明这些需求的真实性。在项目中，我们依靠项目所拥有的资源来支持目标的实现。项目的目标应该是有限而具体的，而不是完全满足所有需求。尽管需求可能很多，但目标必须符合SMART原则，并且应基于需求进行目标选择，即项目所要实现的具体目标。

为了实现项目目标，需要进行规划，这个规划必须与资源和目标相一致，因为规划包括了项目管理的十大体系内容。项目的基准计划是整个项目进行过程中的基本依据和参考标准，项目必须根据这个计划开展。对于项目而言，所有的活动都应在计划范围内进行，没有计划之外的活动。关键在于按照计划实施，这样整个项目才能保持可控性。一旦超出计划，整个项目就可能失控。

在项目推进和实施过程中，即项目目标实现过程中，涉及实施和控制阶段。实施和控制阶段是根据项目计划和相应资源的匹配推进工作的阶段。在推进过程中，必然会发现项目实施的实际状态与项目计划之间存在偏差，这些偏差通过评估来发现。纠正偏差是项目控制的核心要点。为了纠正偏差，需要匹配相应资源，并进行项目变更。

因此，控制过程是一个纠偏过程，是一个匹配和调整资源的过程。由于项目的核心特点是资源受限，为了确保在有限的资源条件下完成项目，必须对资源消耗进行有效控制。即使进行纠偏，也必须用更少的资源来进行纠偏，以产生正确的结果。

1.3.1 项目的本质

> 项目管理做得好需要清晰认识世界，
> 做不好的原因是看不清楚问题。

项目的本质是指项目所涉及的任务、目标和成果，它是项目存在的根本原因。管理的本质则是指对项目的计划、组织、领导和控制，以达成项目目标的过程和方法。项目管理的本质则是将项目的本质和管理的本质有机结合起来，以确保项目按时、按质、按量完成，并在此过程中最大化利益。

传统的项目管理方法往往只关注"术"的层面，即具体的方法和技术，而忽略了"道"的层面，即战略和规律。然而，只有理解并掌握项目管理的本质，才能真正实现项目管理的成功。因此，在学习项目管理的方法、技术和工具的同时，我们也应该注重对项目管理的本质进行思考和理解。

提升"道"的层面是项目管理成功的重要保证，因为只有深入理解项目的本质和管理的本质，才能有效地规划和实施项目，最终实现项目目标。此外，提升"道"的层面也与提升个人修为、提升格局、修炼内心、提升软实力密不可分。因此，在进行项目管理时，我们不仅需要注重"术"的层面的学习和应用，也需要注重"道"的层面的提升和理解，以保证项目管理的成功。总而言之，项目管理能力的提升重点在于个人的提升与精进，环境、背景、他人和外部条件的优劣势往往难以取舍。因此，改变自身、提升自身修为是提升与改变的核心内容。

四句话贯穿项目

项目管理可以总结为四句话。

第一句，要不要做。在需求确定阶段，提出建议事项，明确具体需求。

第二句，能不能做。对项目的可行性进行研究。

第三句，怎么做。提出项目实施的具体方法。

第四句，怎么做好。思考如何提高项目的质量。

项目管理的过程可以简洁地概括为"要不要做""能不能做""怎么做""怎么做好"。这个过程实际上是问题解决的四段论，即提出问题、认识问题、分析问题、解决问题。无论面对何种问题，都可以运用这个四段论来处理，因为它是一种常规的问题处理逻辑。它能够帮助我们厘清思路，找到问题的思考方向，避免陷入那些不值得做的事情的漩涡中。

项目管理的定义与目标

项目管理可以定义为基于被广泛接受的管理原则的一套技术和方法，用于计划、评估和控制工作活动，以便在预定的时间、预算和规范要求下，实现理想的最终成果。

项目管理的目标是基于项目的真实需求，确定一个有限的目标，并符合SMART原则。SMART原则指目标必须具体（Specific）、可衡量（Measurable）、可达成（Attainable）、具有相关性（Relevant）和时间约束（Time-bound）。项目目标的核心是确保资源能够支持项目的成功。项目目标根本上是为了满足项目干系人的需求和期望。项目的产生源于干系人的需求，因此满足干系人需求和期望是目标的关键。实现目标完全依赖于对干系人需求的准确识别和充分理解，以及资源是否足以支持目标的实现。因此，在确定目标时，挖掘干系人的真实需求至关重要。

干系人需求是项目管理的基础，包括需求的识别和需求的挖掘。目标的设定基于SMART原则以及需求和资源之间的匹配程度，目标的大小取决于资源的可用性和充足程度。

1.3.2 项目的基本特征

在所有项目中，思考过程都是以逻辑为导向的。项目的关键是产生结果和价值，并且需要不断进步和变化。就像个人的学习一样，目标必须清晰明确。在人生中，也必须有明确的目标，因为目标越清晰，成功的可能性就越大。为了成功，需要进行多次目标的组合和管理。

项目是独特的、一次性的，同时受到资源约束。这意味着项目必须在一定的时间内完成，有明确的起点和终点。因此，项目与运营存在很大的不同。项目是阶段性的工作，是为了应对变化，而运营追求稳定性，是为了维持经营。尽管从长远来看，运营最终也都会结束。比如，当一家公司倒闭时，它的运营就会结束。从公司成立的第一天到倒闭的那一天，这段时间的运营可以被看作一个项目，并且可以按照项目来分析其运营成败。这样，运营也可以被看作一个有明确起点和终点的项目。因此，一切都可以看作项目。

一次性

> 人不能两次踏进同一条河流。
> ——赫拉克利特

项目的一次性是指世界上没有两个完全相同的项目，一个人也不会经历完全相同的两个项目。与运营项目不同，运营是重复和稳定的工作，而项目是一次性的工作。

举个例子，一位老师讲授项目管理课程已经多年了，多次重复讲授同样的内容，但为什么每次讲课都充满激情呢？因为听众是不同的，即项目的核心干系人发生了变化。因此，尽管是同一门课程，但对于老师来说，每次讲课都是不同的体验，每次都像初次见面一样。老师要保持严谨的态度，认真细致地思考，并与学生不断建立联系。而不是认为自己已经讲了很多年了，无论怎么讲都会讲得好。实际上，如果陷入这种思维陷阱，反而会影响授课的质量。这正是项目经理应该具备的态度，对于每个项目，项目经理都要以全新的眼光和状态投入其中，避免陷入经验固化的陷阱。

一个好的项目经理应该时刻保持开放的心态，持续学习和成长，并适应每个项目的特殊性和变化。这样才能在项目中发挥最佳水平，满足干系人的需求，并取得成功。

临时性

项目的临时性通常指为了完成一个特定的任务或达成一个特定的目标而设立项目，一旦目标达成，项目就会结束。与之相对的运营性工作则是持续性的、常规性的任务，旨在保持企业的正常运作。

项目通常需要在有限的时间内完成，因此需要进行规划、组织、实施和监控等一系列活动，以确保项目按时、按质完成。同时，项目资源通常也是有限的，需要合理分配和利用，以最大限度地实现项目目标。项目通常需要在不同的团队之间进行协调和合作，因此需要明确的项目管理和沟通机制，以确保项目成员之间的有效沟通和协作，从而实现项目目标，但这也增加了管理的难度。

在此背景下，衍生出以下几个问题。首先，团队成员可能不熟悉彼此，需要时间来磨合和建立默契。其次，团队的稳定性可能存在问题，成员的变动可能会影响项目的稳定性和连续性。最后，由于项目的临时性，团队成员的凝聚力可能较弱，他们对项目的投入可能有限。

这些问题需要项目管理者积极应对。团队成员相互了解和彼此信任是关键，可以通过团队建设活动、定期会议和合作交流等方式促进团队的磨合和凝聚力的提升。项目管理者还应该密切关注团队成员的动态，及时处理人员变动带来的影响，确保团队的稳定性和项目的连续性。此外，项目管理者还需要积极激发团队成员的工作动力，建立良好的沟通渠道和合作机制，以提高团队成员的参与度。

普遍性

> 项目的逻辑性里面就蕴含着普遍性。

项目的普遍性是指项目管理方法和技术在各种类型的项目中都可以应用。无论是项目的规模、复杂度还是所属行业（如建筑、工程、IT、市场营销、医疗保健或其他领域），都可以采用项目管理方法和技术来进行项目管理。这些方法和技术可以帮助团队在有限的预算、时间和资源下实现项目目标，确保项目能够按时、按预算和按要求完成。

因此，项目管理的普遍性使其成为跨行业、跨领域的重要管理工具，在企业和组织中起着至关重要的作用。无论是大型企业、中小型企业还是非营利性组织，都可以受益于项目管理的方法和技术，以确保项目的成功实施。通过合理的项目管理，可以提高项目的可控性、降低风险，并提高组织的绩效和竞争力。

独特性

> 项目是独特性的工作，所有的项目在关键特性上都区别于其他项目。

在项目管理实践中，项目的独特性意味着它们在关键方面都有所不同，这就要求我们以创新和灵活的思维方式来应对。正如自然界中没有完全相同的两片树叶一样，项目管理中也没有完全相同的两个项目。这种独特性要求我们每天都以全新的视角来看待问题，保持对生活的热爱和对变化的敏感。

然而，许多人可能会感到生活单调乏味，因为他们没有意识到每一天都是独特的，每一天都有新的可能性。这种感知力的缺失可能导致内心的迟钝与匮乏，影响我们的时间管理和工作效率。心理问题往往源于内心的封闭，而感知力的下降则是这些问题的起因。

对于项目经理而言，保持强大的感知力和开放的心态至关重要。这意味着他们需要对世界保持好奇，对项目中的新问题和挑战保持敏感。同时，项目经理也应该避免对团队成员进行刻板的判断，应该以开放的心态去理解和欣赏每个人的独特性。

在项目管理中，我们不能简单地将新问题视为旧问题的重复，因为每个项目都有其特定的环境和条件。我们需要避免用既定的思维模式来限制我们对项目和团队成员的理解。通过保持开放的思维，我们可以更好地适应变化，发现新的机会，并为项目的成功找到创新的解决方案。

总之，项目经理应该培养活在当下的能力，敏锐地观察和理解项目的独特性，以及团队成员的多样性。这样，我们不仅能够更有效地管理项目，还能够促进团队的团结与协作，从而提高项目的整体成功率。

集成性

项目的集成性是系统论的概念。项目可以被视为一个有机的系统，具备自身的生命力。万物都有灵性，一切事物都是有生命的，并且遵循各自的运转规律。项目的目标是追求整体最优化或整体性的成功，关注整体的发展。通过从整体的视角观察，我们可以理解局部，然后再回归整体。因此，卓越的项目经理需要具备系统观、大局观和整体观。通过系统思维（也称系统性思维）的训练，可以提高问题思考的深度，避免只停留在表面和局部，并且能够在局部和整体、变化和不变之间找到平衡的基准和灵活的发力点。

其中的基本逻辑是，世界可以被认知，世界具备规律性和结构性，会按照其规律和结构演化，而不受个人意志左右。系统集成是一种战略层面的能力，也是最为重要的一种能力。预测和风险管理也是基于相同的原理。

创新性

项目的创新性是指每个项目在关键特性上都是全新的，前期工作中没有相同的经验或见解。在当今社会面临的复杂问题中，常规的解决方法往往无法有效应对。因此，现代项目需要具备创造性的思维和方法，以寻求独特的解决方案。

要实现创造性的解决方案，首先需要思维的启发和激发。这意味着我们要不断开发自己的思维能力，包括批判性思维、创造性思维和系统性思维。通过多角度思考、跳出常规思维模式以及与他人的合作交流，我们能够激发新的想法，找到新的视角。同时，创造性解决问题也需要积极探索和尝试新的方法与途径，打破传统边界，结合不同领域的知识和经验，或者尝试全新的技术和工具。创新不是孤立的行为，而是需要持续学习和探索，以不断拓展自己的知识和技能。

然而，要实现创造性解决问题，思想的重要性不可忽视。思想是创新的源泉，它推动我们挑战常规、寻找新的视角和解决方案。因此，我们需要培养积极的思维、态度，保持对问题的好奇心和求知欲，不断开拓思维的边界。通过这样的努力，我们能够在项目中展现出真正的创新和价值。

开放性

为何要强调开放性呢？在运营领域，环境相对封闭，人、事、物相对稳定，而项目则处于开放的环境中。这种开放环境带来了哪些问题呢？主要问题是不确定性，不确定性又带来了风险。由于项目的开放性特征，不可能完全消除不确定性，因此风险也无法完全消除。这意味着在充满风险的环境中开展项目工作是项目经理的常态。

项目经理需要具备足够的心理承受能力，并且能够在不确定的环境中做出明确的决策。尽管环境是不确定且无法预测的，但结果预期是相对确定的，因此决策需要是明确的。明确的决策需要项目经理有洞察力，且需要具备较强的预见能力。

那么，预见能力又是从何而来的呢？如果我们无法看清当前情况，未来将更加难以预测，预见能力正是对未来的洞察能力。当拥有足够的洞察力时，才能具备预见能力，并进一步看到未来。

项目的不确定性会带来风险，而项目的失败往往可以归结为风险管理不到位。换言之，项目管理的核心在于风险管控，而管控风险的第一步是识别和洞察风险，这需要洞察力。没有洞察力，项目将难以推进。无法看见问题的存在，解决问题就无从谈起。如果无法清晰地看清问题，就难以理解和思考问题，最终可能导致错误的决策和不良的结果。

渐进性

项目管理是一个渐进且高度依赖逻辑的过程。它要求我们按照一定的步骤和顺序进行工作，以确保项目能够顺利地达到预定的目标。在项目管理中，每一步都被视为整个项目进程中的关键环节，任何错误或不当的决策都可能对项目产生负面影响。

正确执行每一步骤是至关重要的，因为错误的决策或不合理的操作将在项目中产生连锁反应，进而导致返工和额外的成本开销。返工意味着回头重新进行已经完成的工作，这不仅浪费时间和资源，而且会打乱项目进度和团队的工作节奏。

因此，项目管理中非常忌讳返工，尤其是在项目的早期阶段。一旦错误或问题被引入并在项目中逐渐扩大，解决它们所需的代价将越来越大。在项目管理中，逻辑的正确性和连贯性是至关重要的。只有确保每一步都按照正确的逻辑链条进行，并与前后环节紧密衔接，才能保证项目的高效推进和顺利交付。在项目管理中，逻辑不仅仅是一种思维方式，更是保障项目成功的基石。

时变性

项目是一个不断变化的实体，其中涉及的人员、事物和资源都处于不断变化的状态。作为项目经理，对这些变化保持敏感是至关重要的，尤其是对信息的敏感。如果对信息不敏感，就无法有效地进行项目管理。

举个例子，想象一位老师正在讲课，而听众的情况却在不断变化。如果老师仍然坚持使用过时的内容和例子进行讲解，那如何能够确保教学的有效性呢？因此，课堂内容需要根据学生的接受程度进行实时调整。如果内容较难，老师就需要以更通俗易懂的方式讲解；如果学生对某个主题表现出浓厚的兴趣，老师就需要进一步深入讲解。内容的多少也取决于学生的理解程度。如果讲授内容过于深奥，而大多数学生难以理解，那么没有必要坚持讲下去，可以考虑调整讲授内容，以便更好地满足学生的需求。这种灵活性和教学的个性化因素能够提升学习的效果和学生的参与度。

在课堂上，听众是项目的核心干系人，因此一切工作都应以听众为中心，听众的理解程度至关重要。项目经理同样如此，需要对项目中的各干系人保持敏感并关注其需求和反馈，以便及时做出调整和决策。只有确保听众或项目干系人理解和接受了交付成果，才能实现项目的成功。

不可挽回性

项目的结果是不可逆转的，就像滑雪运动员的一次空中跳跃一样。这种跳跃的难度很高，要么成功，要么失败。每个人只有有限的机会去尝试。不可挽回性正是项目的典型特征之一。在项目中，一次决策的结果将产生永久性的影响。项目要么能够成功，要么不能。如果失败，那就意味着需要重新开始一个全新的项目。因此，项目结果的不可挽回性使其具有独特的属性，每次决策都承载着重大的责任和风险，需要谨慎对待。

不确定性

不确定性带来的风险对于项目和运营而言存在着显著的区别。在这个不确定的时代，不确定性往往会引发人们的焦虑。工作、职业和收入的不稳定性是常见的焦虑源，这些情况容易给人们带来压力。

在项目管理中，关键是在适当的时间做正确的事情。在规划阶段，我们通常会制订基准计划，而后期会产生很多变更计划。为什么需要进行变更呢？这是因为项目面临不确定性，几乎所有的项目都伴随着不确定性，而我们无法消除所有的不确定性。

项目管理需要应对和适应不确定性，因为项目环境经常发生变化，所以我们需要具备灵活应对的能力。作为项目经理，我们需要识别和评估风险，并制定相应的应对策略，以及根据需要调整项目计划等。项目管理的成功取决于如何处理和管理不确定性，如何在不确定性中找到平衡和解决方案。

虽然我们无法消除所有的不确定性，但我们可以通过有效的项目管理实践和适应性的思维来降低风险，并提高项目的成功概率。在项目中，关键是要认识到不确定性的存在，并采取相应的措施来应对和管理它，以确保项目能够在不断变化的环境中取得良好的效果。

项目特征的启示

项目管理的对象是项目本身，在进行项目管理之前，我们需要了解项目的特征和管理需求，因为项目的特征决定了我们需要采取何种管理行为。

项目具有一次性、临时性、普遍性等特征。针对这些特征，项目管理和运营管理都有相应的方法和工具来应对相关问题。例如，针对项目的临时性，我们需要对项目组织、人员管理和团队管理进行临时性的调整。我们必须意识到这种特征，确保在短时间内让团队达成一致，进行有效的协调与合作，这是应对项目临时性的一种策略。

项目是普遍存在的，我们可以将工作和生活中遇到的各种情况都视为项目，甚至可以将人生看作一个项目。我们可以运用项目管理的观点和方法来应对各种问题。因此，针对每一种特征，在项目管理活动中都存在相应的做法和行为，也有特定的工具可用于解决相关问题。通过深入了解项目的特征和管理需求，我们可以更好地规划和执行项目，以实现项目目标。

1.3.3 项目管理中的决策

> 智者决策於愚人，贤士程行於不肖，则贤智之士羞而人主之论悖矣。
>
> ——《韩非子·孤愤》

有一句关于下棋的名言："一着不慎，满盘皆输；一着占先，全盘皆活。"这句话阐述了一个道理：无论我们从事何种事业，成功与失败都取决于决策的准确性。科学的决策能够使企业充满活力、蓬勃发展，而错误的决策则可能使企业陷入被动、陷入危机。

在做出决策之前，我们需要明确什么是正确的。我们不能仅仅从利益得失的角度来做决策。准确地说，我们需要拥有正确的观念，正确的人生观、事业观和社会观，并将它们作为判断的标准。否则，我们所做的决策只是权宜之计，无法得到更多力量的支持。

一切事物都处于不断发展和变化之中，决策也是如此。我们需要以发展的眼光看待问题。我们需要摒弃以自我为中心的思维模式，意识到单个人的力量很难做出正确的决策，因此需要广泛征求意见和集思广益。

成功的项目源于正确的决策。在项目执行中，我们面临各种各样的决策问题和决策场景，决策的好坏对于项目的成败至关重要。因此，在做出决策之前，我们应该熟悉决策的基本理论和方法，掌握正确的决策流程和必要的决策技术。

决策的重要性

> 做正确的事是做正确的决策和选择，
> 管理的过程就是做一系列决策的过程。

管理就是决策。一旦做出错误的决策，后续将需要投入大量资源来弥补。决策不仅贯穿于管理的各个方面，同时直接决定了管理活动的成败。因此，在做决策时必须慎重，要三思而后行。项目管理中决策的重要性不可低估，它涉及项目资源的分配、目标的设定、策略的制定，以及团队的组织和协调等方面。一个明智而正确的决策能够为组织带来成功和发展，而一个错误的决策则可能导致项目损失和失败。因此，项目管理者在决策时需要充分考虑各种因素，评估风险和利益，权衡各种选择，并寻求专业意见和团队的反馈。只有经过谨慎思考和全面分析，才能做出明智的决策，为组织的发展和成功铺平道路。

瓦伊昂大坝事故

1963年10月9日晚上10：39，意大利瓦伊昂大坝上游水面的一侧山体由于受到暴雨的冲击而发生了严重的山体滑坡，2.6亿立方米的岩石和树木以110千米/小时的速度冲入了瓦伊昂水库。

这次山体滑坡相当于将100个胡夫金字塔砸进了瓦伊昂水库，巨大的冲击使水库中约1/3的存水越过了瓦伊昂大坝，冲向坝底。足足有5 000万立方米的水从250米高的坝顶垂直拍下，相当于13 333个国际标准泳池的水从83层高楼直接落下。

转瞬之间，如海啸般的水浪就到达了瓦伊昂大坝下游的四个村庄，2 000多名农民在冲击中遇难，甚至连反应的时间都没有。

这是一场异常严重的自然灾害，也是一个典型的项目决策失误的例子。

1959年，当时瓦伊昂大坝一侧的蒙特托克山发生了位移，至少有3名地质专家分别警告了亚得里亚电力公司的管理人员，表示蒙特托克山的山体极不稳定，根本撑不住大坝建成后的恐怖蓄水量和高度，如果建完，会有非常大的风险。此时大坝的建设已经进行了3年，如果这时候因为专家的建议而停止建设，前面所做的一切工作就会前功尽弃，所以亚得里亚电力公司的管理者一秒都没有犹豫，直接无视专家的警告继续建设。

到了1960年，瓦伊昂大坝竣工并开始蓄水准备使用，但是在同年10月水位达到635米的时候，大坝左岸地面竟然出现了长达1 800～2 000米的裂缝，并发生了局部坍塌，虽然亚得里亚电力公司采取了很多措施，可是依然没有阻止大坝一侧的山体结构发生位移。

亚得里亚电力公司在这期间还做过一个1∶200的模型，用来模拟大坝如果发生山体滑坡会出现什么现象，结论表明，如果水位距离坝顶不足20米，滑坡后产生的波浪会涌过坝顶，冲向下游，这是非常危险的！

实验过程中的所有报告都是公开的，也就是说，亚得里亚电力公司和意大利政府都知道这座当时的世界第一水坝是一座名副其实的"危坝"！

这个例子可以阐明对潜在风险的忽视，以及决策对此的影响。首先，瓦伊昂大坝的建设涉及多个干系人，包括政府、建筑商和投资者等。建造大坝的决策过程可能涉及多个因素，如经济效益、社会发展和环境保护等。如果这些干系人在决策过程中优先考虑经济效益而忽视了安全风险，那么就很容易导致对潜在风险的忽视。

其次，瓦伊昂大坝事故的发生也反映了监管机构对安全风险的忽视。监管机构没有对瓦伊昂大坝进行充分的监管和评估，这可能是由于监管机构缺乏专业知识或未能严格执行规定。这种监管不力导致了瓦伊昂大坝安全隐患的存在，最终导致了事故的发生。

总之，瓦伊昂大坝事故表明，在决策过程中需要平衡各种因素，包括经济效益、社会发展和环境保护等，以确保公众利益得到充分保护。同时，监管机构也需要加强对建设项目的监管，确保项目按照规定执行，并且在项目存在安全隐患时及时发现并采取必要措施。这些都需要通过科学的决策和监管机制来实现。决策者应该认识到风险的存在，并在决策过程中综合考虑各种因素，以确保决策的科学性、可靠性和可持续性。

项目经理在项目进行中通常会面临很多选择，而每个选择都会产生不同的结果，所以项目管理过程就是做出各种决策的过程，而每个决策都会产生完全不同的结果。决策的数量非常多，每个决策又会影响下一个决策，会不断地向下传递，产生非常强大的连锁反应，这与项目管理活动的强大内在逻辑相关。

在项目管理中，经常需要对情景进行假设分析，在事情发生之前进行情景模拟。如果做了预判，等真正风险发生的时候就会有更好的应对方案，而良好方案的提出需要我们具备敏锐的洞察力和良好的判断力。提升判断力有很多方式，例如，经常关注项目环境信息，提升对信息的敏锐度。通过预测每个事件的发展以及相关各方的态度，对动态未知的事件进行预判，从而锻炼自己的判断力。这样的练习可以帮助项目经理更好地应对不确定性和风险，并做出更明智的决策。

1.3.4　项目管理的艺术

我们可以将项目管理活动比喻成一种艺术的实践。就像艺术家用画笔创作出绚丽的画作一样，项目经理通过灵活运用管理技巧和创造性思维，将项目的各个要素融合在一起，创造出令人惊叹的成果。

与艺术创作类似，项目管理需要我们超越传统思维的边界，勇于尝试新的方法和技术，勇于突破自己已有的观念。项目经理需要拥有一种独特的洞察力和直觉，能够在复杂的环境中找到平衡点，并将各种看似矛盾的要素融合到一个完整的项目中。

在项目管理的艺术中，我们不仅需要理论知识和技术的支持，更需要发挥想象力和创造力。就像艺术家将自己的内心感受和想象力融入作品中一样，项目经理需要将自己对项目的愿景和目标认知注入其中，以使项目成为独一无二的作品。

项目管理的艺术不是仅仅停留在纸面上的计划和决策，更需要在实践中进行体现。通过实际执行，项目经理能够不断提升自己的艺术水平，掌握更多的技巧和方法，使项目管理达到预期的成果。

正如艺术家通过不断的练习和实践来完善自己的技艺一样，项目经理也需要通过不断的项目实践来提升自己的项目管理能力。每个项目都是一次新的艺术创作，每个决策都是一次对项目命运的塑造。只有通过持续的实践，项目经理才能在项目管理的舞台上展现出真正的管理才华，创造出令人赞叹的项目成果。

1.4 项目管理思维

1.4.1 项目管理的核心

> 认识世界就是认识世界中的各种关系。

项目管理的基础在于对客观规律的理解,即对事物本质的认知。这种认知是成功进行项目管理的基石。我们需要探索事物的本质,深入理解其中的规律和模式,以便能够准确地把握项目管理的方向。这涉及一个哲学问题,即我们如何认知世界和理解其本质,这是关于认知能力的探索,也是哲学研究中的基本问题之一。对于规律的认知则是这个认知过程中的重要一环,它使我们能够应用认知结果来高效地管理项目。

在有限资源的条件下,我们运用系统工程的方法来提高这些认知。系统工程提供了一种系统化的方法,可以帮助我们综合考虑项目的各个方面,从而更好地应对复杂性和不确定性。通过系统工程的方法,我们将对客观规律的认知与项目管理的实践结合起来,更加有效地规划、组织和控制项目活动,实现预期的成果。

然而,项目管理的本质始终是与人相关的,因为无论问题多么复杂,当我们不断追溯其根本时,我们最终会发现所有问题都与人的底层逻辑认知和问题本身的底层逻辑有关。无论问题在表面上呈现出多么多样化的形式,最终问题的本质都是人的问题。因此,管理的本质就是对人性的管理。这意味着我们需要更深入地理解人的需求、动机和行为,以及人与人之间的相互关系。我们需要培养和发展领导力、沟通技巧、团队合作能力等与人相关的管理技能,以有效地管理项目中的各种人员。

管理人性是一个持续的过程,要解决这个问题需要我们不断地学习和成长。我们需要关注人的情感和动机,建立信任和共享价值观,激发团队成员的积极性和创造力。通过倾听和关心团队成员的需求,营造良好的工作氛围和建立合作关系,为项目的成功打下坚实的基础。

专注于关系

> 认识世界就是认识世界中的各种关系。项目管理的核心主要是识别逻辑关系、传递逻辑关系,以及对关系产生影响。

世界是由无数相互作用的关系构成的,而项目管理所涉及的正是这些相互关系。在项目管理中,核心的任务在于理解和识别这些活动的逻辑关系以及逻辑关系的传递。为什么我们强调在正确的时间做正确的事情呢?我们可以以活动时间估算为例来说明。如果项目中的某个环节出现错误,它将对后续一系列的工作产生影响,进而导致对活动时间的估算出现偏差。因此,一次性将事情做对非常重要。如果在这个过程中出现多个错误，这些错误就会通过逻辑链条传递到各个环节。

这个道理好比疫情的传播。一个无症状感染者如果没有被发现，他到处活动、接触人群，就会将病毒传播出去。这也符合项目管理的逻辑。如果我们无法控制好关键要素，错误就会不断地传递下去。如果项目管理系统运作良好，就能够将成功的要素一一传递下去。

在项目管理中，我们必须密切关注这些相关的传递，及时发现和解决问题，以确保项目的成功，避免错误在项目中蔓延。因此，在项目管理中，我们不仅要关注每个环节的执行，还要关注它们之间的相互影响和逻辑关系。只有准确理解和把握这些关系，我们才能确保项目顺利进行，达到预期的目标。

由此可见，项目管理的核心在于理解和识别这些活动的逻辑关系以及逻辑关系的传递。通过避免错误的传递和及时解决问题，我们可以确保项目的成功。因此，在项目管理中，我们需要以系统思维的方式来把握整体和局部之间的关联，并注重每个环节的执行和活动之间的相互影响。只有这样，我们才能够有效地管理项目。

一次性将事情做对

> 重复劳动是最浪费资源的方式之一。

在工作和项目管理中，为什么经常出现加班的情况呢？实际上，很多加班是由于返工造成的，即需要进行重复劳动。重复劳动是最浪费资源的方式之一。一旦陷入重复劳动的模式，资源消耗将成倍增长。因此，一次性将事情做对非常重要。

以老师指导学生写论文为例。在论文的开题报告阶段，就要选择一个合适的题目，否则论文写作过程中就会出现各种问题。同样，按照进度检查的节点按时完成论文写作中的各项工作，也是顺利完成论文的基本保证。每个阶段的工作都有严格的要求，如果不能达标就会产生严重的后果。这些都是在毕业论文写作时避免出现错误和重复劳动的管理手段。这也是确保项目管理成功的重要方法。

成功源于逻辑的正确性，如果我们没有做好，导致严重后果的根源也是这套逻辑。只有清楚地认识到这一点，我们才能知道在项目管理中如何避免做那些导致项目失败的事情，从而将项目成功完成。换句话说，只有控制好项目中所有活动之间的内在逻辑关系和关键要素，项目才容易取得成功。反之，如果出现错误，错误将会传递下去，项目就容易失败。

管理难度指的是要让专业人士做专业的事情。换句话说，我们需要找到专业人士，让他们做好各自的专业工作，这就是管理。并不是说我们自己干什么都很专业，什么都可以亲自去做。管理的本质是利用人才，通过他人的协助来实现目标，让团队成员行动起来。这与工程师的思维完全不同。工程师的思维是"如果要干好工作，我自己必须很懂才行"，而管理者的思维是"我自己不是专家，但我可以组织一群专家来干"。

担任项目经理的人需要具备较强的人际关系能力，因为人际关系能力的发展对于在高层岗位上取得出色表现至关重要。如果你的人际关系能力相对较弱，可能会面临难以胜任中层管理职位的挑战。因此，学习管理技巧对于个人的职业发展至关重要。这其中包括影响他人并激励他们与你共同实现目标的能力。

在职业发展过程中，项目经理需要具备六项关键能力，这可以被视为我们的成长进阶路线：洞察力、思考力、决策力、组织力、领导力和执行力。在后面的章节中，我们将详细阐述如何提升每项能力。

1.4.2　分解思维

关于分解思维，很久以前就有相关的描述。它指的是将一个整体或复杂的问题分解为更小、更简单的部分，以便更好地理解和解决。这种思维方法在古希腊和中国的哲学、科学、数学等领域得到广泛应用，成为古代文化和思想的重要特征之一。

在古希腊哲学中，分解思维可用于揭示事物的本质和规律。例如，亚里士多德的"分类学"就是一种基于分解思维的方法，通过将事物按其本质属性进行分类，研究事物之间的关系和差异。在科学和数学领域，分解思维也得到广泛应用。例如，在欧几里得几何学中，证明方法就是将复杂的定理分解为较小的命题，并逐步证明整个定理。在数学中，分解思维也用于研究和解决各种问题，如因式分解和方程求解。

中国古代的兵法家孙武在《孙子兵法》中提到了"分而治之"的战略思想，即将敌方分解为许多小部分，各个击破，这是分解思维在战争中的应用。中国古代医学家张仲景在《伤寒杂病论》中提到了"分证论治"，即将疾病分解为许多小症状，逐个治疗，这是分解思维在医学中的应用。《荀子》中有句名言："不积跬步，无以至千里"，这也是分解思维的一种体现，即通过积累小步骤的努力才能达到远大目标。17世纪法国哲学家和科学家勒内·笛卡儿正式阐述分解思维概念。他认为世界就像一个由许多小部件组成的机器，通过分解和研究这些部分，我们可以理解它们如何融入整体。

为了更清晰地认识世界，我们需要进行切割，因为切割后能使我们看得更清楚。这也是许多学科存在的原因，因为单一的学科无法清晰地表达整个世界，这是我们认识世界的手段。学科和门类的划分是项目管理的基础，基本的学科逻辑管理是对世界关系的集中表达，而对项目管理学科逻辑的精妙掌控则是学好项目管理的基础。将分解思维应用于项目管理中意味着在每个阶段知道该做什么，这构成了项目管理的基本流程。如果我们头脑中有一套标准的项目管理流程，面对任何问题时，我们就可以有条不紊地拆解各个问题，逐一解决，形成严密的逻辑和实施方法与流程。

因此，项目管理是一种系统解决问题和处理事务的方法，它是一种方法论，一种思维体系，更是一个完整的哲学体系，这才是项目管理的本质。项目管理无处不在，具有普遍性，一切都可以按照项目管理的逻辑和方法来解决。

总而言之，分解思维就是将任务或目标拆解为更具体、更清晰的子任务或子目标，通过这些子任务或子目标最终完成整个任务和实现整个目标。无论是在项目管理中还是日常工作中，都需要使用分解思维。在日常工作中，任务分解能力是最重要的一项能力。如果没有这种能力，我们只能处理一些小任务或小项目。因为实际工作中遇到的问题往往非常复杂，如果不懂得分解任务，面对复杂任务时必然会无所适从。

事物之间的关系和逻辑

> 你通过分解可以找到事物之间的关系和逻辑。

世界可以看作关系的总和。因此，认知和研究世界就是研究这个世界存在的各种关系。这些关系包括人与人之间的关系、人与组织之间的关系、组织与组织之间的关系、人与自己之间的关系等。即使是自然科学的研究也是在研究关系。例如，化学研究分子或原子之间的相互作用规律，也是在研究一种关系。有些事物之间存在直接的因果关系，如火能够燃烧木材；而有些事物之间的关系则是间接的，需要通过中介或其他变量来连接，如环境对人体健康的影响。

在这其中，辩证逻辑起着重要作用，正确的逻辑推理可以帮助我们洞悉事物之间的本质联系，更加明智地做出决策。因此，理解事物之间的关系和逻辑对于认知世界和解决问题来说，无疑是一个重要前提。

庖丁解牛

庖丁为文惠君解牛，手之所触，肩之所倚，足之所履，膝之所踦，砉然向然，奏刀騞然，莫不中音。合于《桑林》之舞，乃中《经首》之会。

文惠君曰："嘻，善哉！技盖至此乎？"

庖丁释刀对曰："臣之所好者道也，进乎技矣。始臣之解牛之时，所见无非牛者。三年之后，未尝见全牛也。方今之时，臣以神遇而不以目视，官知止而神欲行。依乎天理，批大郤，导大窾，因其固然，技经肯綮之未尝，而况大軱乎！良庖岁更刀，割也；族庖月更刀，折也。今臣之刀十九年矣，所解数千牛矣，而刀刃若新发于硎。彼节者有间，而刀刃者无厚；以无厚入有间，恢恢乎其于游刃必有余地矣，是以十九年而刀刃若新发于硎。虽然，每至于族，吾见其难为，怵然为戒，视为止，行为迟。动刀甚微，謋然已解，如土委地。提刀而立，为之四顾，为之踌躇满志，善刀而藏之。"

文惠君曰："善哉！吾闻庖丁之言，得养生焉。"

就像庖丁解牛一样，他之所以如此熟练，是因为他了解牛的结构，知道哪些部位有骨头，哪些部位没有骨头。当他用刀进行切割时，不会碰到骨头。他一辈子使用同一把刀，刀却没有磨损，仍然保持锋利，这正是分解思维的体现。如果他的头脑中没有对牛的骨骼结构的精细分解，是不可能达到如此熟练程度的。由此可见，项目管理的内涵是非常广泛的，项目管理思维无处不在。

按WBS进行分解

在项目中，WBS是一种分解的思想，也是一种简化的思想，通过系统分解来简化复杂的事物，从而找到事物之间的关系和逻辑。它是一种认清事物的手段和方式。

项目管理的思想主要体现在两个方面，其中之一就是分解思维。分解思维在项目管理中得到广泛应用，其中最典型的应用就是WBS。WBS有着诸多好处。无论是哪个项目，都可以按照WBS的方式进行层层分解。通过将所有重要的活动进行分解实现对项目的有效管控，WBS已经成为项目管理最重要的工具，适用于各种项目。例如，WBS可以指导一个没有写过小说的人按照写小说的分解流程写出一本小说。WBS让我们能够找到复杂项目的切入点，一步一步地指导我们如何开展项目管理工作。因此，WBS同时也是项目管理流程的基础，为项目提供了基础的方法论，为管理者提供了一套标准和专业的项目执行流程参考依据。按照基于WBS的标准管理流程，可以避免在项目进行中犯低级的错误，并在此基础上将项目做得更为成功，这也是项目管理所能提供的基础价值之一。

在项目管理中，从整体到部分的逻辑一直在不断地重复运用。项目分阶段就是分解思维的另一具体应用。为了更好地理解项目，我们将其划分为多个阶段，每个阶段都有明确的任务或目标，同时也有明确的可交付成果。只要每个阶段的可交付成果都能够实现，那么每个阶段就算是成功的，整体项目的要求也就能够达到。

项目的逻辑可以描述如下：首先，当我们面临一个问题或需求时，我们成立一个项目，即项目的立项阶段。在立项后，通过确立项目的目标，项目就被确定下来。接下来，我们开始思考如何实现项目目标，确定需要进行哪些工作。具体的工作内容由WBS来定义，WBS边界即项目的范围边界。在项目的后续过程中，成本管理、进度管理、范围管理和风险管理等方面都会涉及WBS，这些都是源自WBS的内容。WBS中的活动是这些管理方面的基础。进度管理依赖于WBS中的活动排序，而风险控制则与各项活动密切相关。因此，可以说WBS是所有项目管理工作的基础，也是一切工作的核心和基础框架。它可以被看作项目管理的总纲。项目管理的所有工作都与WBS相关，都源自WBS的存在。

由于事物的逻辑关系存在多种形式，世界是各种关系的综合体。每一种关系类型中都存在一个脉络性的元素，如果我们能够找到这个脉络性元素，就可以按照该脉络进行分解。

这种思维方法也适用于各种问题的解决。这是一种演绎的方法。我们先从全局的角度看问题，然后逐渐细化到局部。通过将问题分解为更小的部分，我们可以解决许多看似复杂的问题。写论文的过程也是如此，首先确定目标，然后构建一个框架，再逐步展开和细化。从整体到局部，再到细节，这符合对世界认知的规律。工作分解本身只是一项技术性工作，但要将其做好，取决于我们对世界的认知能力。因为WBS反映的是事物内在的逻辑关系，这才是WBS的本质。

工作分解的方法

分解思维是将复杂问题转化为简单问题，将简单问题标准化，进一步将标准问题专业化，最终将专业问题模块化的过程。总体思路是通过这些手段和工具来简化问题，将原本复杂的问题逐步分解成可处理的部分。即使是庞大的问题也可以被分解成简单的部分，再复杂的问题也能够被简化。

分解的目的是便于控制。我们将问题分解到可以完全掌控的程度，这就是项目管理中分解思维的核心。任何人都可以在各种复杂的场景中运用项目管理中的分解思维。无论问题有多难以解决，只要掌握了分解思维，学会了这种分解的方法和流程，所有复杂的问题都可以被简化。因此，真正了解项目管理的人不会害怕问题的复杂性。

那么如何进行工作分解呢？答案是层层分解。基本逻辑是由大到小，就像画一幅肖像画，我们会先勾勒出人物的轮廓，然后再去画人物的面部特征和细节。我们对世界的认知也是如此。首先看到一个粗略的轮廓，然后逐渐清晰起来，就像大雾逐渐散去一样。一开始可能只看到前方似乎有一栋房子，但是由于雾太大，无法看清楚。等雾慢慢散去，才发现果然是一栋房子，随后视野更加清晰，我们能看到更多的细节。

第一，要以系统的观念去认识工作中的任务。如果没有系统的观念，很容易出现以偏概全、以部分代替整体的错误，从而导致判断偏差，无法按时保质完成工作任务。只有通过系统观念来认识工作任务，才能够观大势、明大局、谋大事。

第二，工作任务需要按照内部的逻辑关系逐步进行层级的分解，直到每个任务都可以执行。在这个过程中，需要注意两个方面：首先，确保任务之间没有重复内容，将任务清晰地分开；其次，不要遗漏任何细节，尽可能考虑所有可能的小任务，可以借助思考模型来全面思考。

第三，完成工作分解后，需要为每个具体任务确定优先级顺序，明确子任务的范围、目标、要求和时间计划。在这个过程中，尽量采用量化的管理方式，使任务可以被具体度量和监控。

第四，将工作子任务分配给其他人具体执行时，需要进行充分的沟通，并了解工作人员的实际情况。根据实际情况和工作人员的特点，进行任务的分解和布置。除了确保所有分解任务有明确的责任人，还要确保工作人员对任务有清晰的认识，明确交付内容和标准。如果出现意见分歧，要妥善解决。

第五，在执行过程中，需要再次以系统观念对具体进度进行管控。根据变化情况，及时进行适当的调整，以确保最终达到项目目标。

工作分解的逻辑也反映了管理者的认知思路。对于具体可见的项目管理对象，也可以根据对象的物理系统特征，将其分解为子系统部件、产品级别、零件级别，可以逐层进行分解，以便更好地理解和管理工作任务。

不同学科的人对世界的认知是不同的。例如，物理学家、化学家和生物学家对世界的看法是不同的，他们会从各自学科的逻辑和背景出发来分析世界。政治家看待世界的角度与文学家也不同。文学家在面对"战争冲突"时，可能会创作出《战争与和平》这样的小说作品；诗人可能会写一首诗描写人类苦痛；而政治家可能会考虑如何通过这一事件为自己的国家带来政治利益，如何利用资源，以及对某些国家实施牵制等。

尽管角度不同，但这些观点是同时存在的。在进行WBS分析时，可以根据特定的逻辑进行分解。我们对事物的分解取决于自身的专业背景和专业认知水平，以及对该领域的认知程度。这些因素无法脱离彼此而独立存在，这与我们对项目的认知息息相关。

项目管理的本质也是如此。如果仅仅从技术和工具的角度来理解项目管理，就无法真正学好它。项目管理的相关书籍都力求简单易懂，很少涉及复杂的数学知识。我们可能会觉得项目管理似乎没有太多可学之处，但为何学好项目管理如此困难？这是因为项目管理的每个过程背后体现的是项目经理的思维能力，这才是困难所在。项目管理的基础是我们对世界真实认知的理解，以及对世界关系认知的清晰度、深刻度和完整度。这些因素决定了我们的项目管理能力。

正确"三步曲"

在项目管理中，存在一类被称为"没有开始就失败"的项目。这类项目建立在虚假的需求和问题之上，因此被认为是注定失败的。因此，在进行项目管理时，首要任务是确保做正确的事情，也就是判断该项目是否值得进行，是否应该进行，这是首要考虑的问题。

"做正确的事""正确地做事""把事做正确"，这三个步骤不能颠倒。首先，"做正确的事"，例如，在产品开发中，要先了解客户需求，需求管理是至关重要的一环，接着需要进行高质量的构思，这是最重要的部分。如果没有好的想法，后续的工作将毫无意义。其次，"正确地做事"，这意味着做出正确的决策和选择，正确地理解并遵循过程，即按照规定的流程进行工作。最后，"把事做正确"强调的是结果导向，确保按照正确的流程进行工作，并达成预期的结果。

选择正确的事情、正确地执行流程和结果导向是项目管理的重要原则。只有选择了正确的项目、正确地按照规定的流程执行工作，并坚持以结果为导向，才能有效地实施项目管理。这样才能避免"没有开始就失败"的项目，并取得良好的成果。

我们可以将事情分为四类：重要且紧急、重要但不紧急、紧急但不重要、不重要也不紧急。在日常工作中，我们需要避免将精力放在"不重要也不紧急"的事情上，尽可能拒绝"紧急但不重要"的事情，将绝大部分的精力放在"重要"的事情上。对于"重要且紧急"的事情，我们应该优先处理，而"重要但不紧急"的事情次之。至于紧急程度的判断，则需要再次深入思考并进行评估。

"正确地做事"指的是采用正确的方法和流程工作。在职场中，我们经常看到有些人永远处于忙碌状态，却事倍功半，而另一些人处理工作得心应手，事半功倍。前者只顾着低头做事，不注重方法和效率；后者则追求各种高效的工具、方法。结合工作经验，我们认为人们可以从以下几个方面着手改进。

第一，接到任务后不要马上着手处理，而是先进行沟通，确认工作内容，并明确实现方式。在心中勾画实现方式时要考虑可预见的难题、所需的知识和需要协调的资源，然后将实现方式的步骤具体化并纳入计划中。最后为自己设定一个可衡量的标准，并按照计划一步步展开工作。

第二，事先协调好可用的资源，包括人力和物力，并充分学习掌握所需的知识。对于可预见的难题，寻求相关人员的帮助和答疑，只有这样才能确保工作顺利进行。

第三，在计划的实施过程中，要反复检查，避免出现纰漏。一旦发现问题，要及早暴露并积极解决修复，而不是等到最后一刻才发现问题。要多思考并勤总结，让重要干系人清楚你的工作进度和后续计划。向重要干系人汇报工作进展，并及时给予反馈，不论成功与否。

第四，工作计划要分解到位，明确责任人。如果发现问题或计划有变，要及时进行计划调整或采取措施进行弥补。

第五，明确事情的重点，并根据重点分析需要攻克的难题，然后有针对性地调用资源，进行专项攻克。

第六，在工作中遇到问题时，有许多解决办法可以选择。

第七，切忌懒惰，克服拖延。在工作中，懒惰心理是最常见的问题，往往会拖延工作直到最后才开始动手。这样会导致思考不全面，出现错误。要及时行动，克服懒惰心态，确保工作按时进行并达到预期效果。

项目管理首先要确保做正确的事。做正确的事就是在明确问题和需求的基础上，确立目标，然后通过WBS来实现。通过将项目分解为具体的任务和活动，WBS解决了"做什么"的问题。组织分解结构（Organizational Breakdown Structure，OBS）解决了"谁来做"的问题，确定了参与项目的相关人员和责任。而责任分配矩阵（Responsibility Assignment Matrix，RAM）则解决了"谁来做什么"的问题，明确了每个人员在项目中的具体职责和任务。这些逻辑非常严密，解决了项目中关于做什么、谁来做、什么时间做、需要什么资源、何时需要以及需要多少等问题。通过责任分配矩阵和时间进度计划的控制，确保工作按正确流程进行，最终产出正确的结果。这就是实现做正确的事和把事做正确的方法。

把事做正确是以结果为导向的评价。它基于做正确的事和正确地做事，评估结果是否达到了预先设定的目标和标准。除了结果评价，还需要对过程进行监控，及时进行调整和纠正偏差。为此，我们需要设定一些指标来进行评价，并按照计划有序地完成工作。同时，不断总结经验和教训，以便更好地实现项目目标。

项目管理是一套非常严谨、清晰的方法论体系，它是做事的方法。学习项目管理就要全面掌握这套方法论体系，了解如何开展工作，明确常见问题的出现位置，识别并避免这些问题，使项目朝着正确和成功的方向发展。在任何事情中，我们都有能力进行判断和决策，以确保事情的成功实现。

1.4.3 系统思维

> 管理者所遇到的问题通常都不是彼此孤立的，而是相互影响、动态变化的，尤其是在由一系列复杂系统构成的动态情境之中。在这种情况下，管理者不能只解决问题，而应善于管理混乱的局势。
> ——拉塞尔·阿克夫

什么是系统？《系统之美》中有描述：系统是一组相互连接的事物，在一定时间内，以特定的行为模式相互影响，如人、细胞、分子等。系统可能受外力触发、驱动、冲击或限制，而系统对外力影响的反馈方式就是系统的特征。在真实的世界中，这些反馈往往是非常复杂的。系统具有鲜明的整体性、关联性、层次结构性、动态平衡性、开放性和时序性特征。

一旦理解了结构和行为之间的关系，我们就能开始了解系统如何运作，为什么会出现问题，并且如何使系统转向符合人们预期的行为模式。当今世界正经历着持续快速的变化和不断增加的复杂性，系统思考有助于我们发现问题的根本原因，看到多种可能性，并更好地应对复杂性挑战和抓住新机遇。

当今社会面临各种复杂问题，各个国家、种族、人群和团队之间的冲突在很大程度上源自工业时代根深蒂固的心智模式和由此主导的认知体系，这些模式认为一切事物都可以被拆解和还原，可以通过理性和逻辑来预测与控制。然而，这种观点显然是有偏颇的。我们周围充满了各种活生生的系统，不仅需要逻辑分析，还需要艺术、直觉、爱和慈悲等智慧。我们必须注重心与物的平衡、左脑和右脑的平衡，冷静地洞察系统的动态性、整体性和规律性。

自20世纪60年代以来，系统思考作为与还原论相对的思维模式，采用了整体论的哲学思想和辩证唯物主义的分析方法，并融合了现代复杂性科学的最新研究成果。它不仅拥有完善的理论体系，而且具有实用而有效的方法和工具，在发达地区和国家的企业经营管理、生态环境、交通与水利规划以及社会事务管理、公共政策制定等许多领域均取得了显著成效。

系统理论可以被视为人类观察世界的透镜。通过不同的透镜，我们可以看到不同的景象，这些景象都真实存在于世界中，每种观察方式都丰富了我们对这个世界的认知，使我们的理解更加全面。尤其是当我们面临混乱、纷繁复杂且快速变化的局面时，采用多种观察方式会带来更好的效果。

盲人摸象

在古尔城旁边，有一座城市，城里的居民有不少是盲人。有一次，国王及其随从、车队经过这里，在城市边上安营扎寨。据说，国王骑着一头大象，令国民十分敬畏。

所有人都期盼能够看一看这头大象，就连城里的一些盲人也随着疯狂的人流涌向国王的营地去看大象。

他们当然看不见大象长得什么样，只能在黑暗中摸索，把凭着感觉得到的信息拼凑起来。

每个盲人都认为自己是对的，因为他们都对大象的某一部分有着真切的感觉……

摸到大象耳朵的那个盲人说："大象是一个很大、很粗糙的东西，宽阔而平坦，就像一块厚地毯。"

摸到大象鼻子的那个人说："你说的不对，我说的才是对的。它就像一个直直的、中空的管子，很可怕，很有破坏性。"

摸到大象的腿和脚的盲人说："大象是强壮有力的，很结实，就像一根粗柱子。"

每个盲人都真切地感知到了大象身体的一个部分，但他们的理解都是片面的。这个故事是一则古老的寓言，它向我们传递了一个简单却经常被忽视的真理：不能仅凭借对系统各个构成部分的了解来认识系统整体的行为。

系统论的基本思想

> 项目意识是看待世界的方式，项目是特定的目标实现，是一系列的活动存在，是事物存在和发展的内在规律性。

当意识到世界具有内在的结构和规律时，我们才能更深入地探究这个世界。例如，在自然科学中，研究物理学、化学和生物学等学科都是在探索世界的基本规律和结构。在社会科学中，经济学、社会学、心理学等学科也在探索各种社会关系和心理行为的规律和结构。

同时，世界是一切关系的总和，我们的生活和行为也是在不断地与他人和环境互动与影响。因此，探索人与人、人与世界以及人与自然之间的关系也是非常重要的。这种探索有助于我们更好地理解我们自己和我们所处的环境，以及如何应对各种挑战和机遇。

世界上所有事情的发生都是有规律的，没有什么事情是偶然的，都是必然的，所以可以根据规律做出预测。那么从这个角度来看项目，就可以明白其必须依赖专业知识和专业的团队。因为项目是完成以前从未做过的工作，世界每天都是新的，项目每天都是新的，专业性是完成项目的根本保证。

系统思考是出自系统动力学的思维工具，其哲学基础却源于东西方探寻真善美深处的智慧。富有创造力的系统思考是了解当今世界各种复杂系统的问题与机遇，是实现可持续发展的关键策略。系统思考是整体地、动态地、连续地思考问题的思维模式，是在复杂动态系统中的一种以简驭繁的智慧。决策者唯有深刻领悟系统思考的精髓，才能在正确的时间、正确的地点做正确的事情。

对系统来说，要素、内在连接和目标，所有这些都是必不可少的，它们之间存在特定的相互联系，各司其职。一般来说，系统中最不明显的部分，即功能或目标，才是系统行为最关键的决定因素；内在连接也是至关重要的，因为改变了要素之间的连接，通常会改变系统的行为；尽管要素是我们最容易注意到的系统部分，但通常情况下，它对于定义系统的特点是最不重要的，除非某个要素的改变也能导致连接或目标的改变。

系统论是一门新兴学科，它研究系统的结构、特点、行为、动态、原则、规律以及系统之间的联系，并通过数学描述来揭示系统的功能。系统论的核心任务是从整体的角度出发，探究系统整体及其组成要素之间的相互关系，深入理解其结构、功能、行为和动态，以实现最优目标的把握。系统论采用一种基本的思想方法，将所研究和处理的对象视为一个系统，分析系统的结构和功能，研究系统、要素和环境之间的相互关系和变动规律，并通过优化系统观点来解决问题。实际上，世界上的任何事物都可以被看作一个系统，无论是浩瀚的宇宙、微观的原子，还是一粒种子、一群蜜蜂、一台机器、一个工厂或一个学术团体……它们都是系统的体现。整个世界就是各种系统的集合，但一个系统的整体特性不能仅通过单独分析其组成部分而得到完全理解。

> **可口可乐用水**
>
> 大概在2000年前后，可口可乐的数据显示，每生产1升可乐，要消耗3.3～3.5升水。于是可口可乐设定了一个目标，要努力减少30%的用水。当时，世界自然基金会是可口可乐的合作伙伴，世界自然基金会的人员跟可口可乐的高层说，你们错了，每生产1升可乐，不是消耗3.5升水，而是消耗200多升水。世界自然基金会之所以这么说，是因为生产可乐要用糖，多出来的那200多升水，80%都用于种植糖原料。

在此案例中，可口可乐没看到外面更大的系统，是因为更大的系统不是其生意的一部分。所以，可口可乐只看到了水的部分。虽然可口可乐也要用糖，但其只知道怎么去买到最便宜的糖，至于种植糖原料，可口可乐不觉得这是自己的事情。所以，想要看到更大的系统，你要知道系统的边界在哪里。

整体最优

系统观念的核心是整体最优。因为系统观念分为几个方面，最重要的就是你在看待所有的事物时首先承认它是一个整体，它并不是一个孤立的、分离的系统，它拥有整体性。整体性意味着只要是系统之内的要素，都会存在某种或强或弱的关系，这种作用关系会产生系统所输出的结果。

所谓的整体最优，指的是以下两点：第一，必须有整体观。第二，了解整体中的所有的要素存在强弱相互作用关系，而这种作用关系很难被完整和清晰地认知。所以，追求整体最优必须依赖整体性的基础。系统的下一个特征就是它的结构化和层次性的方面，其实就是要对它进行分解。通过分解，把所有要素之间的作用关系识别清楚。在此基础上，首先，确保输入的正确性，所有输入的要素都要进行清晰的辨析，不要漏掉系统中的一些关键要素。其次，精准识别它们之间的关系及其作用规律也非常重要，但这一工作也充满了挑战。

我们通常从事件层面和因果关系出发，而忽略了反馈过程的重要性。此外，人们也往往没有意识到行动和反应之间存在时间延迟，这在信息交流时会造成一定的困难。此外，人们对于存量和流量的概念也不足够理解，而且人们往往没有意识到在系统进化的过程中非线性特征可能会改变反馈回路的强度。

《系统之美》中描述了可能产生我称之为"系统思考缺乏症"的五种典型症状：

- 只见树木，不见森林。

- 只看眼前，不看长远。
- 只看现象，不见本质。
- 头痛医头，脚痛医脚。
- 本位主义，局限思考。

在当今快节奏和日益复杂的世界中，企业家、管理者、公务员，以及其他任何身份的个人，都需要具备系统思考能力，以应对复杂的挑战和制定睿智的决策。系统思考是一种能够帮助我们分析问题、解决问题、共同学习的核心技能，它是解决复杂问题、推动组织成长、激发集体智慧和建设学习型组织的重要工具。

系统观念

> （人类）对自己、对自己的思想和感觉的体验，好像与其余的世界是相分离的——这其实是我们意识中的一种光学幻象。这种幻象错觉对我们来说就是一种囚禁，它把我们局限在个人的欲望里并把我们的感情局限在最近的几个人身上。我们的任务就是把自己从这个囚禁中解放出来，而方法就是通过扩展我们的慈悲心的范围，使之包容所有的生命，包容整个大自然及其内在之美。
>
> ——爱因斯坦

《第五项修炼》中对系统的观点有如下的阐述，为了理解重要的问题，我们不能只看到个人失误或者运气不佳，也不能只看到人物和事件，我们必须看到隐藏在事物表面以下的结构模式：它们塑造了人的行为，它们创造的条件使各类事件得以发生。

《系统之美》也给出了一个"警告清单"，包括六个注意事项：

- 为了在复杂的世界里自由遨游，你需要把注意力从短期的事件上移开，看到更长期的行为和系统内在结构，不要被表象所迷惑。
- 在非线性的世界里，不要用线性的思维模式。
- 你需要恰当地划定系统的边界（这一点通常并不容易）。
- 你需要考虑多重限制性因素以及相对强弱。
- 你需要理解无所不在的时间延迟。
- 你需要清晰地意识到"有限理性"。

这既可以看成作者对我们思维中常见误区点亮的"红灯"，也可以作为完善自己思维的行动指南。

总体来说，系统观念需要对以下四个方面有认知。

（1）整体性。

任何问题都是有机的整体，由有序的逻辑连接构成。要看到事物作为有机整体的存在以及其动态的变化。只有突破局限的认知，才能从局部看到整体的变化。整体并不是局部的简单叠加，而是局部的有机整合连接体。

（2）结构性。

对于有机整体而言，认知需要结构。我们可以认识到，虽然系统是整体，但它由部分组成。因此，结构是认知的基础。没有结构性的认知会以为系统是随机的、无序的，但实质上系统是有规律的，并且是相对稳定的。这为认识世界提供了基础，一切都有稳定性，同时也有动态演化的过程。结构演化具有连续性和顺应性。

（3）层次性。

从结构的角度区分，系统具有层次性，从大到小、从粗到细、从近到远。比如观察人，首先我们看到的是整体，从整体观察到骨架、身高、胖瘦等结构特征，然后再观察到人的五官等更具体的部分。这体现了认知的整体性、结构性和层次性。

（4）相互作用关系。

系统是由要素构成的，它们之间存在特定的关联性，并以特定的方式存在。要素之间并非静止不变，所有的系统要素都是变化和运动的，具有动态的演化规律。

系统基本的结构模型

同样的现象之中存在不同类型、不同维度、不同层面的相互作用关系。

系统的基本结构模型包括系统的输入和产出，而我们所追求的是产出，因为只有好的产出才能带来好的结果。在《第五项修炼》一书中对如何看待系统进行了阐述：不懂系统思考的人往往将组织视为一个机器来管理，而懂系统思考的人则将组织视为一个生命体来管理。前者倾向于认为组织是用来控制和实现业务目标的，每个人就像机器上的一个螺丝钉，只需完成自己职责范围内的工作。例如，部门之间相互争吵，员工只完成本职工作而不思考公司整体，这些都是基于机械管理思维来处理事务的。我们所面对的系统可能不仅仅是航空航天等复杂项目，也可以是日常生活中的客观事物，相对比较简单，如果输入控制非常精确，且作用关系比较稳定，输出结果也是相对确定的。

在生活中，我们也可以看到各种各样的系统现象和行为，系统思考的方法可以得到频繁的运用。

（1）饮食。

一个健康的人需要有均衡的饮食，正常的吸收和良好的习惯。健康一方面受到输入的影响，同时取决于输入与输出的相互作用关系。内在的系统需要保持和谐的关系。

（2）管理。

有效的决策是一个输出。决策需要信息输入，因此，平时不能输入太多垃圾信息和干扰信息，这样才有可能产生好的决策。决策还取决于管理者自身的逻辑思考能力，这也会影响决策结果，以及内在的吸收和转化。有效的决策需要高质量信息的输入和有效的逻辑分析判断能力。

（3）沟通。

在沟通中，首先要有建设性的内容，控制自己的输出。如果谈论的是无关痛痒的话题，那就没有意义。其次要考虑沟通的结果是否有效，相互如何激发对方，以及内在系统的相互作用规律。

（4）教育。

有效的教育应该是孩子能够理解并付诸行动的教育。确实，这样的教育具有理论上的合理性。然而，关键是孩子是否听懂了你说的，以及是否真的愿意按照你的意图行事，这些都取决于孩子的内心所输入的内容，以及与其经验认知的内在相互作用。因此，我们需要换位思考，微调语言，将正确的、有效的信息传递给孩子。目前，父母倾向于灌输自己认为正确的观念，但并未充分考虑到系统内部的相互作用规律。他们试图通过简单的输入来控制输出，这是很困难的。你所讲的话是正确的，但关键是孩子是否接受并能产生与之相符的行为。在教育孩子时，我们需要更多地关注孩子的接受度、行为方式等与我们的输入是否相吻合，这些通常需要以充分的爱与尊重为前提，我们往往忽略了这一点，所以教育的效果往往差强人意。提升自身的修养，保证高质量的信息输入，营造一个健康高效的家庭系统，是家庭教育的关键。

1.4.4　系统和分解的统一

以上内容介绍了项目管理中的两种思维方式：系统思维和分解思维。系统思维指的是将所有事物都视为一个系统，不论是大系统还是小系统，它们都由更小的系统组成。而分解思维则是将大系统拆分为多个小系统。这两种思维方式在项目管理中同时存在，彼此正向和逆向互补。

在认知世界的过程中，也存在两种认知方法。一种是从整体出发，逐渐细化到局部；另一种则是先认识每个局部，再将它们还原成整体。这两种思路被称为归纳和演绎。无论是哪个话题，都可以套用一个哲学框架来总结。这个框架可以将话题简化使其易懂。然而，真正理解和熟练运用这些思维方式并不容易。认识自己不了解的某个领域是困难的，更难的是将知识转化为实践。

将这些原理应用到每个细节并非易事。举个例子，如果我们掌握了演绎的方法，可以通过阅读一首诗来了解诗人的风格。理解了一首诗后，我们也能够理解该诗人的其他作品。就如同阅读纪伯伦的某首诗，即使我们无法理解他的每首诗，只要我们阅读了他的全部作品并发现了它们的共性特点，就能更好地理解他的诗。我们对世界的认知也是类似的。

在项目管理中，除了应用分解思维还原，还需要考虑约束条件、前提假设、历史信息等因素，以及项目所处的环境和过去的经验，这些都会对项目产生影响。项目不能脱离其环境而存在，每个项目都是发生在特定的历史背景和特定的环境中的，因此无法忽视环境的约束和前提条件，否则项目将失去意义。空间维度存在着约束条件，而时间维度则涉及前提和假设。根据与项目的关系不同，其影响程度也会有所不同。从这个角度来考虑，我们能够理解项目外部输入的重要性。正因为所有特定事件都是发生在特定的环境中的，因此，若想深入理解某件事情，就不能脱离其所处的环境。

每件事情的发生都具有时空维度的特点。就像球状坐标系中的一个点，周围还有许多其他点，所有这些周围的点都会对它产生影响。对于一个人来说也是如此。我们观察事物时不应仅按照线性思维或平面思维来看待，而要运用立体思维才能获得相对完整的视角。这种立体思维能力非常重要。

项目管理博大精深，通过上面的论述，我们虽不能窥项目管理之全貌，亦可见项目管理之斑斑，希望给大家带来启迪和思考。

第2章

项目组织与高效沟通

项目管理要关注人,任何能够影响人的因素都会影响项目。

项目是为了实现组织的统一目标和使命而存在的，也是为了实现一群人的共同目标而存在的。因此，项目目标的达成，需要依赖一群志同道合的"战友"，这就必然涉及项目组织的问题。成立项目组织，主要是为了将一群拥有共同目标的人有效地组织在一起，从而以有限的资源创造更大的价值。其核心问题在于如何将正确的人放在正确的位置上，并发挥每个人的特长和优势，以高效的方式工作，最终一起高效地完成任务。

项目组织的主要服务对象是项目的目标、使命和价值。在组织项目的过程中，要想实现项目干系人的内外协同和高效工作，有效的沟通是根本保证。促进人与人之间的信息交互，增进彼此之间的了解，最有效的手段就是进行有效的沟通。为了实现工作认知和工作目标的统一，促进人与人之间的工作方式、工作内容的高度协调与交互，拥有一种高效且顺畅的沟通方式极为重要。

2.1　项目组织

> 组织结构是实现企业目标不可或缺的工具。
> ——彼得·德鲁克

20世纪初期，随着大型项目（如航空、船舶、建筑等）以及复杂项目的不断涌现，人们认识到传统的部门型组织在处理临时性、复杂性和跨职能性的工作时存在许多问题和不足。于是，项目组织的概念逐渐得到了广泛的认可。20世纪后半叶，项目组织作为一种特定的组织形式在组织学、管理学和项目管理学中得到了深入研究，并逐渐形成了一套完整的理论框架和实践方法。

项目组织旨在有效地规划、组织和管理项目，以实现目标和产出成果。项目团队就像一支技艺精湛且配合良好的交响乐团，项目是它的演奏曲目，而项目管理者是指挥家。著名指挥家赫伯特·冯·卡拉扬曾说："一曲和谐的乐章，需要指挥的统一和团队的合作。"项目组织同样需要指挥者的领导和团队成员的各司其职，以确保项目能够顺利完成。项目组织需要具有合理性、协调性和灵活性，以应对项目中的挑战和变化，从而成功地实现项目目标和交付成果。

项目组织结构是项目组织的具体表现，决定了项目团队各成员之间的层级关系、职责和权限划分、信息流向和决策机制等。根据项目的特性、规模、复杂程度和组织文化等因素，项目组织结构可分为多种类型，如项目型、职能型、矩阵型和混合型等。

2.1.1　项目型组织结构

项目型组织结构（Project Organization Structure）是一种高层集权下的分权管理体

制,如图2-1所示。在项目型组织结构中,项目就如同一个微型公司那样运作。项目所需的所有资源完全分配给这个项目,专门为这个项目服务。项目型组织结构对客户高度负责,每个项目团队严格致力于一个项目。这种结构的设置是为了迅速有效地对项目目标和客户需求做出反应。因此,项目经理拥有完全的项目权力和行政权力,不会与其他项目在优先次序及资源问题上发生冲突。

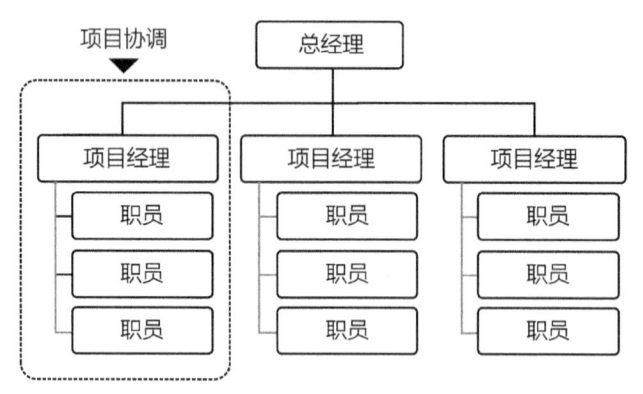

图2-1 项目型组织结构

房地产开发项目通常采用项目型组织结构,以实现快速决策、高效管理资源和协调各方利益。这种结构提供了高度的灵活性和专业化的管理,有助于应对项目的复杂性和不确定性。大多数房地产开发项目涉及多个领域和职能部门,如设计、施工、采购和销售等。通过将来自不同职能部门的人员组成一个独立的团队,这种结构可以促进紧密协作,快速响应项目需求,并减少跨部门协调和沟通的复杂性。

另外,这种结构赋予了项目经理更大的权力和灵活性。大型房地产公司通常会在全国各地同时进行几十个大项目。大多数员工在项目中工作,公司总部员工相对较少。尽管项目经理的职位不高,但他们拥有的权力甚至比一般企业的CEO还要大,负责管理数十亿元的项目资金。而且,项目经理拥有完整的人事和财政权,为具体项目招聘员工。项目完成后,如果员工具备合适的专业技能和知识,他们会被重新分配到另一个项目中。

项目型组织结构的优点是效率高。首先,项目经理对项目全权负责,可以调用整个组织内外部的资源,项目成员向项目经理汇报,避免了多重领导的问题。其次,项目经理与项目成员均全身心投入项目中,响应更加快速,团队可以集中精力于共同的项目目标,团队精神也更容易发挥。最后,每个部门就像一个独立公司,不需要大量的跨部门协调,受到其他体制的限制也较少,整体更为灵活、易于操作,执行与沟通效率更为短、平、快。

项目型组织结构的缺点主要表现在两个方面。第一,资源浪费。在该结构下,项目组的资源是独享的,会造成人员、设施、技术及设备等资源的重复配置,从而导致项目成本增加，资源利用率降低。另外，分散型的组织结构使企业难以集中力量办大事，如与供应商议价。第二，员工发展受限。首先，在项目型组织结构中，知识和技能的交流程度不高，在技术的专业度上不够深入。其次，项目结束后，项目成员或进入新的项目或面临解雇，从员工的归属感与职业发展的连续性来看，存在不足。对于企业来说，也不利于培养稳固的核心员工。

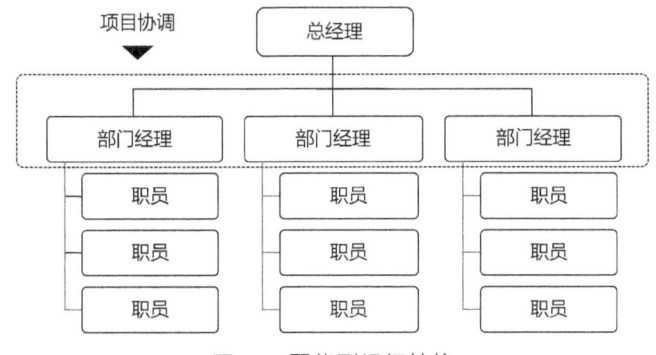

2.1.2 职能型组织结构

职能型组织结构（Functional Organization Structure）是一种按照职能划分部门的组织形式，如图2-2所示。职能型组织结构中的各部门有着明确的职能划分和专业特长，常见于政府部门、事业单位和国企。比如学校里设有各个处，各个处分别由处长管理；国企里设有各个部门，由不同的部门经理管理。获得项目后，组织从各相关职能部门抽调人员，组成多职能的项目团队或任务突击队。在这种结构中，各项目成员在行政上仍然由他们各自的职能经理管理，项目经理一般由职能经理职务以下的人来担任。因此，其权力不会超过对应的职能经理。在国企里，项目经理可能只由工程师兼任，仍受部门职能经理管理。项目经理对团队没有充分的管理权力，如果团队成员之间发生冲突，通常要由组织的权力层级解决。

图2-2 职能型组织结构

大学作为教育机构，通常需要具有多个职能部门。各部门之间有着明确的职能划分和专业特长，各自负责不同的业务。例如，教学部门负责教学计划、课程设置、教学质量评估等；科研部门负责科研项目申报、科研成果评审等；学生工作部门负责学生管理、学生活动组织等；人事行政部门负责人员招聘、薪酬福利管理等；财务部门负责预算编制、资金管理等。

采用职能型组织结构，可以使各个职能部门专注于自己的职责范围，形成相对独立、高效的运作机制。每个职能部门都有其专业的管理和运营方式，在特定的领域内形成较高的专业素养和业务水平。此外，职能型组织结构还可以实现资源的集中配置和统一管理，有助于实现组织内部的资源优化配置和绩效评估，同时可以使各部门在专业领域内形成深厚的积累，提升整体组织的运作效率和业务水平。

职能型组织结构的优点是专业化、高效率、职责明确。首先，职能型组织结构可以实现部门的专业化，将不同职能的工作集中在相应的部门中，从而使各部门充分发挥其专业知识和技能，提高工作质量和效率。其次，职能型组织结构中各部门的职责和权限通常非常明确，避免了工作职责的重叠和混淆，有利于明确员工的工作职责，便于管理，提高管理效率和员工的责任心。最后，职能型组织结构在具有明确的职能和高度专业化的工作环境中，能够实现高效的组织运作，提高组织的综合竞争力。

同时，职能型组织结构也存在一些潜在的缺点。首先，由于各部门按照职能划分，部门之间可能形成相对独立的工作岛屿，导致信息传递不畅、决策协调困难，从而影响组织内部的协同作业和综合决策能力。其次，职能型组织结构通常层级较多，决策制定和执行过程复杂，导致决策反应迟缓，从而影响组织的灵活性和快速应变能力。最后，由于员工通常在各自的职能部门内工作，他们可能更加专注于本职工作，缺乏全局观念和跨部门合作的机会，从而影响员工的综合素养和组织内部的协调能力。因此，职能型组织结构需要在管理和组织设计上加以注意，加强部门间的沟通和协调，培养跨部门合作的全局思维，以克服其潜在的缺点，实现组织的高效运作。

2.1.3 矩阵型组织结构

矩阵型组织结构（Matrix Organization Structure）如图2-3所示，是职能型和项目型组织结构的混合体，旨在最大限度地利用组织中的资源和能力。在矩阵型组织结构中，项目经理对项目的结果负责，职能经理提供所需资源，项目部门和职能部门各司其职，共同为每个项目的成功贡献力量。项目经理来自组织的项目部门，投入度取决于项目的大小，可以同时管理几个小型项目或专职负责一个大型项目。项目经理应与相关职能经理协商，从各个职能部门抽调工作人员，并根据项目的实际需求以及预算决定投入。

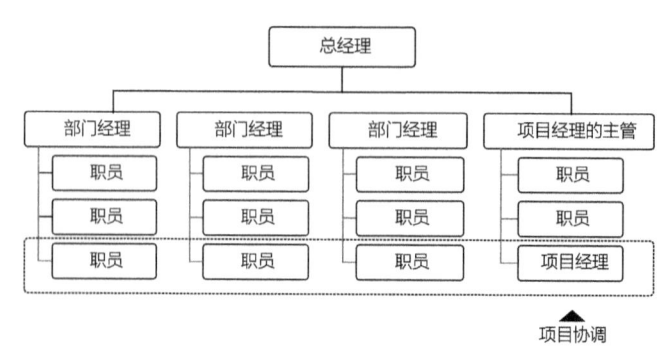

图2-3 矩阵型组织结构

矩阵型组织结构既有项目型组织结构中注重项目和客户的特点，也保留了职能型组织结构中的专业性。在矩阵型组织结构中，项目成员隶属于职能部门，并依据项目需求在各项目之间流动。这种组织结构的优点是：一方面，避免工时闲置，浪费公司资源；另一方面，核心专业技能可供多项目使用，从而有效利用资源。矩阵型组织结构中的项目团队成员有两个汇报关系：临时性的事务向项目经理汇报；长期的行政管理事务向职能经理汇报。遇到问题时，项目团队成员可以通过两个渠道向项目经理和职能经理反映情况。这种双线渠道更有利于发现问题，避免问题被搁置。

矩阵型组织结构通常又分为弱矩阵、平衡矩阵和强矩阵。在不同类型的矩阵型组织结构中，项目经理的权力和责任也有所不同，这通常取决于组织结构的类型和级别及项目的规模和重要性。在弱矩阵型组织结构中，项目经理的权力较小，而在强矩阵型组织结构中，项目经理的权力则较大。然而，无论在哪种矩阵型组织结构中，项目经理都需要与其他部门和团队成员通力合作来实现项目目标。

弱矩阵型组织结构

弱矩阵型组织结构与职能型组织结构类似，由部门经理领导下的一名员工兼任项目经理，其角色更像协调员而非管理者。项目成员并非直接从职能部门调派过来，而是利用他们所在的职能部门为项目提供服务。弱矩阵型组织结构适用于技术简单、功能明确的项目，对项目实施的影响较小。

常有项目经理抱怨："项目经理总被说得这么高大上，但我的意见在项目中毫无分量，就像一个跑腿打杂的人。"事实上，不同组织结构下的项目经理的权力存在巨大差异。而项目经理的权力的大小直接影响该项目的资源调用与决策执行。

如果项目经理在工作中没有成就感，无法调动资源，项目推进非常困难，那么他很可能是在职能型或者弱矩阵型组织结构中。在这两种组织结构中，项目经理更像一个协调员，项目预算由职能经理控制，项目经理和项目管理行政人员都是兼职的。由于权力有限，团队内部的支持度和配合度较低，项目经理推动项目时感到有心无力。组织结构类型是项目的事业环境因素，一般来说较难调整。因此，在弱矩阵型组织结构中，项目经理利用软技能的能力就显得尤为重要。

平衡矩阵型组织结构

平衡矩阵型组织结构是一种较常见的类型，它对弱矩阵型组织结构进行了改进，以加强项目经理对项目的控制。组织从不同部门调配来的团队成员中指定一名成员担任项目经理的角色。平衡矩阵型组织结构适合技术复杂程度适中且周期较长的项目。采用这种组织结构，需要建立周密的管理程序、配备训练有素的协调人员，才能实现良好的效果。

某科技公司正在开发一款新的智能手机产品，需要多个职能部门与技术团队协同工作。为了确保不同团队之间的协作和信息流动，公司采用了平衡矩阵型组织结构来管理这个项目。

项目经理负责协调各职能团队与产品线团队，确保项目顺利进行。产品线团队由产品经理、设计师、市场营销人员等组成，负责整个智能手机产品的研发、市场推广和用户体验等工作。职能团队如硬件工程、软件工程、供应链、质量控制等，负责为产品线团队提供支持和服务。例如，硬件工程团队负责设计和制造手机的硬件部分，软件工程团队负责手机操作系统和应用软件的开发。

在平衡矩阵型组织结构下，各团队在产品开发过程中独立负责各自的领域，同时保证跨部门的协作与沟通。

强矩阵型组织结构

强矩阵型组织结构具有项目型组织结构的主要特征。在现有职能组织的基础上，由组织最高领导任命全权负责项目的项目经理，并向其直接汇报。通常情况下，该项目经理的权力比职能部门经理更大，可能由企业的副总、总监甚至是CEO亲自担任。采用强矩阵型组织结构的项目通常是高战略级别的及重要的。

矩阵型组织结构的优点包括促进跨部门合作、增加适应性、提高创新和解决问题的能力、为员工提供职业发展机会，以及强调整体观念和客户导向。通过多维度的联系，矩阵型组织结构有助于加强组织内部协作、提升适应力和创新力，并鼓励员工不断成长发展。

矩阵型组织结构也存在一些潜在缺点。首先，其结构通常导致更多的管理层级、决策过程长及多头汇报问题，增加了管理的复杂性，进而影响敏捷性和效率。其次，矩阵型组织结构中跨部门和团队合作可能引发沟通和协调难题。最后，团队或部门之间可能出现权力争夺和利益冲突。

因此，在选择和实施矩阵型组织结构时，组织需要认真考虑其优缺点，采取必要的措施，确保组织能够充分发挥矩阵型组织结构的优点，同时避免其缺点对组织运作产生负面影响。

2.1.4　混合型组织结构

混合型组织结构（Hybrid Organization Structure）是一种将不同的典型组织结构结合起来设置分部的组织结构，如图2-4所示。在混合型组织结构中，项目团队成员来自不同的部门和地域，具有不同的职能，并协同完成特定任务，向项目经理汇报。混合型组织结构通常是为了满足项目的特定需求而设计的，可以根据项目的性质、规模、复杂性和组织的文化等因素选择与调整。

图2-4　混合型组织结构

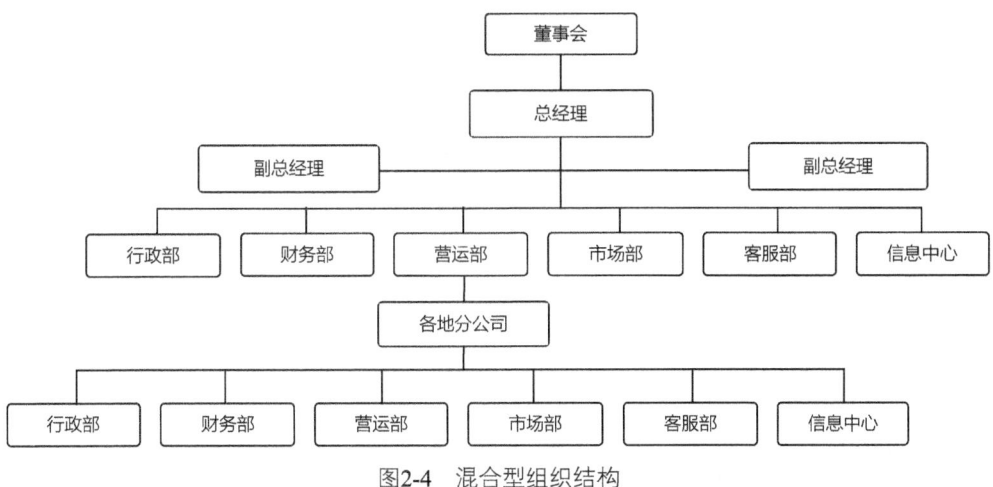

许多浙江的民营企业、小企业或家族企业采用混合型组织结构。在企业形成和壮大的过程中，为了满足业务与发展需要，无法完全以某一种组织结构（如职能型、矩阵型）的形式将业务组织起来，因此形成了极其复杂的混合型组织结构。

虽然有些企业的规模已发展成大型集团企业，但仍然沿用此种形式。例如，阿里巴巴集团在某些业务模块中采用项目型组织结构；而在其他的业务模块中，采用职能型组织结构，并设置了许多不同的事业部门和职能部门。两种组织结构共存，并遵从各自独立的运作体系与管理模式。

另外，苹果公司采用的也是混合型组织结构。在乔布斯的领导下，苹果公司采用强调新产品开发的矩阵型组织结构，而继任的CEO约翰·斯加利则认为有必要放缓创新，更多关注生产和分销。因此，公司的销售部门以项目型组织结构运作，以便快速响应市场需求；市场营销和培训部门则构建为职能型组织结构，以加强该领域的专业技能；而在新成立的风险投资部门则采用了矩阵型组织结构，以提升管理的灵活性。

混合型组织结构的优点在于，企业可以根据自身需要和业务重点，采用不同的组织结构，并能够根据外部环境和业务活动的变化及时进行调整。该结构发挥了职能结构和分布结构的优点，使公司在建立项目组织时具有较大的灵活性。同时，混合型组织结构将高度集权和高度分权相结合，可充分发挥人力资本的潜能，调动成员的积极性，并保持重要的战略计划和重大决策权。

混合型组织结构的缺点在于，由于组织结构不规范，容易造成管理上的混乱，进而导致运行成本增加。此外，各部门之间的管理模式差异大，不利于协调与合作，容易引发矛盾。同时，由于项目采取不同的组织形式，利益分配上的不一致也容易产生矛盾。

2.1.5 选择的原则

每种项目组织结构都有其独特的特点，不同类型之间并无高低优劣之分，只有是否适合的问题。组织结构的存在是为了服务于组织目标和使命。在选择项目组织结构时，可参考以下原则。

（1）项目目标和复杂性。

对于简单和小规模的项目，职能型组织结构往往更为适用；而对于复杂和大规模的项目，需要采用更专业和灵活性较高的矩阵型组织结构或项目型组织结构。

（2）组织文化和资源。

如果组织文化强调部门间的合作和知识共享，矩阵型组织结构可能是一个较好的选择；如果组织资源有限，可能需要采用更加简单和经济高效的职能型组织结构。

（3）项目干系人和沟通需求。

如果项目涉及多个部门和干系人，需要频繁的沟通和协调，矩阵型组织结构或项目型组织结构可能更加适合；如果项目干系人较少，沟通需求相对简单，职能型组织结构就可能足以满足项目需求。

（4）项目周期和时间压力。

如果项目周期较短，时间压力较大，需要快速做出决策和执行，项目型组织结构可能是一个合适的选择；如果项目周期较长，时间压力相对较小，可以考虑更加稳定和长期的组织结构类型，如职能型组织结构。

（5）团队技能和经验。

如果团队成员具有较高的专业技能和丰富的项目经验，可以考虑采用矩阵型组织结构或项目型组织结构，以发挥他们的专业能力；如果团队成员技能相对较低，职能型组织结构可能更加适合。

（6）组织管理风格和决策方式。

如果组织管理风格倾向于权力集中化和强调层级管理，职能型组织结构或强矩阵型组织结构可能更加符合组织的管理要求；如果组织管理风格倾向于民主，那么项目型组织结构或弱矩阵型组织结构更合适。

（7）项目的风险和不确定性。

对于高风险和高不确定性的项目，可能需要采用灵活性较高的矩阵型组织结构，以便在项目执行过程中能够快速适应和应对变化。

项目组织结构的选择不能一概而论，需要考虑许多因素，如项目类型、规模、周期、团队成员技能和组织文化等。为了确保项目能够顺利实施并达到预期目标，组织需要全面分析项目的特点和要求，并结合组织文化和管理风格，以选取最合适的项目组织结构。

2.1.6 组织结构的动态性

组织结构并非静态、线性、一成不变的。随着项目环境、组织需要及上下级关系的变化，组织结构也必须相应地变化，以确保与内外环境相适应，从而更好地实现任务目标。

假设一家科技公司正在进行一个复杂的软件开发项目，该项目需要多个团队和多个部门的协作。在项目初期，为了促进创新和快速决策，公司可采用项目型组织结构，项目团队成员直接向项目经理汇报，决策权较为集中。然而，项目进入执行阶段后，规模逐渐增大，复杂度逐渐增加，需要更强的资源协调和项目控制。因此，公司调整了组织结构，采用了矩阵型组织结构，项目团队成员需同时向项目经理与各自的部门经理汇报。这种调整使项目团队可以更好地利用部门资源，并更加灵活地应对项目需求变化。随着项目的不断演进，组织结构可能也会进一步调整，以适应项目不同阶段的需求变化，确保项目的顺利完成。可见，项目组织结构具有动态性，会根据项目的实际情况和需求进行调整。

中国C919大客机工程

2022年9月29日，中国民航局在北京向中国商飞公司颁发了C919飞机型号合格证。对于国产大飞机来说，这是一个关键时刻，它意味着国产大飞机终于可以进入商用市场。

C919大客机工程作为中国首款按照国际适航标准设计、具有完全自主知识产权的干线客机，是一个具有高难度、长周期、涉及多学科、高风险、高投入、高技术的创新型项目。2014年以前，该项目采用的是国企普遍使用的职能型组织结构，它可以充分发挥每个职能部门的专业技能，为大飞机的技术攻关提供了强有力的支持。然而，当C919进入全面总装阶段时，涉及众多部门的协调工作，过去的职能型组织结构已不能满足需求，继而产生项目经理权力不足、跨部门资源协调困难、部门间沟通不畅、总体目标不一致等诸多管理问题。为了解决这些问题，商飞公司引入了集成产品开发团队（Integrated Product Team，IPT）的组织模式，以项目为中心，实行项目经理负责制。IPT组织模式可以在最短时间内调集项目所需的专业人才，共同为项目服务。同时，多个项目可以共享各个职能部门的资源，大大提高了资源的利用效率，总的战略目标被分解成各个项目目标，加速工作进度，确保了各个子节点不延期。IPT自身的组织结构实际上是一种混合型组织结构。

可见，设定项目组织结构类型的关键在于它是否与企业战略和使命相吻合，是否能够保证项目管理与流程的有效实施，以及是否能够持续地进行动态演进，以适应不断变化的需求。恰当的组织结构可以更好地促进组织目标的实现，提高资源利用效率，从而使得组织能够更健康、可持续地发展和成长。

> 你成为什么样的人，取决于你所处的环境和你如何对待这个环境。
>
> ——尤瓦尔·哈拉里

项目的组织结构类型是环境因素之一，通常由组织的高层管理人员或决策者来决定。作为项目经理，虽然不能直接决定组织结构类型，但它会直接影响项目经理在项目中的角色和职责，甚至对整个项目的成败产生影响。因此，学习和理解项目的组织结构类型对项目经理来说十分必要。

2.2 项目团队

> 如果说我看得远，那是因为我站在巨人们的肩膀上。
>
> ——牛顿

项目团队由来自不同团体的个人组成，他们拥有执行项目工作所需的专业知识或特定技能。项目的成功与否取决于团队而不是个人。

帝企鹅的故事

帝企鹅是世界上现存体型最大的企鹅，主要栖息于条件恶劣的南极洲。这里常年冰雪覆盖，冬季气温低于零下40摄氏度，并且经常出现风速高达150千米/小时的暴风雪。当暴风雪来临时，帝企鹅会聚集成群，紧紧依偎，共同抵抗严寒。这种抱团取暖的行为尽可能地让每只帝企鹅减少能量损失，这对于在冰冷干燥的南极洲繁衍生息的帝企鹅来说至关重要。

当帝企鹅聚集在一起时，内部的温度能很快从零下40摄氏度升高到零上20摄氏度。但当帝企鹅之间的距离近至0.8厘米以内时，温度有可能达到40摄氏度。这时，位于外部位置的企鹅会移动到内部，以获得更高的温度；而位于内部的帝企鹅会移动到外侧降温。用这样的方式，帝企鹅团队成员不断移动自己的位置，既维持必要的温度，又不至于太热。这种抱团取暖的行为足以帮助帝企鹅团队抵抗当地的所有暴风雪，而没有回到团队中的帝企鹅，则很有可能冻死在暴风雪之中。

团队合作的力量不可小视。个体力量微弱，但团队合作可以强有力地抵御外界的挑战。古语云：一人难挑千斤担，众人能移万座山。因此，在项目管理中，打造一个卓越的团队对项目的成功至关重要。一个好的团队能够产生远远超过个体绩效总和的团

体绩效。这就像一支优秀的球队,其成功并不取决于某个球员的卓越表现,而是基于团队的整体表现。

2.2.1 项目团队的特点

> 团队就是由两个或者两个以上相互作用、相互依赖的个体,为了特定目标而按照一定规则结合在一起的组织。
> ——管理学教授 斯蒂芬·P.罗宾斯

在工作中,组建团队是实现目标的重要手段之一。由于人们的思维惯性,个体往往会按照自己的偏好去完成任务,并很可能偏离项目目标。例如,某款产品只需稍微领先竞争对手即可占领市场并实现盈利,但有些技术人员过于追求技术的完美与先进性,以至于项目范围超出原本的需求,浪费了企业的资源。此时,协同工作成为一种较好的解决方式。项目团队成员可以互相补足弱点,更好地平衡取舍,从而提高项目绩效和效率。

> 一群有共同目标的人、一群具有高度一致性的人、一群凝聚力很强的人才有战斗力。

项目团队有三个主要特点,分别是目标性、临时性和灵活性。

目标性

项目团队由一群为了实现共同目标而聚集在一起的个体组成。这个共同目标就是项目目标,也是项目团队存在的基础。当项目目标与个人目标一致时,可以最大限度地调动团队成员的积极性,激励每一位项目成员为实现项目目标而努力。团队凝聚力的加强,也可促进团队成员共享信息、互相帮助,以提高项目绩效。

在一个项目团队中,共同的目标是非常重要的。它是项目团队内所有成员共同努力的方向,是团队存在的基础。以同一节地铁车厢中的人为例,尽管人数众多,由于每个人的目标和目的地不同,因此无法被视作一个团队。

此外,如果项目团队成员的个人目标偏离了团队目标,即便表面上该成员还在团队里,从严格意义上讲,他其实已经脱离了团队。例如,在职能型组织结构中,项目成员主要向其职能经理汇报,这可能导致团队成员出现"心不在焉"的现象。这种情况下,他在项目中的投入度与配合度必然大打折扣,对团队贡献度也将非常有限。

人多并不一定代表力量大,也不一定能够胜任实际的工作。就像四匹马往东西南北四个方向拉着车走,很可能造成力量发散,最终马车还是停在原地。同理,如果团队成员很多,但不是为了一个目标而努力,那么可能会造成整体上的消耗。只有拥有共同目标、高度一致性和强凝聚力的团队,才能发挥出强大的战斗力。因此,项目经理要不断地向项目成员传达项目目标和项目任务，让团队成员清楚地认识、理解、支持共同目标，以确保团队成员力量的趋同性。

临时性

项目是在资源约束条件下为了创造一次性、独特的产品或服务而进行的临时性工作。项目团队是为了完成项目目标而组建的团队。由于项目本身就是一个阶段内的工作，因此，项目团队通常也是短期的与临时的。相比之下，职能部门中的运营团队则比较稳定，成员相互共事的时间也比较长。而项目团队中的成员大多来自不同的部门和组织，当项目完成后，团队就会解散，各成员将回到原来的岗位或组成新的团队。因此，项目团队是一个临时性的组织，其生命周期较短。虽然有的大型复杂项目可能会持续多年，但比起长期存在的组织而言，项目团队仍然是临时性的，这是由项目的特性所决定的。

任何项目团队都必须经过团队发展的四个阶段：形成阶段、震荡阶段、规范阶段、成熟阶段，如图2-5所示，并最终在特定期限内解散。

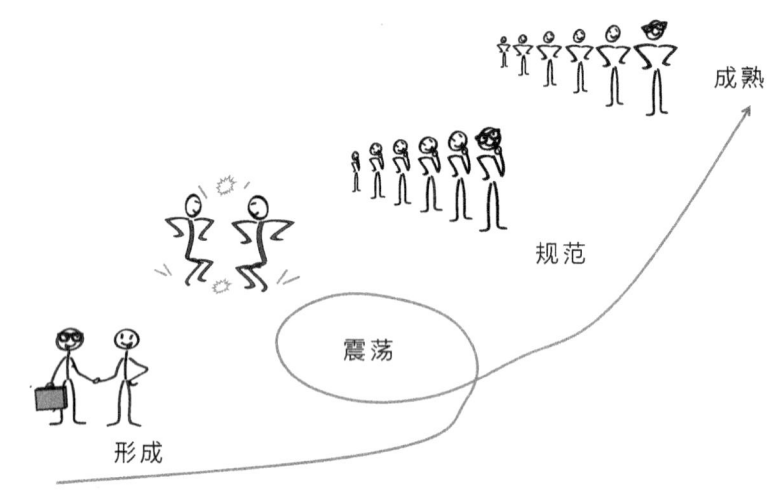

图2-5　团队发展的四个阶段

（1）形成阶段。

形成阶段是项目团队初创和组建的阶段。在这一阶段中，个体成员开始融入团队，总体上显示出积极向上的态势。以旅游为例：一群人一起相约出游，尽管存在种种不确定因素，如某些成员之间并不熟悉，或者有的团队成员的关系并不和谐，但在前往火车站的路上，成员们的内心还是对未来的旅程充满期待的。此时，项目团队成员的情绪特点包括：激动、期望、怀疑、焦急和犹豫。团队虽然处于一个相对不稳定的阶段，但时间一般不会太长。在此阶段，项目经理需引领整个团队明确方向和任务，为每个人确定职责和角色，以营造积极向上的项目团队氛围。

（2）震荡阶段。

在这一阶段，团队成员按照各自的分工进行初步的合作。部分成员可能会发现项目工作或成员之间的关系与个人的设想不一致，还有些成员甚至会与项目经理发生冲突。在团队形成阶段，虽然可能也有一些负面的情绪，但并未形成显化的矛盾。而在震荡阶段，不同成员间可能因为观点和利益的不一致而产生直接对立。在这种情况下，各种冲突逐步显现，如果此时矛盾和冲突没有得到及时的关注和处理，团队士气将会受到损害，并直接影响团队的绩效。

继续以旅游为例：一群人坐上火车，暂时没有太多不同的想法，总体感觉不错。到达目的地后，开始讨论第二天的行程，此时团队就会出现一些不同的意见。比如，你提出先去哪个景点、从哪条路线上山，有几个关系好的人同意你的想法，但另一个人不同意该建议，如果那个人比较强势，就可能出现对立现象。此时，资深的项目经理能够找到团队成员的共同利益点，以其优秀的沟通能力协调不同的内部诉求，引导成员迅速达成一致意见。团队成员会意识到从A路线上山和从B路线上山都能达成自己的预期，那么他们就愿意为了这个共同的目标而努力。这样，项目经理可以带领团队快速通过震荡阶段。在这一阶段中，项目团队成员的情绪特点表现为紧张、挫败、不满、对立和抵制。如果项目团队人数较多，则这种情况会变得更加复杂。

> 项目经理能力的高低体现在能不能带领团队迅速地通过震荡阶段。

在震荡阶段，项目经理需要处理各种问题和矛盾，面对团队成员的不满，协调关系和解决冲突，消除团队中的各种不稳定因素。在这一阶段，项目经理的冲突处理能力得到了最完整的体现。

如果项目经理不明白这些冲突发生的根本原因，也无法采取有效措施进行解决，那么团队成员之间就会互相对抗，并一直处于震荡阶段。有的项目团队甚至可能在这种状态下持续两年或三年，导致项目无法推进，最终项目中止或失败。

OnLive公司的破产

OnLive公司是一家提供云游戏和云桌面服务的公司。在创立之初，其先进的技术和创新的商业模式受到了广泛的关注和极高的赞誉。然而，由于创始人史蒂夫·帕尔曼（Steve Perlman）在发展策略和管理问题上连续犯错，导致公司内部的管理人员之间存在严重的分歧和冲突。这些矛盾和冲突最终导致了公司的破产。在破产清算过程中，OnLive公司的资产被出售，员工被辞退，投资者和债权人遭受了巨大的损失。2012年8月17日，OnLive宣布破产后，最大投资人加里·兰黛（Gary Lauder）接管了该公司，并让帕尔曼永久离职。

如何判断当前项目团队是否处于震荡阶段呢？如果你在项目中感到压抑、痛苦和对立，感觉缺少沟通的桥梁和渠道，彼此之间充满猜忌，并且其他成员也都有相同的感受，那么这个项目团队很可能正处于震荡阶段。一般而言，这种情况发生是因为团队内没有一个内在稳定、有力量的人出面协调。而在项目环境中，通常是因为项目经理的冲突处理能力不足，其他项目成员的能力相当，彼此之间缺少有效的沟通。这样，整个团队就会陷入长期的震荡和冲突。

（3）规范阶段。

在经历了震荡阶段的考验后，项目团队中的不满和对立的情绪逐渐平息，进入了正常发展的规范阶段。团队成员意识到彼此利益的相互依赖性和共同点，逐步形成了相互信任的良好氛围。在这一阶段，团队成员表现出信任、合作、忠诚、友好和满足的情绪状态，有了共同的目标和方向，每个人的内在潜力得到激发，表现出很强的向心力和凝聚力，成员之间可以一起高效地协同工作。

当项目团队配合流畅、协作默契时，标志着该团队已经进入规范阶段。在这个阶段，项目经理应该及时赞扬团队成员，并支持他们的建议和参与。同时，项目经理努力规范团队的所有成员的行为，减少内部冲突的发生。

（4）成熟阶段。

这是项目团队不断追求成就、达成目标的阶段。团队成员之间高度开放，并形成默契，具有强烈的集体归属感和团队荣誉感。几乎每个成员都能主动积极、自觉自发地工作，为实现项目目标做出贡献。同时，团队成员能够高度开放地进行批评和自我批评，接受他人的建议，进行自我反思和相互探讨，这进一步加强了团队合作，提高了效率。与此相反，若同样情形出现在震荡阶段，则往往会引发冲突。

在此阶段，团队成员的情绪特征是开放、坦诚、依赖，团队的集体归属感和集体荣誉感增强。团队成员的自我管理和自我激励达到了最高水平，因此，项目经理的管理压力也相对较小，只需为项目团队保质保量完成项目计划提供必要的支持与帮助，以实现项目的目标。

灵活性

由于项目团队是临时性组织，而且项目执行过程中会受到很多外部因素的影响，如市场环境、行业环境变化、客户需求改变等，这些因素都会对成员的稳定性、工作情绪和工作内容产生影响。因此，项目团队管理更需要具备灵活性和应变能力，以便实时做出调整和改变。

在实际的项目管理过程中，项目团队成员和项目干系人都是不断变化的。比如，一个房地产开发项目需要经过八个阶段。每个阶段的任务需要不同的技能和知识，因此，团队成员也需随之进行变动。例如，在项目前期需要更多的设计人员参与，到了中期则需要更多的施工人员支持，而在后期则需要更多的运营管理人员加入。项目团队一直处于动态变化之中，这也是导致项目团队管理难度较大的原因之一。

此外，项目管理的适应性和灵活性在动态人员协同管理和内部柔性体系建设方面也十分重要。首先，项目团队成员的不确定情况增加了管理的难度，其次，项目本身要求项目成员之间进行高质量、高频率的交互，这进一步带来了团队管理的挑战。因此，管理过程需要具备相应的动态变化能力。

> **ofo的失败**
>
> ofo是一个共享单车出行平台，曾经风靡一时，最终却被迫解散。2014年，ofo成立之初是靠用户骑车付费盈利。但随着市场竞争的加剧，用户的价格敏感度和转化率降低，ofo没有及时地应对调整，使得其无法抓住商机。此外，当面临一系列政策限制、经济环境变得困难时，ofo并没有及时调整策略，快速扩张导致其无法进行有效管理，最终资金链断裂。没有看清内外部环境、固守过去的商业模式，最终导致了ofo的失败。这也是一个在项目执行过程中，团队没有及时适应环境变化，导致自身竞争力丧失的典型案例。

为了做好项目，必须先认清社会发展形势的现状。作为管理者，不能局限于项目工作本身，还需要关注项目的整体进展和外部环境。项目经理应该具备竞争意识，并时时留意周围环境。项目管理的思维应是善于将烦琐的事情简化为任务，并使其得以实现。对于项目管理者来说，需要准确了解各项工作之间的联系和影响因素。此外，还需要具备远见卓识，洞察外部环境和形势的变化。只有在对内外部环境都有了清晰的认识后，项目经理才能正确地分解任务、制订计划、协调资源，带领项目团队顺利达成项目目标。

2.2.2 高效管理项目团队

> 管理就是在资源约束条件下做出决策和行动的艺术。
>
> ——彼得·德鲁克

要有资源意识

管理要解决资源不足的问题。当今社会，资源匮乏是普遍存在的事实，这一问题源于人类需求的无限性和资源的有限性之间的冲突。管理者的一项重要职责就是通过科学管理解决资源不足的问题，从而实现企业的长期利润增长。

对于项目管理来说，所有的项目都存在资源约束（资源不足）的问题，其中人力资源是最为重要的资源。项目经理必须具备良好的资源管理能力和意识，有效地管理团队，将资源利用最大化。因此，资源管理被视作项目管理的核心问题之一。

项目资源管理包括识别、获取和管理所需资源以成功完成项目的各个过程，这些过程有助于确保项目经理和项目团队在正确的时间和地点使用正确的资源。

《PMBOK®指南》（第6版）中，项目资源管理过程包括：

- 规划资源——定义如何管理项目资源的过程。
- 估算资源——估算执行项目所需资源的类型和数量的过程。
- 获取资源——获取项目所需的人员、实物和其他资源的过程。
- 建设团队——提高工作能力，改善团队氛围，以提高项目绩效的过程。
- 管理团队——跟踪成员的工作表现，提供反馈、解决问题以优化项目绩效的过程。
- 控制资源——根据资源计划监督实际的使用情况，采取必要纠正措施的过程。

在项目中，资源管理直接影响项目的进度、成本和质量。当一个项目出现问题时，首先会表现为进度失控。在大部分情况下，项目经理会追加额外资源以弥补进度，从而导致成本超出预算限制。如果成本追加仍无法弥补进度带来的负面影响，质量就会受到影响。可见，进度、成本和质量是相互影响、相互作用的连锁反应链。

根据项目的性质、复杂程度、规模大小和持续时间长短等因素，项目组织结构、责权构成、具体职责和人员配备都会有所不同。因此，项目经理需要灵活应对，合理安排人力、物资等资源，确保项目顺利推进并达成预期目标。只有在资源得到充分利用并合理配置的情况下，才能够保证项目按照计划成功实施。

> 获取资源、整合资源、使用资源是项目经理的重要技能。

（1）获取资源。

获取资源是指获取项目所需的团队成员、设施、设备、材料、用品和其他资源的过程。这个过程包括以下步骤：首先，项目经理需要明确项目目标与任务，以便识别所需的资源。其次，需要确定资源的来源，即资源可能来自项目执行组织的内部或外部。内部资源包括三个层次：团队内部、部门内部和企业内部。外部资源则更为广泛，包括与行业、业务和专业相关的从业人士和科研机构等。最后，通过有效的沟通以获得所需的资源。在这个过程中，沟通技巧、专业知识和业务熟悉程度等因素都会影响项目经理获取资源的能力。

（2）整合资源。

整合资源是确保所有资源之间高效互动、协同、密切配合的过程。为了实现这个目标，需要把资源组织到一起，匹配相应的角色和岗位，各归其位，发挥应有的作用。类比足球运动，教练会根据每名球员的身高、体能、个人技术特点等来决定其在球场上的位置。整合资源的第一步是了解资源之间的相关性和内在联系，这种逻辑上的关联性是资源之间相互配合及使用的前提。其次，还需要理解不同资源的高效运作方式，由于不同资源的使用方式不同，它们的高效运作方式也不同。此外，还要考虑这些不同的资源在动态环境下的相互匹配性。整合资源需要具备全局观、动态眼光、深刻的洞察力，以及能够及时化解矛盾和冲突的能力。此外，还需要具备激励他人和带领团队一起前行的能力。

（3）使用资源。

使用资源是指在高效协同的基础上创造价值的过程。在这个过程中，使用和整合资源相互贯穿，并没有明确的界限。

人力资源和时间资源是两种最重要的资源。其中，人力资源的变化性和不可控性使它成为企业最重要也是最难使用的资源之一；而时间资源因不可再生且不可替代，是每个人拥有的最重要也是最稀缺的资源。因此，对于个人而言，自我管理的首要任务是从管理自己的时间开始的；对于企业而言，时间意识意味着高效地利用人力资源，从而使单位的人力资源和时间资源的效能最大化。

因此，在使用资源的过程中，我们需要特别注意优化内部资源，如提高效率、减少浪费、提高内部资源转化效率、增加创造能力等。在这个过程中，需要清晰地理解精益思想、敏捷思想的重要内容。尽量消除浪费是精益思想的核心，而敏捷思想则强调以用户价值为导向。无论从哪个角度来看，使用资源都应该直接关注最终用户价值，确保资源的使用能够最大化地服务于最终用户，同时提高内部资源转化效率，使项目目标更容易达成。

洞察力是关键

在项目管理中，项目经理应充分发挥自身的组织能力，将不同的个人和小组有机地组织起来。团队组织的关键在于选择合适的人才，其核心在于识别员工的特质和技能，并将其与工作分解表中的具体任务和团队角色相对应。要做到这一点，需要管理者具备较强的识人能力。而洞察人性与人的内心需求是一种高超的洞察力，这也是项目管理者应该具有的一种高级能力。项目管理中遇到的很多问题都与识人不准、用人不当有或多或少的关系。这种现象在团队建设与发展过程中也普遍存在。

通常而言，选择项目团队成员的参考标准有：

- 可用性——确认资源能否在项目所需时段内为项目所用。
- 成本——确认增加资源的成本是否在规定的预算内。
- 能力——确认团队成员是否提供了项目所需的能力。
- 经验——确认团队成员具备项目成功所需的相关经验。
- 知识——团队成员是否掌握关于客户、类似项目和项目环境的相关知识。
- 技能——确认团队成员拥有使用项目工具的相关技能。

- 态度——团队成员能否与他人协同工作，以形成有凝聚力的团队。
- 国际因素——团队成员的位置、时区和沟通能力。

当前，许多企业在人才招聘方面遇到诸多挑战。有些企业花费大量时间与资金招聘人才，但仍存在岗位空缺的问题；有些企业虽然成功招聘和培训了"合适的人才"，但在一段时间后发现他们无法满足工作需求，或者与职位不匹配。这些问题往往是因为对岗位需求的理解出现偏差，或者并没有真正找到合适的人员，而这些问题都和洞察力密切相关。

由于一个项目涉及不同专业领域，因此项目团队往往是由跨部门、跨专业的多学科背景的成员组成的，并具备实现项目目标所需要的互补技能。洞察力对项目经理而言至关重要。在团队组织过程中，项目经理需要通过各种途径获取信息，分析员工特点和需求之间的差距，筛选出合适的人选并匹配适当的岗位。这些特征包括技术能力（如知识、经验和专业能力等）与个性特点（如积极性、韧性和灵活性等）。只有这样，才能创建一个充满激情、配合默契、极富战斗力的高效团队。

《西游记》中的岗位分工

《西游记》是中国古代浪漫主义长篇小说的巅峰之作，讲述了唐僧、孙悟空、猪八戒、沙和尚和白龙马师徒五人西行取经，一路抢滩涉险、降妖伏怪，历经九九八十一难，最终到达西天见到如来佛祖，五圣成真的故事。虽然故事中的五个人物貌似被随机地组合在一起，事实上，他们是如来深刻洞察的选择与结果。这也是这个团队能够取得成功的至关重要的因素。

唐僧拥有坚定的信念和不屈不挠的毅力，引领团队坚持目标不动摇。孙悟空敢想敢做，不畏艰难，最后百炼成钢，修成正果。猪八戒的性格特点是乐观开朗。虽然表面无大贡献，但他活跃气氛、缓解冲突，作为组织内的润滑剂，在团队文化建设方面起到了积极的推动作用。沙和尚以其勤勉认真的特质著称。他任劳任怨、踏踏实实。取经团队一路上跋山涉水、上天入地，经历九九八十一难，而沙僧担子里的物品完好无损，是团队重要的后勤保障。白龙马一路上驮着唐僧西行，吃苦耐劳、能堪重任，但不喜欢表现自己，是典型的基层骨干人员。观音是重要的外部资源。当遇到难以克服的困难时，孙悟空都会向观音求助。她一路提供指引，还在关键时刻影响如来佛祖与玉皇大帝，以支持取经团队。

《西游记》中的岗位分工如表2-1所示。

表2-1 《西游记》中的岗位分工

角 色	姓 名	职 责	技 能
项目经理	唐僧	领导团队	信念坚定
技术骨干	孙悟空	探路降妖	降妖伏魔

续表

角　色	姓　名	职　责	技　能
普通队员	猪八戒	团队润滑剂	活跃气氛
普通队员	沙和尚	挑夫	勤勉认真
普通队员	白龙马	坐骑	吃苦耐劳
外部资源	观音	指导与支持	神通广大

从团队管理的角度看，取经团队成功的关键在于共同的目标及合理的搭配。在成立之初，就设定了西行取经的目标，并持之以恒地执行。团队成员在取经成功后都能解决每个人当下面临的难题，实现了个人利益与团队利益的高度契合。另外，团队人数虽然不多，但分工明确，每个成员的个性特质得以充分发挥，构成了一个完整且高效的团队。当然，这个团队也存在一些不足。作为项目经理的唐僧，在沟通和识人方面能力较弱。同时，他对孙悟空的不信任也给团队的稳定性带来了一定的负面影响。

> 做好项目的前提是有一个好的项目团队。

可见，团队绩效会受到成员性格、技能、职责等多方面因素的影响。因此，在人员选拔或任职过程中，管理者的洞察力具有至关重要的作用。

洞察力是个人觉知力的一种表现，而觉知力则与个人的敏感度密切相关。通常情况下，人们对新鲜事物比较敏感，但随着熟悉程度逐渐提高，敏感度逐步降低，甚至变得麻木，以至于无法继续保持觉知敏感度。而拥有较强洞察力的人，能通过候选人的言谈举止、整体形态等方面轻松洞悉对方的性格特点、内在潜力和行事风格等，进而选拔出最合适的人才。

洞察力的养成是一个循序渐进的过程，它既需要基本的知识和技能积累，又需要在实际的工作场景中不断积累经验。为此，项目管理者需要在各种场景中刻意地、经常地进行训练。首先从观察简单的现象开始，如周围人的姿态、举止等，以深入洞察现象背后所隐藏的不易被人发现的信息。随后，逐步扩大观察范围和复杂度，以提升具有实战能力的洞察力。

及时化解冲突

冲突是一种严重的对抗行为。现代组织行为学将组织冲突分为三类：目标冲突、过程冲突和关系冲突。研究表明，关系冲突对团队工作几乎没有好处。如果项目团队内部存在冲突，那说明这种对抗已经存在了一段时间。如果不能及时解决，必定会对团队绩效产生负面影响。

当两个人的沟通遇到阻碍和困难时，可能会表现为无法理解和接受对方的思维和行为方式，也可能表现为情绪上的不适和冲突。例如，一个人喜欢直接表达想法，而另一个人则更倾向于婉转地表达观点，这种差异就会导致冲突。表面上看起来它只是一个沟通问题，但深层次上是人们的心智模式和思维习惯的差异所致，而其本质则是个体心智能量结构的差异。

心智模式是指大脑中形成的一种模式化的思维方式或认知策略，影响我们对信息的感知、处理和解释方式。每个人的心智模式都是独特的，决定了其决策、判断、问题解决和学习能力。心智模式的底层是个体的心智能量结构，我们生活在由能量和信息构成的世界中。就像人的脑电波传递某种指令和意念一样，不同个体之间的沟通和信息传递的过程也是一种能量的交互。它传递着个体在成长过程中所形成的观念、知识和思维方式等，进而形成某种相对稳定的底层心智能量结构。然而，这些能量信息并不可见，通常被人们所忽略。思维习惯、心智模式及心智能量结构的关系如图2-6所示。

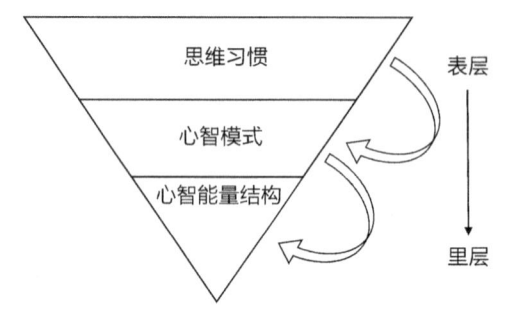

图2-6 思维习惯、心智模式及心智能量结构的关系

冲突意味着信息传递的失效，也可以说是能量结构的碰撞和不相容。每个人的心智模式都是在不断经历和学习中，受到自身、他人和周围世界的影响，长期积累形成的，这些模式非常难以改变。因此，在沟通和交流时，我们需要理解和尊重对方的认知逻辑和思维方式，与其进行频道对接，从而避免不必要的冲突和矛盾。

（1）个体冲突模式。

每个人的认知逻辑、处事方式和行事逻辑都不同，因此每个人的心智能量结构也不同。在团队合作过程中，两个能量结构不同的个体相互碰撞，就像两个不相容的异形体一样，进而导致矛盾的产生，如图2-7所示。

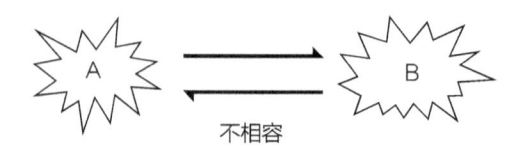

图2-7 个体能量结构冲突

在信任缺失的情况下，两个相互碰撞的个体会不断强化自身的能量结构，进而导致一些小矛盾升级为严重的冲突，如图2-8所示。

图2-8　个体自我防护与强化

（2）团队冲突模式。

项目团队由多个成员组成，每个成员都有自己独特的能量结构，使情况更加复杂。当需要协同完成任务时，不同个体之间的不协调点可能引发碰撞。一旦项目团队内的冲突达到一定程度且无法化解，团队便会陷入内耗状态，如图2-9所示。

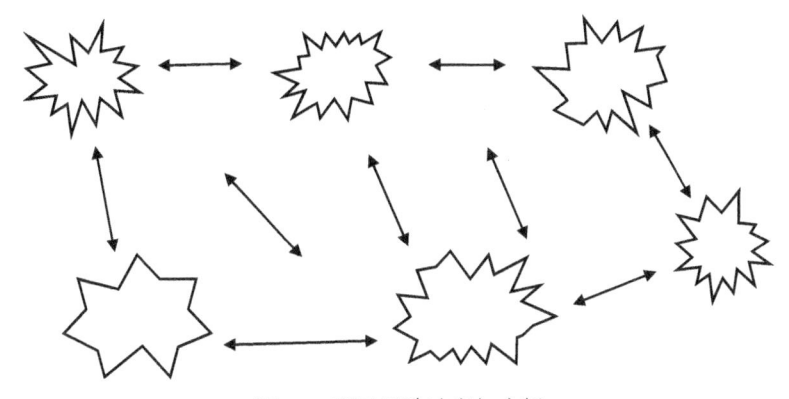

图2-9　项目团队冲突与内耗

一个组织的能量状态会受到它的组织环境、文化和成员的共同影响。当一个人加入一个新团队时，他会努力了解团队的需求和价值观，并寻找与其相符合的方法，进而调整自身的行为方式以适应新环境。因此，团队的能量状态越规整、有序、易于辨认，成员就越易于融入团队。如果新成员不能与团队融合，则会导致其在团队中无法发挥作用。在职场中，人们除了期望合理的薪酬，更渴望被赋予一定的价值。因此，融入团队非常重要。否则，团队的能量场会消耗个体的能量，从而导致新成员产生消极情绪。

团队领导者扮演着团队能量最大注入者的角色。当领导者正确地表达自己时，实际上就是在传递团队的思想、价值观及能量状态。团队成员接受这种思想意味着接纳了这个团队的能量状态。因此，领导者的能量状态与能量水平非常重要。如果团队领导者自身的能量不足，则无法调整团队的能量流动方式，进而影响团队的整体凝聚力。

为了让新成员更好地融入，项目经理需要调整团队的能量流动方式。能量流动可以分为频度和强度两个方面。首先，需要调整能量流动的频度，从无规则、对抗模式调整为有规则、有序、定向的流动方式，以确保团队的精神始终保持一致，如图2-10所示。解决了方向性问题后，还需要加强团队能量强度，使个体能量与团队能量之间形成高效的流动，从而提高团队的凝聚力。如此，团队的能量状态才能得到有效的调整和提升。

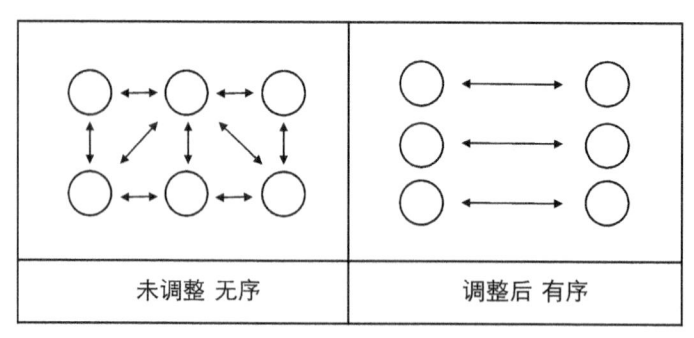

图2-10　团队能量结构冲突

在团队管理中，化解冲突是领导者非常重要的职责。优秀的项目经理需要从冲突双方各不相同的观点与理论中提取共性思想，以促进互相理解。如果能够做到这一点，原本混乱的能量冲突将会成为团队强大的内在力量。通常来说，提取的思想越抽象，所赋予的力量就越强，并能够更好地形成团队凝聚力。在项目团队中，如果项目经理能够让成员感受到在团队中工作是一种荣耀，用集体荣誉代替过度关注个人利益，整个团队就会形成积极的协作关系，彼此互相帮助、支持，使每个成员都能够感受到自己在团队中的价值。

一个具有强大内在核心力量的团队，能够在面对外部风险时保持冷静、坚定，并将外部的零散能量吸收转化为自身的能量。同时，其他较为弱势的团队也会受其影响，逐渐适应其流动方式，从而使组织变得更强大。因此，为了形成高强度的团队凝聚力，团队成员之间必须确立思想上的统一，共同维护团队精神及价值观，以应对挑战并实现成功。

从个体的角度来看，选择加入一个能量强大的组织是实现其自身价值和梦想的重要途径之一。这样的组织通常拥有更多的资源、更高的声誉和知名度，并具有更好的团队凝聚力和文化氛围。在这样的环境中，个体可以获得更好的工作环境和生活体验、更多的机会和认可，并得以更稳定地成长与发展。

朱元璋灭陈友谅之战

在元末民变后期，长江流域出现了三大势力：应天府的朱元璋、平江府的张士诚和武昌府的陈友谅。这三股势力相互倾轧，割据一方。在这三个人中，陈友谅拥兵数量最多、实力最强，朱元璋次之，张士诚最弱。在先打张士诚还是先打陈友谅的问题上，朱元璋的部下们大部分都支持先打张士诚。然而，朱元璋持有完全不同的观点。

> 在《明太祖宝训》中，朱元璋自述："尝与二寇相持。有人劝朕先击士诚，以为士诚切近，友谅稍远。若先击友谅，则士诚必乘我后，此亦一计。然不知友谅剽而轻，士诚狡而懦。友谅之志骄，士诚之器小。志骄则好生事，器小则无远虑，故友谅有鄱阳之役，与战宜速。吾知士诚不能逾姑苏一步以为之援也。向若先攻士诚，则姑苏之城并力坚守，友谅必空国而来，我将撤姑苏之师以御之，是我疲于应敌，事有难为。朕之所以取二寇者，固自有先后也。"

作为领导者，我们需要具备洞察事实真相、正确判断人性、说服他人并化解冲突的能力。在上面的案例中，朱元璋的团队内部存在着明显的观点分歧，即一部人支持打张士诚，一部人支持打陈友谅。但是，朱元璋没有盲目听从多数人的观点，他通过深入了解两人的内心世界，做出了重要的战略性决策。他成功地化解了团队内部的争执和矛盾，并最终证明了自己的决策是正确的。

在赤壁之战和官渡之战中，曹操和袁绍因为未能正确判断各方的意见，无法统一团队思想而惨败收场。这些反面案例表明，如果缺乏对人性的了解，就难以理解人的行为动机，也难以准确预测他人的决策，最终更难以取得胜利。正如《孙子兵法》所说："知己知彼，百战不殆。"只有了解人性，才能洞悉人的动机，从而赢得胜利。

> 管理最基本也最复杂的任务就是了解人性。

管理的本质是洞察人性和对人性的管理。人作为一种重要的资源，具有广泛的差异性，因此，管理者需要深入理解人性和了解人与事物之间的关系，以更好地识别和解决问题。实际上，所有问题的根源都可以追溯到人们的底层认知和逻辑。个人的管理能力取决于其对人性了解的程度，企业高管通常对人性都具有广泛、明确、深入的认知。

人性是极为复杂的。每个人的需求和行为会随着时间、地点和环境的不同而改变。70后是改革开放后的第一代人，他们承担着个人住房的经济支出，并愿意为了共同目标而勤恳工作；80后是第一代独生子女，他们看重单位的社会声誉和地位，面临着更大的经济压力，更愿意接受挑战和创新，并在薪酬方面有更高的要求；90后是互联网时代的先锋体验者，注重自我发展和表达，自主支配时间；00后普遍家庭经济条件较好，更看重成就感、兴趣度、舒适的环境等，并且不愿意处于卑微的位置。个人成长环境和背景的不同，导致了个体的需求分散化和多样化。而价值观的多元化，造成每个人内在驱动力不一样，管理的复杂性也进一步增加。

因此，只有深刻洞察和理解人性及其变化，管理者才能更好地对自己和团队进行有效的管理。

2.2.3 影响团队绩效的因素

在实际管理的过程中，管理者时常面临一个困扰：团队成员各自具备出色的能力并且承担了各自的职责，然而，整个团队的绩效却未能达到预期水平，甚至成员之间还出现互相推卸责任的现象。这究竟是什么原因呢？

团队精神至关重要

一个项目团队缺乏团队精神，将直接影响团队的绩效和项目的成功。在这种情况下，即使每个项目团队成员都有潜力完成项目任务，但由于整个团队缺乏团队精神，大家难以达到其应有的绩效水平。因此，团队精神是影响团队绩效的首要因素。

团队精神是大局意识、协作精神和服务精神的集中体现，反映了个体利益和整体利益的统一。它能够促进团队内部的良好沟通和有效协作，从而提高团队绩效。

团队精神的内涵有：
- 高度信任。
- 相互依赖。
- 统一的共同目标。
- 全面的互助合作。
- 平等的关系，积极参与。
- 自我激励和自我约束。

项目往往需要复杂多样的技能，这需要团队共同完成。然而，当涉及团队时，便会出现效率问题，即团队的战斗力、执行力及凝聚力问题。这些问题恰恰也是人力资源最核心的内容。那么，究竟是什么因素影响了团队绩效呢？根据布鲁斯·塔克曼的团队发展阶段模型理论，在团队成长过程中，团队绩效和团队精神会表现出不同的变化趋势，如图2-11所示。

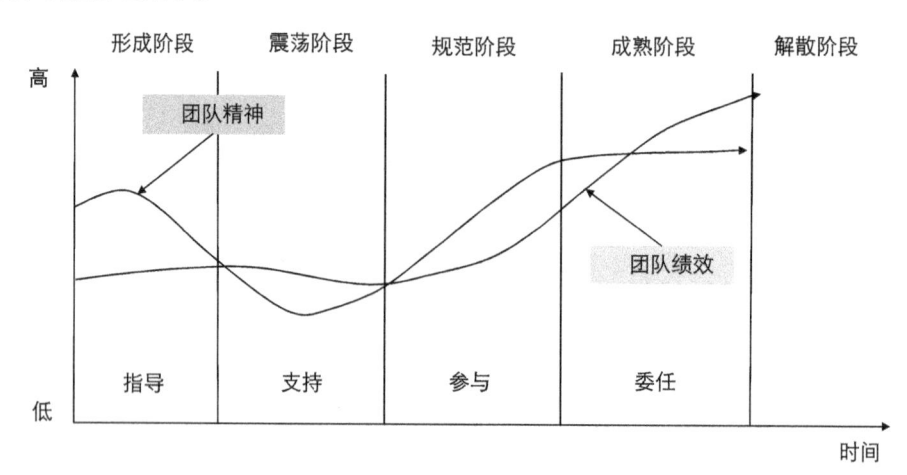

图2-11 项目团队成长各阶段的团队绩效与团队精神

从团队精神来讲，形成阶段的初期较为平稳，但随后会开始下降；进入震荡阶段后迅速下降，达到谷底。如果震荡阶段过长，将导致团队内部严重的内耗，成员感到筋疲力尽。在这种情况下，要重塑团队精神则需要更大的努力与更多的时间。随着团队内部信任逐渐建立，团队精神也将逐步上升。进入规范阶段后，团队精神将持续上升。到成熟阶段，团队精神会维持在最高水平。

从团队绩效来讲，在形成和震荡阶段，团队的投入增加，但是绩效较低。进入规范阶段，受团队精神影响，团队绩效开始上升。到成熟阶段，团队绩效的上升速度将大大超过规范阶段。团队成员之间配合愈发默契，工作效率和效果也不断突破，团队绩效和团队精神都维持在最高水平。

由此可见，培养和提升团队精神对团队发展和绩效具有直接影响。与长期共事的运营团队不同，项目团队成员在项目结束后将返回原岗位或加入其他团队。在这种临时性的组织中，构建凝聚力会面临更大的挑战，因此更需要团队精神的引领。运营团队和项目团队是两种最常见的协作形式，但二者具有显著的区别。运营团队更加注重个人的绩效表现；而在项目团队中，每个成员承担共同实现项目目标的责任，这不仅包括个人的贡献与成果，也包括整个团队共同努力的成果。因此，项目团队更关注的是整体绩效，也更强调团队精神与团队合作。

信任是合作的基础

常有人问：该如何管理组织中消极怠工的员工？消极怠工，即非暴力不合作，实际上是组织文化问题的表现。有时，团队成员起初表现出积极配合，但随着时间推移，逐渐显露出消极态度。通常情况下，原因分为系统性问题和个体性问题两种。若为系统性问题，可能是源于组织管控纪律过严却没有激发员工内在的工作积极性，导致员工产生抵抗心理；若为个体性问题，则说明成员对某些内部事务抱有成见或偏见，并已形成固化观点。管理者如果没有及时发现并化解，就会影响团队氛围与工作推进。

此外，团队成员之间有时仅保持表面合作，并非真正的协作。这种表面合作仅注重形式，只是为了完成任务，而未关注本人工作与组织目标之间的关系或与他人工作之间的联系。成员之间缺乏真正的凝聚力和向心力，无法在更深层次实现思想的共融和交流。因此，这样的合作无法形成有效的合力。这种"散兵游勇"式的工作缺乏战斗力，其产出结果亦难以令人满意。

团队合作是项目成功的关键要素之一。然而，优秀的协作关系建立在团队成员间的相互信任基础上。在合作过程中，成员通过感知他人的协助以及任务完成后的喜悦，逐渐培养出忠诚、友好和满意的情感，从而建立起真正的信任。反之，在缺乏良好氛围与信任的团队中，凝聚力将难以形成，团队绩效也必将受到不良影响。

> **南极探险**
>
> 　　这是一个团队管理领域的经典案例。南极探险家欧内斯特·沙克尔顿爵士率领27名船员，在极端恶劣的环境中，维系团队精神，保持队员士气，经历两年零一个月的艰苦历程，最终全体生还。
>
> 　　1914年8月1日，"坚韧号"从伦敦出发，后遇到浮冰沉入海底。28人尝试徒步回家，但行进缓慢，只能放弃，在浮冰上露营了整整5个月。在此期间，队员们彼此守望相助，尽力保持正常生活，还组织各种消遣活动。当浮冰漂到开放水域后，他们立即用3艘小救生艇，齐心合力地航行到大象岛。此时，船员们的体能濒于极限，沙克尔顿决定率领5名船员出发寻找救援。他们克服难以想象的困难，划行约1 300公里，穿越地球上最凶险的水域，再用3天3夜翻越南佐治亚山脉，最后到达古利德维肯捕鲸站。1916年8月30日，沙克尔顿凭着借来的船，营救了所有的船员。在这段探险历程中，探险团队成员之间无比信任且互相依赖是他们能够在极端环境下生存的关键之一。沙克尔顿也因此被船员称为"世间最伟大的领导者"。

　　在团队中建立信任极为重要。任何项目都需要整个团队通力合作才能顺利实施，而信任是构建良好的合作环境的基石。但是，如何在团队之间建立信任却是个难题。在回答这个问题之前，我们需要先了解人与人之间为何难以建立信任。

> 　　高度的信任可以带来更好的沟通、更快的决策和更高的工作效率。
>
> 　　　　　　　　　　　　　　　　　　——莫妮卡·沃尔夫

　　请回想一下自己在与他人交往时，是否曾有不愿透露的秘密？或是面对询问，总说谎遮掩事实？实际上，每个人都有这样的经历，现今社会大部分人都缺乏安全感，内心充满着恐惧。就像野外动物会先找到一个相对安全的环境才休息，人也需要确保周围环境安全，才能够放下戒备、敞开心扉。

　　从A的角度来看，两个个体之间的交流模式可以分为四种状态：一般情况下双方都处于封闭的状态，理想情况下一方处于完全打开的状态，以及介于两种模式之间的状态，即一方部分打开的状态和双方互相敞开一部分的状态，如图2-12所示。

　　（1）一般状态。

　　大多数人内心都存在着恐惧，这种恐惧往往会导致他们逐渐封闭起来，无法真正感知外部信息，即使是一些有帮助的信息。通常情况下，当两个内心恐惧的个体相遇时，由于都处于封闭状态，他们可能会选择用对立的方式来进行自我保护。因此，两个都怀有恐惧情绪的个体相互交往时，要建立真正的信任会比较困难。

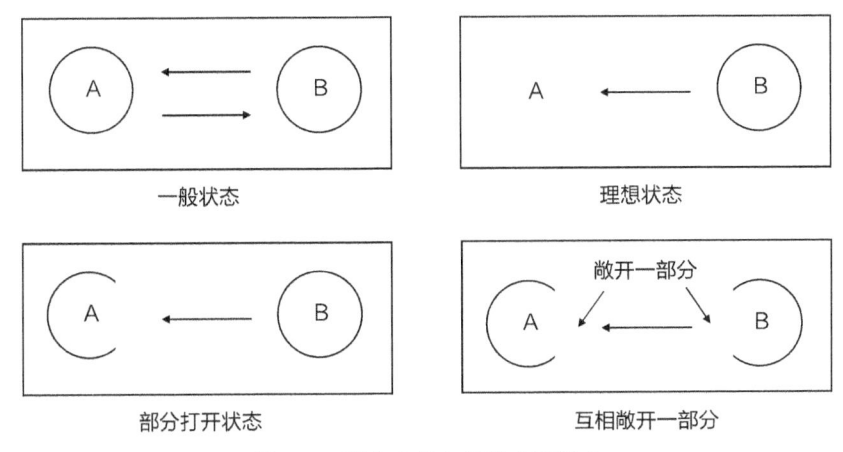

图2-12　两个个体之间的交流模式

（2）理想状态。

如果两个人中有一个人内心没有恐惧，那么意味着他不会自我封闭。当另一个人用恐惧来对抗他的时候，这种负能量会被吸收而化解，就像盐融入水中一样自然。不存在激烈的对抗，这是一种理想的状态。在这种情况下，那些内心恐惧的人会因为不安全感被消除而对对方感到信任和安心，进而敢于敞开心扉，倾吐真情。这是建立信任的比较理想的方式。

（3）折中方式。

要求一个人对所有的恐惧都采取一种开放的状态是非常困难的。因此，还有一种折中的方式——双方都打开一部分。A先打开一个缺口，B也打开一个缺口，试着敞开自己的一部分。这样，在两个缺口之间就会出现一种互动，真正的交流随之开始，慢慢地，真正的信任也就建立了。

随着两个个体之间的交流不断深入，他们相互敞开的范围也会不断扩大，恐惧感和不安全感也会逐渐消失。所以，打开的缺口，即双方敞开心扉程度的大小，决定着信任和真正沟通的程度。由此可见，建立信任和真正交流的基础就是让别人感到安全。

团队的动态匹配性

> 团队的成功不仅取决于个体的技术和能力，还取决于个体之间的互动和互补性。
>
> ——本杰明·富兰克林

随着团队运营时间的增长，在人员匹配、制度设计、职权划分等方面的不合理之处会逐渐暴露出来，这时就需要进行调整与融合。如今，制度和流程的建设被视为企业管理的重要组成部分。许多大型企业相信，制度能够规范日常运营，更好地管理和协调各个部门的工作，提高员工的工作效率，从而获得更好的业绩。然而，实际情况却表明，有时制度建设并不能达到预期效果，甚至还会浪费大量的时间和人力。这让许多团队管理者感到困惑。其实，想要解决员工工作效率问题，必须从静态与动态两方面去考虑。

（1）静态因素。
- 员工个体的完整度：即员工的个人能力体系，包括知识结构和经验体系。
- 个体之间的匹配度：即团队的能力知识结构、整体经验上可以相互匹配。

（2）动态因素。
- 动态的匹配度：在业务与流程的动态变化中，团队成员之间的配合度和默契度。
- 环境的适应度：动态匹配过程中制度规范流程与环境的适应度。

在静态方面，需要关注个体能力的完整，以及个体之间的知识结构匹配；而在动态方面，需要关注团队成员之间的动态匹配度，以及在动态匹配过程中，制度、规范流程和环境的适应性。制度和流程在一定程度上能够提升团队成员间的动态匹配度。然而，若这些流程本身过于僵化，将限制个体的灵活性和匹配度，从而成为一种约束。因此，制度和流程应当及时反映当下业务场景的变化和动态适应度，才能最大限度地提高工作效率，否则将产生负面效果。由此可见，仅试图依靠制度建设来彻底解决问题是不切实际的。

> 在你知道为什么放置篱笆之前，别把篱笆拆掉。
> ——罗伯特·弗罗斯特

在现实生活中，许多人试图用简单的方法解决复杂问题，实际上这是一种基本的逻辑悖论。为什么呢？问题之所以复杂，是因为已有人尝试过运用简单方法去解决，但并未成功，导致问题变得更加错综复杂。这本身就已经证明，简单的方法并不适用；然而，现在仍有人试图用简单的方法去解决它，这正是逻辑错误的体现。

实际上，问题的根源在于未能理解问题变得复杂背后的逻辑原因。一个复杂的问题之所以存在，是由于我们的思维逻辑无法适应其复杂度。也就是说，我们的思维无法分解这些问题的复杂性。正因为未能理解问题的复杂性，在试图用简单的方法解决问题的过程中，反而加重了问题的复杂度，而并非真正地解决问题。这就犹如一群非专业人士试图解决一个高度专业化的问题，结果只会令问题变得更加复杂且难以解决。这种情况实在令人担忧。

因此，在解决问题的过程中，应确保解决方案的结构逻辑性与问题本身的复杂度相匹配，这样才能有效地解决问题。而这种复杂的解决方案及逻辑结构，必须依赖团队共同完成。当个人或少数人的逻辑组合无法形成与复杂问题相匹配的结构逻辑时，就需要一个高效的团队互相配合。团队成员通过知识结构和能力方面的互补，动态地组合以产生合适的方案，从而解决这种复杂问题。同时，该团队还需要适应不断变化的环境，与该复杂问题的演变保持完全匹配，才能及时地生成新的应对方案，形成持续解决问题的能力。

> **一位优秀PMO主管的分享**
>
> 制定和维护项目管理制度是项目管理办公室（Project Management Office，PMO）的职责之一，我之前给公司制定了很多项目管理制度。但在执行过程中，我从来没有只按照制度的条条框框去进行。我每天的工作就是与不同的人沟通，找出问题的核心逻辑。如果流程不对，我们就改进流程；如果暂时没办法解决，就记录问题，以后再去优化流程。我没有固化地按照已有的流程来做事情，而是非常灵活和柔软地处理每个问题。
>
> 我们公司也有项目管理的流程、系统和工具。但是，随着工作的不断推进，我发现很多时候工具并不如人灵活。尽管工具是必要的，但是我个人的感受是，有些工具反而会带来过多的负担。就像我们开发的项目管理软件，在实际使用中，让我们感到不是人在使用工具，而是工具在消耗我们太多的资源。这些工具就相当于流程，反而限制了人的主观能动性。我觉得这可能是现在很多项目管理的悲哀。

常见的其他影响因素

（1）领导不力。

领导不力意味着项目经理无法有效地影响团队成员，带领团队实现项目目标，这是团队缺乏动力的主要原因。拿破仑曾经说过："绵羊统帅的狮子军团永远无法战胜狮子统帅的绵羊军团！"《领导力21法则》中的"盖子法则"也指出，团队成就永不会超过其领导的能力。可见，领导不力会影响团队绩效，甚至导致整个项目的失败。为了确保项目成功，项目经理应该定期检讨自己的领导工作及其效果，并致力于改进。

（2）目标不明。

目标不明是指项目经理与全体成员在项目目标、工作范围、质量标准、预算及进度计划等方面的认识不足。随着项目的推进及复杂性的增加，有些项目可能逐渐偏离初衷，这也是影响团队绩效的重要因素。项目经理应时常重申项目目标，关注成员的问题，以便及时调整方向，并重新对齐目标。

（3）职责不清。

职责不清是指项目团队成员对自身角色及责任的认识模糊，对其工作范围边界不明确，或者存在职责重复、角色冲突等问题。这也是一个常见的影响因素。项目经理不仅应确保成员了解自身职责，还要让他们了解其他成员的职责。

（4）关系不清。

关系不清是指项目团队成员仅关注自身任务，认为团队中各成员工作方向不同，自己的工作与他人无关。这可能导致任务衔接出现问题，甚至使部分任务无法完成。项目经理应制订明确的工作计划、建立沟通机制，让团队成员了解整个项目的进展。

（5）沟通不充分。

沟通不充分是指项目团队成员对工作事项了解不足，团队内部及与外部的信息交流严重不足。这不仅影响团队绩效，还可能导致项目决策失误及项目失败，是一个重要的影响因素。在一个团队中，有些成员不喜欢表达自己，期望用事实证明工作能力。但事与愿违，大概率他的工作成果会被忽视或者被误解。项目经理应确保团队成员能及时地了解项目情况，鼓励团队成员间积极交流与合作。

（6）激励不足。

激励不足是指项目经理的激励措施不当或不够，导致团队缺乏激情。这是一个常见的影响因素，可能导致团队成员产生消极情绪，进而影响绩效。项目经理应运用激励与冲突处理能力，了解成员的兴趣，并将项目任务与其关联。作为高效项目管理者，需先学会自我激励。内心充满力量的人才能激励他人。项目经理应保持轻松、愉悦的状态，发现并赞扬他人的优点。采用积极态度，激励团队成员自发参与，营造出一个积极的工作环境。

（7）规章不全和约束无力。

规章不全和约束无力是指项目团队缺乏适当的规章制度来规范和约束行为。这种情况通常出现在组织成熟度较低、管理较弱的团队。优秀的团队能自我约束，无须过多管控。项目经理应对成员偏离的行为进行及时的引导、纠正及约束，确保整个项目团队保持积极向上的氛围。

小结

团队是影响项目成败的关键。了解团队管理中存在的各种问题，并有效应对是项目管理的核心工作和任务。以上探讨了团队管理中经常遇到的问题，这些问题通常与沟通不善有关。因此，加强沟通是解决团队和组织问题的核心。然而，沟通是一个复杂的问题，涉及不同主体的不同需求。所以，下面将讨论沟通的问题。

2.3 团队管理的核心是沟通

> 推心置腹的谈话就是心灵的展示。
> ——温·卡维林

管理中有个"双70原则"，即在管理工作中，有70%的时间都用在沟通上；在工作中，有70%的问题是因为沟通障碍引起的。可见沟通的效率和效果会大大影响企业的人力成本与执行效果。可以说，沟通是现代管理的核心和实质。

项目管理的成功高度依赖有效的组织沟通能力。现代学者已广泛研究沟通管理，出版了大量相关书籍，提供了丰富的方法和技巧。然而，解决沟通问题依然具有挑战性。沟通虽看似简单，却难以真正做到让他人完全关注并理解观点。在实际操作过程中，尽管众多理念和技巧已为大家所熟知，但仍然难以避免陷入"无效沟通"的困境。

2.3.1 沟通是信息的传递

在管理过程中，沟通就是信息的传递，包括信息的产生、存储、传播。除了语言文字，人们的肢体语言、面部表情、声音和语调等都是信息的承载方式，这些元素共同构成了一次信息的传递。

沟通的本质是通过信息交流以达成共识、促成协调行动，并建立彼此之间的关系。在人际交往中，沟通是至关重要的一个环节，无论是在家庭、社交、商务，还是政治场合中都具有非常重要的作用。沟通有很多种形式，书面的、口头的、正式的、非正式的等。在项目管理中，沟通是最主要的技能之一。

沟通的本质包含如下几个方面。

信息交流

沟通是一种信息的双向或多向交流，需要有发送方和接收方，是参与者尽己所能地期望自己的信息被正确理解，同时把握对方的信息的过程。

在信息传递过程中，信息衰减是不可避免的。一方面，人对信息的接收能力有限，很难保持全程专注。另一方面，发送方的编码系统和接收方的解码系统并不完全一致，即发送方和接收方的认知逻辑不同，导致双方无法完全解读对方的信息。所以，一个人想让另一个人百分之百地理解自己阐述的内容是十分困难的。有时候他人并没有倾听我们，或者我们自己没有倾听对方，这都是我们在实际沟通中经常遇到的问题。

编码：指信源发送信息的方式。

解码：指解释信息，使其成为可接收信息。

噪声：泛指干扰信息传递的任何因素。

在沟通过程中，发送方和接收方会受到内部沟通环境的影响，如个性、情绪、文化背景等。这些因素会对信息本身及其传递方式产生不利影响，形成沟通障碍或噪声。同时，在通过沟通媒介传递的过程中，信息也会受到各种物理因素的不利影响，如沟通设备、外部环境条件等，它们会导致信息在传递和接收过程中的损耗，从而干扰有效的沟通。

传递想法

通过沟通，双方能够协调行动、达成共识，从而促进共同目标的实现。然而，在信息传递过程中，信息衰减、变形等现象极其常见。这主要因为发送方的立场与视角的不同，导致信息被有意或无意地加工、改造。这种局限性来自个人的认知体系。

每个人都带有特定的心智能量结构，所以任何经由某个人传递的信息都会受到他人的影响，这就是人改造信息的过程，如图2-13所示。人的局限性如同一个容器，无论信息的原始形状、大小如何，都会因为受到这个容器的约束而产生变形、扭曲、丢失等现象。因此，要想保持信息的原貌，就需要用开放的心态去接收信息。要像"透明人"一样，让信息在传递过程中仅流经自己，不会受到影响而发生变形。

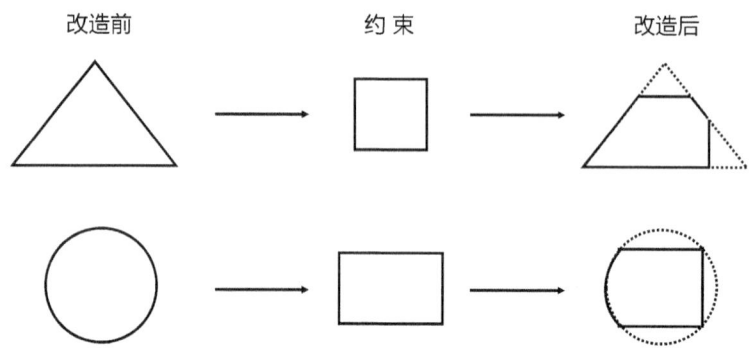

图2-13 人改造信息的过程

共同理解

沟通的目的在于实现共同理解，促进双方的有效交流。人的大脑类似于计算机的CPU，而认知模式犹如不同的计算机系统。只有当CPU处理能力满足系统运转要求时，才能正常工作。然而，大多数情况下，人们难以保持高度专注。我们容易心不在焉和胡思乱想（如担忧、困惑或思路偏离），从而干扰信息的接收和理解。听众通常只集中精力关注自己感兴趣的内容，对其他部分则不够关注。同时，人们容易将注意力分散到与当下无关的事情上。无法保持高度专注是一个普遍存在的现象，因此信息在传递的过程中必定会发生偏差，导致信息的衰减。

要实现真正充分且高效的沟通非常困难。实际上，沟通中的信息衰减就像网络不畅时的数据丢包。讲一遍，接收方可能只接收到30%~40%的信息。讲三遍，则可能提高到60%~70%。因此，期望他人仅通过讲一遍便领会并执行是不现实的。在日常沟通中，项目经理应耐心地向团队成员复述重要内容。讲的次数较少，效果欠佳；多讲几次，才可能产生较为积极的效果。这是由沟通本身的局限性造成的。

建立关系

沟通不仅是信息交流的过程，还是建立人际关系的途径。通过有效沟通，人们可加深彼此的理解，建立信任。沟通的目的包括交流信息、传达想法与意见、解决问题、达成共识、建立联系及增进人际关系等。有效沟通可促进团队合作、提高生产效率、改善人际关系及增强个人影响力与领导能力。

在信息传播过程中，需要确保有足够的信息密度与强度。信息密度指的是集中且反复阐述关键信息和重点问题；信息强度要求用有感染力的语言触动人心。缺乏信息密度的沟通会让听者觉得有用的信息不多，与自己无关；缺乏强度则无法产生冲击力和感染力，效果大打折扣。因此，高效的沟通需要在充分的信息密度基础上，条理清晰、逻辑连贯地进行表达，同时吸引听众的注意力，从而产生真正的影响。

> 信息有价值，沟通才会有价值。

信息质量与沟通质量息息相关。信息的发送方应当确保信息的准确、完整和清晰，以确保其他人能正确地接收。接收方也需要确保信息被完整地接收和理解，以保证沟通的有效性。在沟通过程中，双方都扮演着十分重要的角色，共同保证高质量的信息传递，以达到良好的沟通效果。

有效的沟通既有助于减少工作中的冲突、提高工作效率，同时在建立团队关系方面促进成员间的理解与合作，并形成互相信任与默契的工作关系，从而优化协作效果。具体来说，通过沟通能够明确项目目标和角色分工，避免混淆和重复劳动；确保成员理解任务要求及细节，减少误解和分歧；分享知识和经验，提升团队专业水平。

为确保沟通的流畅性和有效性，企业需要建立利于沟通的组织架构，设立沟通体系和渠道，持续维护以保持良好状态。有效的沟通需要相应的资源和培训。企业可以通过定期举办沟通技能培训和创建开放的沟通文化，以提高团队的沟通效率。团队成员还可以在沟通和实践中挖掘和发扬自我价值，得到真正的成长和更加广阔的发展空间。

对于项目经理而言，成功完成项目需要建立良好的沟通机制。沟通问题常常源于各方思想不一致、沟通频率不同和沟通渠道混乱。因此，制订全面的沟通管理计划至关重要。该计划应包含沟通原则、内容、形式和频次等核心要素，旨在创建有序、开放的沟通环境，减少团队成员间的认知差距，确保信息的准确性、时效性和可理解性。项目经理应当关注信息传递的全过程，做到及时、充分地沟通，避免信息获取、处理与传递中可能出现的问题。

2.3.2 管理中的沟通问题

> 失真和变形是沟通过程中的常态。

在现实工作中，沟通是人际交往的重要手段，但由于认知、语言、文化、习惯等方面的差异，失真和变形成为沟通过程中的常态。以下为沟通中常见的一些问题。

语言障碍：由于不同地区、不同文化背景下的语言差异，可能导致双方不能理解对方说的话，影响沟通。

信任缺失：沟通需要基于双方的信任和尊重，如果缺乏信任，可能导致沟通不畅。

时间、空间限制：时间和空间因素也会对沟通产生影响，如时间不足、空间拘束等情况会限制沟通的深度和广度。

情感干扰：情感因素对沟通有着很大的影响，可能导致人们产生不必要的恐惧、焦虑、抵触等负面情绪，进而影响沟通质量。

沟通模式不当：不同的人有着不同的沟通模式，若不能在沟通中灵活运用适当的模式，则会使沟通变得僵化、无效。

认知偏差：信息的失真和变形。人们受个人经验、背景、情绪等影响，对同一信息的理解可能存在偏差，由此产生了信息的失真和变形。认知偏差是沟通中最常见的问题。

从传播学的角度看，在信息的传递中，会有多种多样的噪声，如语义噪声、环境噪声、机械噪声等，它们干扰了原本信息的准确性，使得沟通产生了偏差。其实，信息传递过程中的"噪声"很大，即使外部没有噪声，个人内部的噪声也很大。经各种沟通媒介的传递后，信息会逐渐失真和变形。

一名记者采访一位农民工，问："你幸福吗？"农民工回答："我姓曾。"于是，部分媒体传播者认为其是反抗。然而实情是农民工当时因为太紧张，听成了"你姓什么"，所以才有了这样的答案。在这件事情上，产生负面报道就是被人为掺杂了"噪声"，扭曲了事实。之后，被误导的网民又掺杂了自己的"感性选择"，在一次次的传播中越来越偏离事实。

在信息传递的过程中，受到外部环境与内部心理噪声的干扰，信息会存在变形、缺失、扩大、缩小等情况。

信息的变形与缺失如图2-14所示。信息变形情况下，信息基本保留了原样，只是小部分内容有所模糊与丢失。信息缺失比"信息变形"丢失的部分更多。因为信息在传递中必然存在衰减。

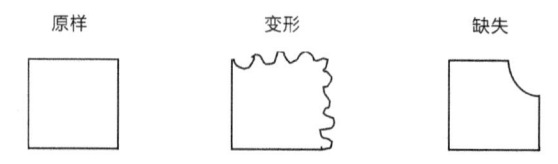

图2-14 信息的变形与缺失

信息的扩大与缩小如图2-15所示。经由不同传播媒介的影响，信息产生了扩大或者缩小的变化。这是因为信息的内涵与外延发生了改变，会带着不同媒介的烙印。

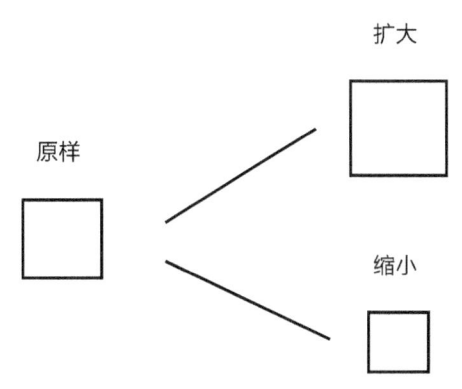

图2-15 信息的扩大与缩小

信息的变种如图2-16所示。经由不同传播媒介的交叉感染,信息已经完全变形,改变了原样。这种情况下,信息接收者已经很难再获得该信息原来想表达的意思了。

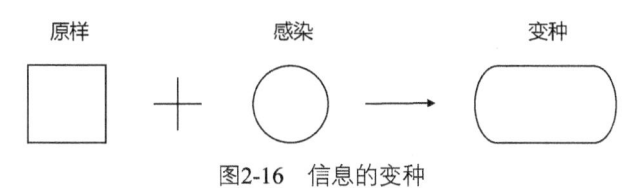

图2-16 信息的变种

信息传递过程中的失真

哈雷彗星约76.1年环绕太阳一周,是人类唯一可用肉眼观测到的短周期彗星。有一位美军上校想要安排部队观看哈雷彗星。他找来值班军官并对其说:"明晚8点,在这个地区可能会看到哈雷彗星,每隔76年才能看到一次。命令所有士兵着野战服在操场上集合,我将解释彗星现象。下雨则在礼堂集合,我为他们放一部彗星影片。"

值班军官随后转达给上尉:"根据营长命令,明晚8点哈雷彗星在操场出现,每76年一次。如果下雨,让士兵穿野战服去礼堂观看罕见现象。"

于是,上尉找来中尉说:"根据营长的命令,明晚8点,哈雷彗星将穿野战服在礼堂中出现。如果下雨,营长将下达另一个命令,这种命令每76年下达一次。"

随后,中尉进一步传递给上士:"明晚8点,营长将带哈雷彗星在礼堂出现,这种情况每76年出现一次。如果下雨,营长将命令哈雷彗星穿野战服到操场。"

最后,上士通知士兵说:"明晚8点下雨时,76岁的哈雷将军将在营长陪同下,穿野战服,驾彗星牌汽车经过操场前往礼堂。"

这个案例充分体现了信息在传递中的扭曲和变形是非常严重的。命令经过一次次的传递后，越来越偏离原先的主旨，最终大相径庭。该故事也流传至今，并成为传播学的经典教学案例。

人们在处理信息的过程中，存在"想不清楚"与"说不明白"两个问题，如图2-17所示。"想不清楚"是由于说者的知识、概念、逻辑方面有不完整的地方。"说不明白"是由于说者的词汇存储、语言组织或者表达的充分性、准确性不够。所以，说话人作为信息产生的源头，对信息的质量起着决定性作用。

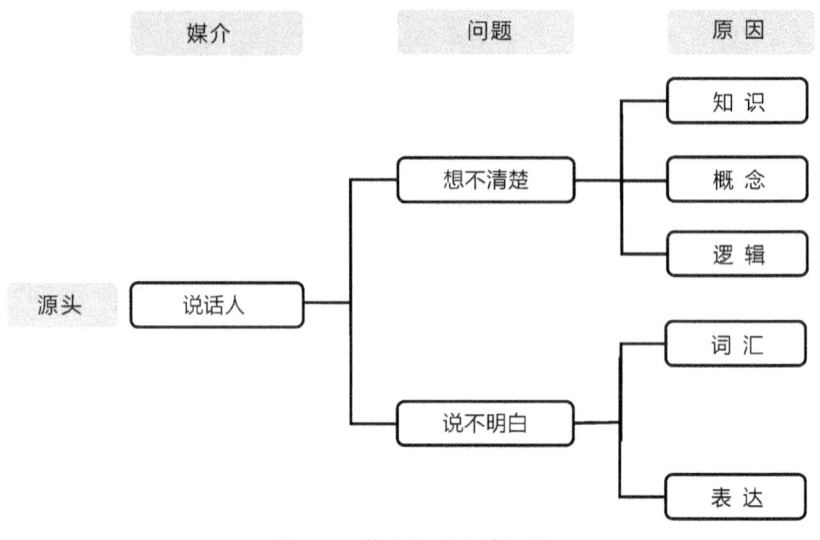

图2-17 信息处理中的问题

其实，在开始沟通的时候，听者接收到的信息就不真实。也就是说，听者理解的意思和说者想表达的意思不可能完全一致，如发送的信息中有部分无法获取到，或者听者只是按照自己的理解和想法去解析，而没有理解信息本来的内涵。就像威廉·莎士比亚说："有一千个读者就有一千个哈姆雷特。"人们面对同样的事情会有自己不同的看法。听者只能听到自己想听到的，而忽略其他信息。所以，如何真实无误地获取沟通信息最为关键。

回顾之前的项目管理工作，就会发现许多问题是由于沟通不充分、不及时、不到位导致的。它的直接结果是产生范围变更，而范围变更是项目管理重点中的重点，因为范围变更一般会导致资源增加，资源增加的直接结果就是延期与超支。有的项目延期几个月都很正常，有的甚至从延期几个月到几年，其间则伴随预算的大幅增加，而没有增加预定的价值。

这种情况为什么会发生？根本原因在于人性的弱点。首先，人本身思维的缜密程度不够，也就是在处理一些具体问题的时候无法保持足够的专注度、思维深度和广度，导致思维的链条存在漏洞，这就导致事情出现纰漏。其次，人的认知分辨率不够，也就是考虑问题时，对问题本身的剖析达不到足够的精细程度，无法发现很多潜在的风险。这个问题的本质原因是工作本身要求人们的精细化程度、严谨程度和严密程度越来越高。但是从人自身的角度来讲，外界对人的干扰特别大，人很难保持在一种专注高能的状态，在一种过度透支的能量状态下，人的专注度和精细度通常达不到工作的精细化要求，进而导致工作过程中容易出现纰漏。

> 充分沟通是需求管理的关键。

及时、充分、有效是沟通三要素。

首先，及时沟通、充分沟通是有效沟通的两个根本条件。在项目中，如果沟通不够充分、不够及时，计划中没有考虑的因素就不容易显现出来，后面则很可能导致需求变更。

其次，沟通受组织形式的影响很大。例如，通常，职能型组织里面的横向沟通和跨部门的协调沟通不是特别通畅，因此容易出现横向沟通的问题。

最后，在项目前期，如果对项目关键干系人的识别不完整、不充分，开始的时候没有足够重视干系人的诉求，或者没有做到充分沟通，那么项目后期因为这些关键干系人对项目的影响力，就会导致这个项目可能出现一些需求变更。

秋千漫画沟通

秋千漫画是项目管理领域的经典案例之一，生动地描述了客户需求与项目团队实现之间的偏差，以及这种偏差所带来的后果。故事中，客户想要一个秋千，但是项目团队最终却建造了一个类似摩天轮的设备。这一案例揭示了项目实施过程中需求理解偏差的问题，并强调了沟通和理解的重要性。秋千项目的过程如图2-18所示。

图2-18　秋千项目的过程

在这一案例中，客户所表达的需求只是解决方案，而项目经理也没有主动了解真正的需求，导致后续一系列的需求偏差。此外，客户为了讨价还价而放大需求，项目团队则追求代码实现而忽略客户的业务场景，这些都是导致偏差的原因。为了自洽，需求分析员还根据分析自行进行增减，结果内容扭曲、形式完美，但并不能真正满足客户的需求。最终，项目团队工作投入很大，却既没理解需求也没实现业务目标。可见，只有准确理解客户的需求，项目才有可能成功。

沟通是管理的核心要素，涉及许多方面，如组织、渠道、沟通方式以及信息的有效传递等。管理的本质在于有效沟通。要提高管理能力，首要任务便是提高沟通能力，并努力避免以上沟通中出现的种种问题。落到实处，从每天说的每一句话、开的每一次会、发的每一封邮件开始，去训练自己，进行改进。

2.3.3 培养有效的沟通能力

如果沟通不够及时、不够充分，沟通的有效性就会大打折扣。此外，沟通的精细度、颗粒度太粗糙，也会使精准信息不被有效获取。从信息的角度，混乱的沟通会导致无法被自身利用的信息。在沟通中，我们要去感知信息流动的精细度和可控程度。最好的沟通是彼此的能量状态完全同频，信息通道畅通，并可实现精准的编码和解码。这样可以保证沟通的有效性。

高效沟通是项目管理中非常重要的一项能力，可以提高项目管理的效率和质量。以下是提高个体沟通效率的关键。

想明白：底层逻辑，知识储备充分，经验丰富

在沟通中，我们经常遇到的问题是对方只是"回答"了我，但没有真正"回应"我。或者说对方回应我们的，并不是我们内心所希望被回应的部分，或者期待的答案。对话的时候，我们说出的信息，就像一座冰山浮在水面上的部分，但是在信息冰山的下面，还隐藏着我们的理解、感受、情绪、认知等，这些才是我们真正渴望通过沟通产生共鸣的部分，如图2-19所示。如果这些隐藏在冰山下面的部分能够被对方觉察或者理解，那么我们的沟通才能做到真实有效，并能够通过沟通建立起更深层次的连接。相反，如果对方只是在沟通中回应了表面的部分，甚至是持对立的态度，那么无论沟通再多，也只能让彼此越来越疏远。因此可以说，沟通最常见的问题在于，人们沟通时只是在浅层次回答对方，而并没有真正从深层次理解对方。

因此，想明白的前提是自己需要有一定的知识广度，以及对问题有清晰的认知。要知道沟通的信息当中，还包括水下面被隐藏的部分，这才是底层逻辑。尽量以对方的视角来理解问题，了解对方的背景和经验，避免产生误解。除了表达自己的意思，倾听对方的意见和观点同样重要。积极倾听可以让你更好地理解对方的需求和想法，从而更好地进行精准有效的沟通。这就需要听者具备足够的知识储备和经验，从而真正去理解对方隐藏的信息和意图。

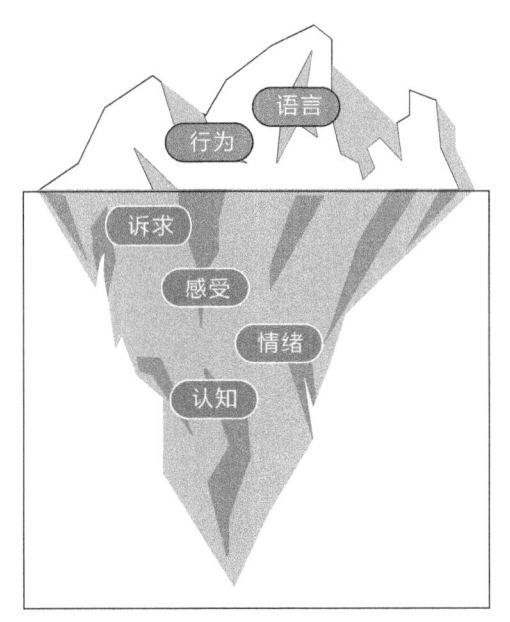

图2-19　信息冰山

说清楚：逻辑思维，语言词汇丰富，精准表达

我们在表达自己想法的同时，需要意识到自己表述上的逻辑能否清晰地表达出自己完整的信息和想法。沟通是双向的，既要善于倾听对方，也要清晰地表达自己的意思。一定程度上，这依赖于说者的词汇量以及语言表达的丰富度与精准度。

用简单、清晰的语言表达自己的意见和观点，避免使用复杂或含糊的词语。信息的质量决定了沟通的质量，也决定了决策的质量。要做到这一点，就要养成良好的用脑习惯，学会让大脑"轻呼吸"，经常给大脑放松的时间。放松的大脑才能思考，会思考的大脑才会产生有价值的信息，而不是习惯性地往大脑里面填一堆未经筛选的信息。另外，很多人的思考方式只是不断强化自我固化的认知，缺少足够的开放性和自我反省的能力，这也限制了高质量思考的发生。

> 高质量决策的关键是不要输入过多的垃圾信息。

沟通就是信息的产生、存储和传播的过程。从产生的角度来讲，是不要制造垃圾信息，如垃圾邮件、垃圾会议，这些都需要从信息产生的源头进行控制。

从个人来讲，不要胡思乱想，不要制造一堆脱离现实的想法，而是应该思考有价值、有意义的东西。信息的传播，包括信息发送和信息接收。不要接收垃圾信息，要对信息进行过滤。举例来说，不要花过多的时间在手机上刷视频、看段子，很多信息虽无实际价值，却可能对个人精力造成极大的消耗。接收的垃圾信息越繁杂，沟通的有效性就越低，要让我们的注意力、关注点回归当下，保持内心的清明状态。在沟通中，简单直接的表达方式更容易让对方理解。简单的语言和短小精悍的句子可以更好地传达自己的意思，所以，要尽量使用逻辑清晰、精确简单的语言、词汇进行表达。

信息质量不仅对沟通效率产生影响，还会影响决策的质量，进而影响企业的管理，如图2-20所示。高质量决策的关键是不要输入过多的垃圾信息。头脑中的每一条信息都会直接或间接影响我们的决策结果，哪怕是不经意间浏览的一个短视频，都会在头脑中留下印象。比如决定去哪家餐馆吃饭，买什么款式的衣服，看哪一部电影，这些最终做出的决策一定都是受到前期头脑所输入相关信息的影响。因此，我们要时刻注意筛选和屏蔽所输入的信息，特别是在现今这个信息过载的时代，不要主动收集一些毫无价值的垃圾和误导信息，应提高自己的辨别能力，否则就会影响决策的质量。而我们的判断和决策会影响我们的认知，进而影响我们的各种沟通行为。所以，在沟通中，想要清楚地表达自己真正的想法，就需要在信息的接收和存储上，对重要的输入信息进行筛选。

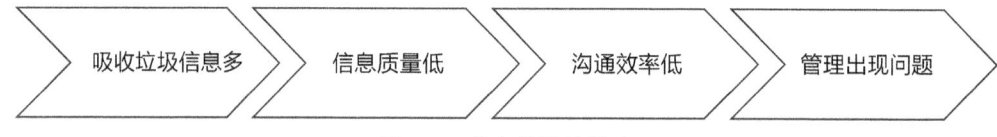

吸收垃圾信息多 → 信息质量低 → 沟通效率低 → 管理出现问题

图2-20　信息质量的影响

让人听明白：预判他人的知识背景、理解力，感知他人的接受度，做出实时动态调整

在沟通中，你要先对他人的知识背景有预判，还要感知对方的接受状态。在沟通的过程中，用眼神来判断他人的接受程度，并根据他人的反馈做出实时的调整。

频道混乱是沟通中常见的问题，建立一个共同的沟通频道并不容易。同频非常重要。在沟通中，如果每个人的信号强度都有限，无法形成一个主要的沟通频道，就很难将在场的人统一到一个思想维度。然而在项目中，常常需要与来自不同区域、不同地域、不同部门的人进行合作，因此，项目的沟通模式、工作模式、激励模式等都存在着差异。这必然导致不同的人对同一个问题有不同的看法。思想的不统一会导致沟通困难，进而导致沟通成本提高，任务推动就会比较困难。尤其是在一些沟通人数较多的时候，通常会出现此类问题。比如，在日常的工作会议中经常会发现，参会人员各持己见，话题发散，无法达成共识，沟通的阻力非常大。根本原因是沟通人员不在一个频道，就像广播电台发射出来的信号无法被收音机接收到。虽然不断地调频，但调到最后也没有到达一个共同的频道，导致沟通效率极其低下。

每个人成长的文化环境也会影响沟通频道。正如东方人做项目比较灵活，喜欢做一些有突破性的工作。当项目难以推进时，灵活性使得他们善于突破困境。但是如果用得不好，太灵活，就会缺少原则性，结果就会产生项目失控的风险。西方人一般原则性很强，做事喜欢稳扎稳打，项目风险管控较好，不太容易犯低级的错误。所以，东方人与西方人做项目的方式不一样。当出现跨文化交流时，就容易因沟通不畅影响项目进展。因此，从管理的角度来讲，在原则性基础上保持一定的灵活性是非常重要的。

沟通是为了传递信息给其他人，从而对其他人产生作用和影响。所以，沟通中的一切行为都是为了听众。如果我们讲的东西，对其他人不能产生作用和影响，或者别人根本不感兴趣，那么无论说什么或者说得怎么样，其实都没有太大的意义。沟通是以目标为导向的，注重的是结果，即通过沟通对对方产生了什么作用和影响。我们传递出去什么只是一方面，更重要的是关注对方接收到了什么，对方理解了什么，对对方产生了什么作用和影响。沟通最重要的原则是：一切为了听众。我们所讲的话都是说给听众听的，最终是以他们的收获及感受作为沟通是否有效的评判依据，而不是立足于我们自己，只表达自己喜欢、熟悉的内容。正确的沟通以最终目标为导向。

自我认知：有效传递信息，消除内外部干扰

在进行沟通前，先确定自己的沟通目标。明确自己要传达的信息、目的和期望的结果，可以让沟通更加高效。遇到问题时要保持冷静，理智思考，不要让情绪影响沟通。要有效地进行沟通，需要不断提高自己的沟通技巧和能力，包括倾听能力、表达能力、解决问题的能力等。同时，也需要注意沟通的语言和方式，尽可能地避免误解和冲突，让沟通更加顺畅和高效，用心打磨精细化的语言。沟通是一种很实用的技巧，比项目管理的其他技巧使用得更频繁。所以，学好沟通，是项目经理的必由之路。

基本原则：不要和对方对抗，找到共同基础，建立信任关系，互相尊重理解

虽然双方的观点不一致，但是必须寻求一个共同的立场。共同的立场就是互相尊重对方。这个立场对任何人都适用，因为每个人都需要被尊重，所以当你尊重他，他也尊重你的时候，虽然你们的观念不一样，但是在共同的立场上有很多话题是可以交流的。暂时的不一样也没关系，可以相互补足，不需要完全一样，这样，沟通双方就可以不对抗。只有当你想把对方变成跟你一样，把你的观点强加给别人的时候，才会产生冲突和对抗。因此，有共同的基础并互相尊重的时候，沟通本身是不会产生对抗的。

在这种不对抗的基础上，有时用对方的观点来补足自身的观点和认知，就是认知逻辑的改变。与人交往的逻辑改变了，相应的问题就化解了，因为从原有的逻辑里跳出来了，问题自然就解决了。比如，谈判属于对抗性沟通。谈判的难点在于谈判双方互相不信任，每个人都想摸清对方的底牌，又要防止被对方知道自己的底牌。这其实就是在博弈，相互之间在算计，因为他们缺少共同的立场和基础，处于对抗的状态，才导致谈判很困难。所以，以"共赢思维"寻求共同的基础和立场也是解决谈判僵局的有效途径。

小结

在项目经理的各项能力中，沟通能力是最重要的。由于项目本身的多变性和复杂性，以及未来时代的开放性、模糊性和不确定性，项目经理处于利益冲突的中心点，需要面对不同的干系人，包括客户、团队成员和其他部门等，需要进行各种复杂的和有挑战性的沟通。因此，一个具备强大沟通能力的项目经理能够通过有效的沟通，减少组织内部的摩擦和冲突，化解各个部门之间的矛盾，从而提高项目管理的效率。

第3章

项目管理的逻辑

> 万事万物都有其底层逻辑,找到底层逻辑并在此基础上开展工作是解决问题的根本保证。

万事万物皆有联系

"一只南美洲亚马孙河流域热带雨林中的蝴蝶，偶尔扇动几下翅膀，可以在两周以后引起美国得克萨斯州的一场龙卷风。"蝴蝶效应告诉我们，有些看似毫不相干的事情，可能存在密切联系。2022年诺贝尔物理学奖由三位杰出的科学家共同获得，分别是法国科学家阿兰·阿斯佩（Alain Aspect）、美国科学家约翰·克劳泽（John Clauser）和奥地利科学家安东·塞林格（Anton Zeilinger）。他们从理论上证明了量子纠缠的可行性，成为量子通信领域的奠基人。从宏观角度看，我们的世界存在距离和时间等限制，有些人可能一生都无法相会。但从微观角度看，在量子纠缠的存在下，每个人都与整个世界随时保持着某种联系，我们自身与所在的宇宙之间可能存在着某种共振。

世界上所有事物之间都有关联性，相互之间都有作用关系，距离近的事物互相的作用关系较强，距离远的事物互相的作用关系较弱。强作用关系和弱作用关系是同时存在的，区别在于，强作用关系通常容易感知到，弱作用关系则很难感知到。当条件具备的时候，弱作用关系可以变成强作用关系，这就可以解释蝴蝶效应、量子纠缠等现象。所有的弱作用关系和强作用关系之间都是可以相互转化的，它们之间的转化需要具备一定的条件。

> 正因为万事万物之间存在着联系，所以人类也是相互关联的。《道德经》里讲"道生一，一生二，二生三，三生万物"，传达了一种深刻的哲学理念，即宇宙万物源于道，也都是合于道的，同时，也揭示了事物之间存在最基本的规律。研究清楚这些规律，对于道有了领悟，便可以透过复杂的事物表象看到事物的本质，更好地研究细分领域。老子曰："有道无术，术尚可求，有术无道，则止于术。"庄子曰："以道御术，术必成，离道之术，术必衰。"老子和庄子讲的都是道的重要性。在某种层面上，道就是事物之间的逻辑关系，正因为这些逻辑关系的存在，我们才有了研究事物之间规律的基本依据。项目管理的核心在于活动之间的逻辑。

项目是通过一系列有紧密逻辑关系的活动来完成的，因此，项目管理的核心在于对这些活动之间的逻辑性的把握。通过学习项目管理，我们可以提升自己的逻辑思维能力。想要管好项目，我们要充分理解项目中所有活动之间的逻辑关系，这些活动具有很强的相关性，并且其中的逻辑复杂多变。越大型、复杂的项目，其活动之间的逻辑关系也越复杂。

> 人能否看清这个世界，取决于他自我认知的精细度。

世界是一切关系的总和，而研究世界就是厘清这些关系。在项目管理中，这个观点也同样适用。事物是普遍联系的，具体表现为：一切事物间都存在某种特定的逻辑关系和相互作用，而这种逻辑关系和相互作用是可以被认知的，因此，这个世界是可以被认知的。然而，这些关系非常复杂，具有高度的精密性，需要有十分精微的认知分辨率才能识别。而我们的底层认知直接决定了分辨率。因此，我们要通过学习提高底层认知能力，来应对复杂的关系和逻辑。人能否看清这个世界，取决于他自我认知的精细度。这也是学习项目管理非常重要的内在意义——凡事都能看清楚、想明白。

项目管理的基础是客观世界的逻辑关系，项目管理本质上是对世界的事务进行管理。我们知道，世界是有结构的，这些结构之间存在某种逻辑关系。认知这个世界结构的逻辑关系，就是对我们所管理的项目对象进行深入理解的第一步。只有看清楚了项目对象之间的逻辑关系，才能更好地发现和解决问题，才能通过对这种逻辑关系的解构和解析，找到问题的关键所在，从而提出与之相应的解决措施和办法。这就是学习项目管理逻辑的意义，也是解决项目关键问题的核心。

项目管理的逻辑是建立在事物本身存在的逻辑之上的。这种逻辑包含客观世界的规律性、客观存在的结构性、事物发展变化的规律性和演化的趋向性等方面。我们通过一种动态的视角来观察这个世界，正是基于这些前提和认知才发展出一套项目管理的逻辑。在项目管理的逻辑中，我们通过对这些认知的整合和深入理解，可以弄清楚如何更好地管理和处理项目中的事务。因此，项目管理的逻辑可以理解为一种在现实世界认知基础之上的实践指南，帮助我们更好地应对项目管理中的挑战和问题。

项目管理的框架中体现了一层一层的逻辑，如对需求确认的逻辑、对干系人管理的逻辑等。所有这些逻辑都是帮助我们看清世界、认知世界，更好地管理这个世界的。管理的过程所表现出来的就是项目管理的逻辑，这种逻辑是在我们对世界认知的基础上所演化出来的管理手段和方法，是项目管理的基本载体，也是项目成功的关键。

那么项目管理的逻辑到底是什么？本章将用四节来进行说明，讲述顺序如图3-1所示。

需求导向的项目管理逻辑 → 干系人管理的逻辑 → 项目管理的逻辑层级 → 项目进度管理的逻辑

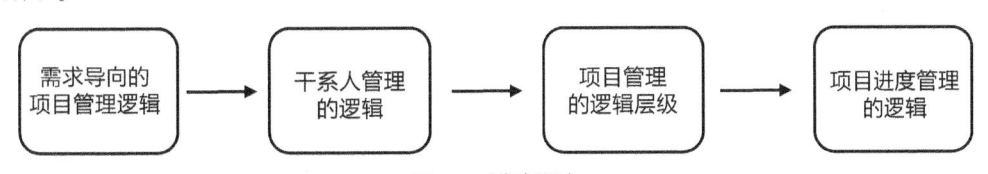

图3-1 讲述顺序

第一节，项目的存在是为了解决问题，并满足特定的需求。因此，在开始项目管理之前，我们需要确认这些需求的真实性。这是项目管理的第一步。

第二节，项目的目标是满足项目干系人的需求和期望。因此，我们首先要识别这些干系人，然后确定他们的核心需求，这是项目执行的基本出发点和基本逻辑。识别干系人并理解他们的需求对项目的成功至关重要。

第三节，在项目管理的过程中，我们要针对不同的项目和项目类型来识别项目的需求是什么、项目干系人是谁、解决问题的逻辑是什么。因此，第三节着重讲解项目管理的逻辑层级。

第四节，在所有的项目管理活动中，项目进度管理是最具代表性的一种活动类型。而在进度管理中，项目管理的逻辑得到了特别清晰和完整的体现。因此，第四节以进度管理为例，讲述了应该以何种逻辑来开展项目管理工作，可以说项目进度管理就是一个逻辑展开的示例，这种逻辑贯穿于整个项目管理的始终。

3.1 需求导向的项目管理逻辑

项目是由需求驱动的，真正的项目源自真实的需求。没有明确需求的项目是一开始就失败的项目。因此，明确真实需求是确保项目顺利进行和实现目标的关键。

> 一开始就要做对！

3.1.1 项目需求确认

所有的项目都是由问题和需求驱动的，都是为了解决当下真实存在的问题，并满足人们真实的需求。

项目管理的基本过程如图3-2所示。项目管理从"做正确的事"开始：首先"做正确的事"（目标），其次"正确地做事"（行动），最终"把事做正确"（结果），这是项目管理的基本过程。而需求的真实性确保了"做正确的事"，这也是项目管理初期所做的最重要的决策之一。需求确定问题是管理一个项目的根本性决策问题。

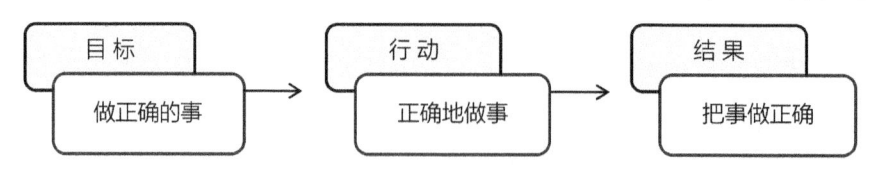

目标：做正确的事 → 行动：正确地做事 → 结果：把事做正确

图3-2 项目管理的基本过程

在项目需求确认阶段，最容易出现的问题就是虚假需求。虚假需求可能有很多种情况。第一种情况是需求可能根本就不存在；第二种情况是需求的数量、程度和表现形式与预期的不一致，也就是预期不准确。要精准且精微地确定需求，必须建立在对事物和现象的充分调查研究和论证的基础之上，这是项目需求确认阶段所必需的关键内容。确认真实需求是项目管理前期或者最初阶段最重要的任务，这也体现了一种"一开始就要做对"的思想。

> **谷歌眼镜**
>
> 谷歌眼镜是由谷歌公司研发的用于"拓展现实"的眼镜，该眼镜于2012年4月在旧金山的抗盲基金会活动上首次公开亮相，当时就引起了大量的关注。但直到2014年4月，初代谷歌眼镜才开放网上销售，其售价高达1 500美元。在谷歌眼镜面世之前，谷歌公司对其在公共领域进行充分的宣传，大量用户也在这种宣传下对谷歌眼镜满怀期待，并在一开始就认为谷歌眼镜能够成为"势必引领科技潮流"的科技产品。谷歌公司对于这款谷歌眼镜的产品定位也如同苹果公司的iPhone一样，属于"必须拥有的产品"。然而谷歌眼镜面世之后，其存在的诸多问题渐渐被众多用户曝光，导致口碑不断下降。这些问题包含"不切实际""隐私犯罪""漏洞太多"等。《纽约时报》曾公开发表评论称"谷歌眼镜只是一款未来概念的模型产品，用户市场还未成熟到能够彻底接受它"。科技媒体更是将谷歌眼镜描述为"有史以来最糟糕的产品"。几经波折，谷歌公司终于在2015年宣布停止谷歌眼镜的销售，这也意味着谷歌眼镜项目的失败。

在这个案例中，正是由于谷歌公司在初始阶段对其产品在市场上的真实需求出现了误判，过高地预估了市场对其产品功能的需求，导致在后续研发过程中的功能设计过多地追求技术堆叠，最终产品反而在市场上反响平平。换言之，正是由于谷歌公司一开始没有做对，才导致了项目的最终失败。不过谷歌眼镜也有一定的正面意义。因为技术的限制、新兴市场的不确定性等诸多因素，初代的科技产品往往都会遇到很多挫折，随着技术的突破、市场的成熟及需求逐渐确定等因素，后来者反而容易集大成，在这个过程中，科技先驱们勇于探索的精神是值得景仰的。

关注需求，迎合变化

项目成功的一个重要基础是对需求的关注，识别各种各样的需求，包括市场需求、客户需求等。需求识别需要拥有良好的思维方式和准确的方向，需要符合时代发展趋势并在实践中具有可行性，同时，必须时刻关注客户群体，紧贴市场动态。在规划落地方面，也需要注重细节，确保行动符合实际情况。总之，只有充分关注需求，才能确保项目最终成功。

比如，一个好的创业项目，首先应该关注客户需求。在项目初期，可能对于客户需求的定义不够准确，但随着公司的不断发展，必然需要根据客户反馈不断调整定位。创业项目需要快速做出反应和动态调整。由于创业项目的前期规划和后续发展路径往往会出现偏差，如果缺乏快速反应和动态调整的机制，项目就很容易失败。采用一成不变的思维方式应对时刻变化的市场，是一种固执的行为，这种创业思维也很容易导致创业项目失败。在创业过程中，需要不断调整内容、服务、销售模式，实现快速迭代发展。这些行为在快速响应市场的项目中非常重要，也非常有助于项目取得成功。在多变的环境下，做到快速响应、动态调整和动态决策是一种极为重要的能力。

超级猩猩

2014年，超级猩猩在深圳市成立创业团队，其成立之初就致力于打造健康高效的生活方式。针对当时健身需要办年卡、健身项目不够多元化的情况，超级猩猩直面挑战，解决"痛点"，提出了"按次付费、不办年卡"的运营理念。此外，还对运动器械进行定期的更新，以满足不同区域的客户需求；并上线多种团课，且课程的类型和内容都保持不断的迭代更新。目前超级猩猩在深圳、上海、北京、广州、南京、杭州、武汉、成都等多个城市累计拥有超过100家直营门店，另有近百家筹备中的门店。2021年5月6日，超级猩猩完成数亿元E轮融资，估值近10亿美元。

正是由于超级猩猩充分、精准地关注了目标客户的真实需求，对健身行业固有的行业形态进行了积极的改革与创新，才使得超级猩猩这一创业项目在一开始就取得了不错的市场反馈，并逐步发展扩大。符合真实需求的产品才是好产品，这正是超级猩猩创业成功的关键所在。

元气森林

无独有偶，元气森林创业成功的关键因素与超级猩猩很相似。近年来，在人们逐渐开始关注自身健康的背景下，很多消费者在选择饮料的过程中将重点关注的指标锁定为"含糖量"。为了迎合这一主流的消费趋势，元气森林主打"无糖"饮料的特点，并在配料表中标明配方以证实"无糖"的真实性。不仅如此，为了区别于同类竞品"无糖"的相似宣传点，元气森林非常隆重地把饮品成分——"赤藓糖醇"作为主要卖点，以突出自家产品的差异性。元气森林强调"赤藓糖醇"是目前市场上唯一经生物发酵法天然转化和提取制备成的糖醇产品，且是国家卫生健康委员会认定为零能量的糖醇产品。在官方旗舰店，元气森林还出示了SGS权威检测报告，证明其不含糖，并且邀请了医生证明其说法。此外，元气森林还紧紧抓住年轻消费者的关注领域，对其产品外观设计、综艺赞助、新媒体社交宣传等方面都进行了精准的包装与策划。在新产品推出时，也参考了其他饮品中的"爆款"口味。

正是由于元气森林充分地关注了目标消费人群的需求、相关的潮流文化、新潮口味，并对自身产品进行合理定位，将其精准地投放市场，因此获得了不凡的销售业绩。

确认需求的方式和方法

项目的需求确认通常是建立在人的需求的基础上的。人的需求按照马斯洛需求层次理论可以分为五级：生理需求、安全需求、社交需求、尊重需求和自我实现需求。在本书提出的需求层次中，将人的需求分为四个层级：需要（Need）、需求（Want）、欲望（Desire）和信仰（Belief），如图3-3所示。

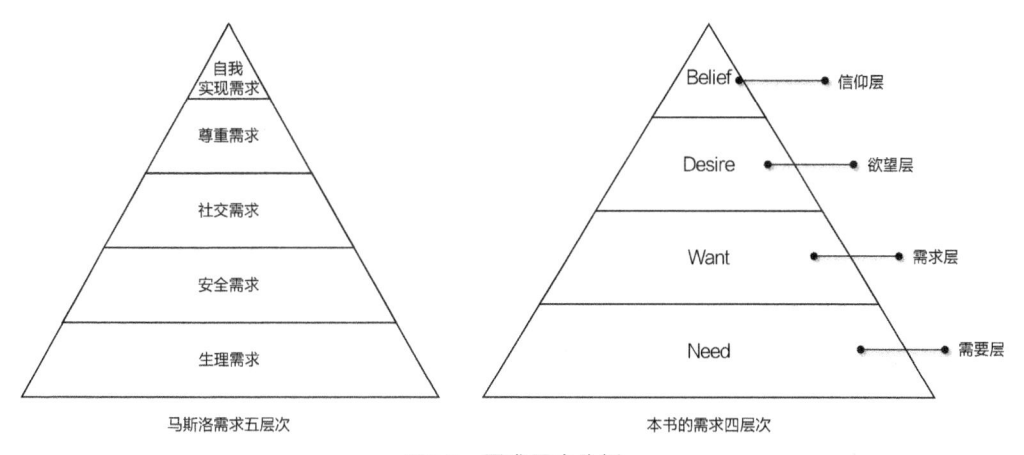

图3-3 需求层次分析

第一层需要层，是指客观需要。客观需要是指生存所需要的一些最基本的条件，如食物、衣服和住所等。

第二层需求层，是指品质方面的需求，比如，想拥有一辆好一点的车，想拥有一套好一点的房子等。需要层是为了活着，需求层则是为了活得好一点，需求层是在需要层上的一个提升，它们基本属于同一个层面的需求。

第三层欲望层，已经不属于平时所必需的东西，是一种更高层面的、超越了人的生存需要的、更偏于满足精神层的需要，如更高的权利和地位、由物质带来的成就感等。而欲望层里讲到的精神层，其夹杂的物质层的东西更多一些，精神层的东西相对较少，它是基于物质层升华的一种需求。比如，对奢侈品的需求，想要住很大的房子，想要买一辆豪华车，这些都是欲望层的东西。有时候过多追求欲望层的满足会造成社会资源的浪费，是不值得提倡的。中国向来有"勤俭节约"的传统美德，说明我们一向对这一问题有清晰的认知。对于人的生活而言，欲望层的过多需求不是必要的，同时，实际上这些需求的满足能给人带来的所谓幸福感也是很有限的，通常而言，欲望层发展到后期只能产生很低的边际收益，并且其实现难度更高。因此，在一定程度上满足了前面的三层需求以后，我们应该有更高的追求。

最高的一层是信仰层。需要层、需求层、欲望层都是基于物质需求的、以生存和生理需求为基础的逐渐进阶的层级，这种进阶对物质的依赖会越来越大。如果人没有达到精神层的更高阶，就会一直在这三层徘徊。这三层可以解释人的基本需求的大部分内容。继续进阶的人，就会进阶到信仰层。信仰层最大的特点是物质化的东西弱化了，进入了一种纯精神性的层面，它是一种超越性的需求，是不以人的生理和生存需求的物质为基础的。很多人一听到信仰层，就会认为是宗教，宗教里面确实有很大一块都是信仰层的东西，但是信仰层并不等于宗教，它是人的需求层次里面比较高级的一个层次，具有超越性，是人类情感中一种最高级的精神体验。

马斯洛需求层次理论的最高层叫自我实现需求，而自我实现是一个很抽象的概念，难以定义清楚。什么是自我实现？实际上在人没有达到信仰层的时候，人的认知没有得到提升之前，人很难知道自我价值是什么，在不知道的情况下谈自我价值的实现就会很空洞，并且无法落地。在进入信仰层后，人的自我价值是什么、自我价值怎么实现、自己的目标是什么，自然都会知道。这四层都解决了，自我价值实现才能落地。本书的需求理论四层次可以涵盖马斯洛需求层次理论。其中，马斯洛需求层次理论中的生理需求和安全需求对应的就是需要层，社交需求和尊重需求对应的是需求层和欲望层，而信仰层涵盖了自我实现需求。

所有项目的需求，其实也可以按这四个需求层次去划分。比如，买一辆车，只满足需要层需求的话，只要能开能用就行了，就是代步工具。需求层的需求是坐着要比较舒适。欲望层的需求是特别豪华，能彰显身份和地位。在现实生活中，需求很容易被混淆，经常出现用其中一层需求的东西去满足另一层需求的情况。例如，客户在买车的时候想要的是需求层的产品，如一个安静的驾驶空间；但汽车制造商只提供了一个满足需要层需求的车，比如一辆各方面中规中矩的车，但是车内噪声没有控制得那么好。将需要层的产品用于满足需求层的需求，自然无法使客户满意。

项目需求所处的不同层次，决定了项目实施方式的不同。必须根据不同层次的需求来设计、执行并控制项目的范围和边界，以精准实施项目。精准实施项目的目的在于精准满足客户需求，这样有两大好处：一是提高客户满意度，二是防止需求偏差导致时间和资金的浪费。然而，这种精准满足的前提一定是建立在对客户需求的精准认知基础之上的。如果对客户需求的认知不清晰，就可能无法准确识别客户输出的真实需求，进而输入了一个虚假需求，造成信息传递过程中的失真。

那么具体如何精准地识别并满足客户的需求呢？除了提升自身的洞察力和执行力，还可以使用需求转换V模型进行辅助，如图3-4所示。

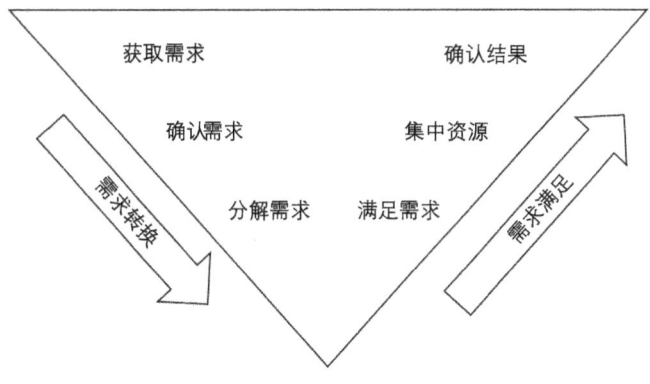

图3-4 需求转换V模型

在V模型中，对于客户的需求转换与需求满足，主要分为以下6个步骤：①获取需求；②确认需求，确认客户一系列需求中的真实需求，剔除虚假需求；③分解需求，对真实需求进行分解，分解出各个层次的需求；④满足需求，采用不同的方法以满足不同层次的需求；⑤集中资源，优先保证需要层和需求层的资源供应，其次考虑欲望层或信仰层的资源供应；⑥确认结果，与客户确认最终执行结果是否满足了客户的需求。

应用这6个步骤，可以更清晰地看到需求转换和需求满足的过程。

V模型在生活中的应用

在生活中也可以利用需求转换V模型进行需求转换与需求满足。比如我们经常遇到的如何过好情人节的问题。其实过情人节就是一个小型的项目，而客户就是自己的伴侣。对于过情人节这个项目，使用需求转换V模型进行分解，就可以比较清楚地看到过好情人节的关键所在。

第一步，了解伴侣的需求。第二步，确认伴侣的真实需求。比如，伴侣平时工作比较忙，那么过好情人节可以是远离工作环境的活动，如一起去游乐场游玩。同时要识别出虚假需求并予以剔除，比如，如果伴侣平时比较节约，那么铺张浪费地吃一顿大餐可能并不是伴侣想要的。第三步，对伴侣的真实需求进行分解。仍拿去游乐场为例进行分析，按照本书的需求四层次进行分解：需要层，去游乐场就会想玩游乐场里的娱乐设施；需求层，伴侣可能想让自己在众人中比较出众，想要得到贴心的陪伴；欲望层，伴侣可能希望感受两个人的心心相印；信仰层，伴侣可能希望找到两个人在一起的真正意义。第四步，选取几个待选方案用于满足四个层级的真实需求。对于需要层，我们可以带伴侣玩旋转木马、过山车等；对于需求层，如果伴侣是女性，我们可以给伴侣买一个米老鼠的头饰，或者买一个仙女棒，同时放下手机和一切琐事，一路上慢慢地走，尽心地呵护伴侣的情绪，最后找一家精致的餐厅吃一顿晚餐；对于欲望层，我们可以准备一个伴侣心仪已久但又一直不舍得买的礼物，让伴侣体会到对方心里一直有自己；对于信仰层，可以在回去的路上进行深入的沟通，聊一聊各自成长的历程，探讨一下关于人生意义方面的深层次想法。信仰层的需求实际上是很难满足的，因为这需要每个人自己去摸索。第五步，结合自己的时间、精力、资金等资源，根据当时场景的实际情况去满足需求，优先满足需要层和需求层的需求，其次考虑欲望层和信仰层的需求。第六步，游玩结束后伴侣的心情和反应会成为我们评估这个情人节过得怎么样的重要依据。不管是过情人节还是处理生活中的一些事情，本书的需求转换V模型都能够提供更多维的思路和解决方案，从需求的角度出发，助力大家更快地找到问题的解决方案。

动机管理

> 对人的管理其实就是对动机的管理。

一旦确认了客户的各层次需求，接下来就需要对这些需求进行管理。未来的市场方向，一定是以产品能够满足客户的更高层次的需求为导向的，与其本身是否高端无关。需求是由客户的动机所驱动的，不同的动机对应不同层次的需求。例如，客户的动机是想把对接的项目做好，通过项目实践提升个人的能力，这时客户就会与供应方的项目经理紧密配合，从而提高项目成功的概率。因此，对项目的管理其实就是对项目干系人的管理，而对人的管理其实就是对动机的管理。

当人在做一件事时，通常会出于不同的动机参与其中。为了确保项目顺利进行，需要对参与该项目的人的动机进行管理，以激发那些有益于项目发展的动机。这就是激励的作用。例如，通过描绘项目成功后可能带来的提升，以及阐述成功所必须具备的心态和品格等，来唤起项目干系人参与项目的更高层次的动机，从而实现对他们的激励。这种针对性的激励，能够促使动机从较低层次向更高层次转化，有助于项目的顺利进行。

想要做到对项目干系人有效激励，项目经理必须具备极强的感染力，将自己的内在蓝图生动地展现给对方，并获得干系人的认同。为此，项目经理需要拥有开放的心态，让干系人能够看到自己丰富多彩的内心世界。项目经理的描绘必须如实呈现自己的内心构思，才能打动别人。要打动别人，必须先感动自己，要有激情，有感染力，这样才能展现出项目经理的价值观和远见，提高干系人的参与度和项目的完成质量，使项目能够不断正向推进。

在项目团队的管理中也可以应用动机管理。在过去的管理实践中，心理控制和惩罚等管理模式极其常见。心理控制是一种反人性的管理模式，会降低人的创造力，产生严重的负面影响。而惩罚会削减人的创造性和积极性。项目管理者应当坚持不抛弃、不放弃的原则，协助和纠正团队成员，并引导那些具有不良动机的成员进行动机调整，促使他们在各个方面获得成长。惩罚是一种落后的管理手段，激励才是新的发展方向。在管控团队成员时，项目经理可以使用管理和领导两种不同的方式。管理者通常倾向于使用惩罚这种"管理"方式，而真正的领导者则更善于使用激励这种"领导"方式。领导是未来管理发展的方向和趋势，因此，未来的管理者必须具备领导力。

需求的主体是人

项目前期的需求阶段主要包括需求分析和需求确认。在正确的时间推出正确的产品，就是市场研究的过程，因此做好市场研究非常重要。在进行市场研究时，需要具备市场营销思维，了解市场因素，熟悉市场中竞争的情况，如竞争的激烈程度等。许多产品开发项目之所以会失败，就是因为忽视了市场对产品的需求和影响，并非产品不够优秀导致项目失败，而是产品与市场需求的匹配度不够。一般而言，开发成功的产品，一个很重要的因素是精准契合市场的需求，因此，在正确的时间窗口推出符合市场需求的产品非常重要。

> 人最大的智慧，就是认识自己。
> ——苏格拉底

市场研究的本质是对于"人"的研究，而产品的最终目标也是满足客户需求。从需求开始到需求结束的过程中需要持续关注需求的主体，只有持续保持对需求主体的敏感性，才能确保需求的闭环。需求的根源是"人"，满足人的需求才是管理的本质，所以管理的本质就是对人的管理。只有把人研究透，把人性研究透，对人有深刻的理解和认知，才能真正学好管理。然而，人是最复杂、最难以理解的。人们往往热衷于研究其他人，反而忽略了对自己的了解。其实只有先认识自己才有可能认识他人，才能了解他人的需求。

3.1.2 项目就是做正确的事

> 不值得做的事情，就不值得做好。

项目需求确认的过程体现了一种"一开始就要做对"的思想。世界上最糟糕的事情，不是没把事情做好，而是把一件本不该做的事情做得很好。因此人们总结出了"不值得定律"：不值得做的事情，就不值得做好。只有建立在真实需求之上的项目才值得做，这是管理者应该树立的重要观念。

> 建立在虚假需求之上的项目，是没有开始就注定失败的项目。

许多项目是建立在虚假需求之上的。建立在虚假需求之上的项目，是没有开始就注定失败的项目。如果需求不是真实的，项目一开始就失去了存在的意义。将来所有为这个虚假需求所做的努力也都是毫无意义的，就算实现了也没有任何意义。因此，如果项目开始时需求就是虚假的，那么这个项目从一开始就已经注定要失败。

项目管理也是如此。在前期需求确定阶段，明确需求是否存在、需求是否真实至关重要。许多项目都是基于虚假需求或者仅仅凭借个人感觉确定的，这样确定的需求非常不可靠。以"个人的感觉"作为需求确定的标准是不可靠的，因为人很容易偏离中道，无法客观地面对自己，容易刻意回避存在的问题，这正是人性中的弱点所在。因此，要正确认识自己、正视自己的短板，才能避免在需求确认过程中被个人的感觉带偏。

3.2 干系人管理的逻辑

如何管理项目干系人

项目的目标是满足和超越项目干系人的需求和期望。需求都是人的需求，这个"人"在项目管理中被称为项目干系人，即项目的利益相关方。因此，在研究需求并厘清需求的过程中，我们必须进一步研究项目干系人的身份和角色。

《PMBOK®指南》（第6版）中将项目干系人管理分为四块内容：

（1）识别干系人是指定期识别项目干系人，分析和记录他们的利益、参与度、相互依赖性、影响力和对项目成功的潜在影响的过程。

（2）规划干系人参与是指根据干系人的需求、期望、利益和对项目的潜在影响，制定项目干系人参与项目的方法的过程。

（3）管理干系人参与是指与干系人进行沟通和协作，以满足其需求与期望，处理问题，并促进干系人合理参与的过程。

（4）监督干系人参与是指监督项目干系人的关系，并通过修订参与策略和计划来引导干系人合理参与项目的过程。

项目干系人管理的核心是管理他们的需求，可总结为三方面：第一是识别项目干系人；第二是识别项目干系人的需求；第三是管理项目干系人。

3.2.1 识别项目干系人

谁是项目干系人

项目干系人是项目的利害相关者，与项目有利害关系的人都属于项目干系人。项目干系人的定义范围非常宽泛，可能是自然人，也可能是部门、组织，甚至是国家。能够对项目产生影响的部门、组织、团体或者个人都可以被视为项目干系人。项目干系人可归为多种类型。从内部的角度，项目团队、项目当事人和项目执行人是最核心的项目干系人。从外部的角度，企业内的**PMO**、其他部门的职能经理、运营经理、客户、各个层级的项目经理等，都有可能对项目产生直接或重要的影响，也有可能变成核心的项目干系人。图3-5描述了从内部到外部的项目干系人。项目干系人不是固定不变的，随着项目的推进，干系人也会发生变化。

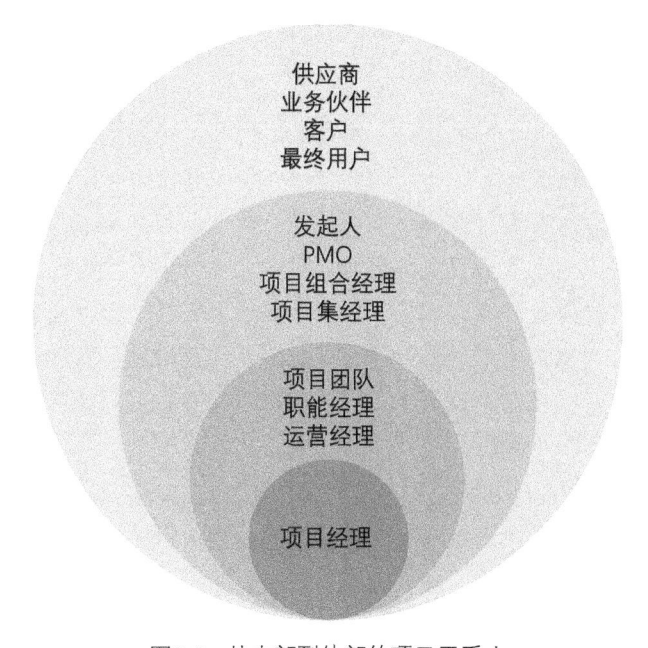

图3-5　从内部到外部的项目干系人

项目当事人的识别

项目当事人是指项目参与的各方，如业主、投资方、贷款方、承包商、设计师、监理工程师等，他们通过合同或协议的方式联系在一起。

相对而言，项目当事人的识别比较容易，他们之间存在某种具有法律效力的合同或协议，从而有着明确的约束关系。与此不同的是，项目干系人涵盖一个更广泛的范围，不仅包括存在法律约束的干系人，还包括不存在法律约束的干系人。也就是说，项目当事人是包含于项目干系人之中的。

项目当事人，如项目的投资方、贷款方与业主之间存在一定程度的法律关系，如图3-6所示。这些人不仅是项目的核心干系人，也是项目的当事人。因此，在识别项目干系人的同时，也在识别项目当事人。

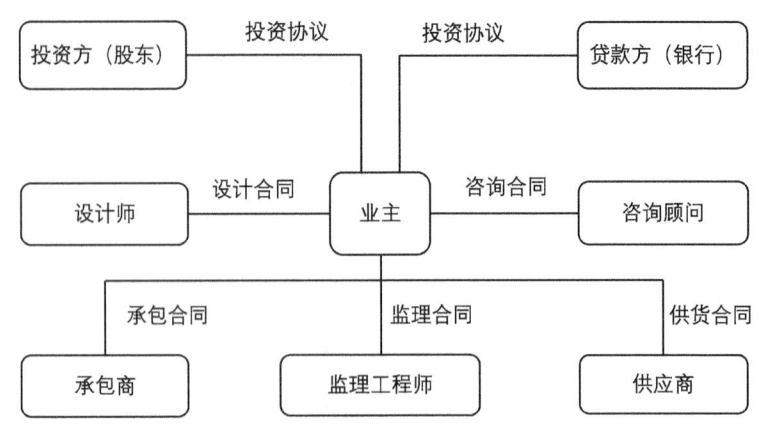

图3-6　项目当事人和业主存在的法律约束

识别项目干系人的时机

项目干系人管理是项目管理中最核心的内容之一。首先要识别出所有的重要项目干系人，明确哪些人对项目有重要的影响，确保没有任何一个核心干系人被遗漏。因为项目的终极目标是满足或超越项目干系人的需求和期望，因此必须让这些干系人尽早参与到项目中。在项目前期，任何需求和疑问都必须进行充分的沟通，把需求讲清楚、说明白，切忌模棱两可。这样才可以确保项目干系人的需求和期望得到充分的理解和满足，从而将项目推向成功。

在项目管理中，前期的影响因素极为重要。前期找准项目干系人，识别干系人的需求并发挥项目干系人的影响力作用，将为项目带来更大的效益。相反，如果项目前期未能处理好项目干系人的需求，随着项目的开展，整个项目都将面临很大的问题，并且越进展到后期，项目变更所产生的代价也会越高。

> 项目前期决定项目成败，项目中后期决定项目质量。

如果项目前期出现严重错误，项目就很可能面临失败。因此，从项目管理的角度来看，必须高度重视项目前期所有的决策，养成靠前决策的习惯，项目前期就做出正确且精准的决策。项目中后期更加注重如何满足前期识别的项目干系人需求，所以项目中后期的决策就决定了项目的质量。做好项目执行过程中每个阶段该做好的事，这对项目的成功至关重要。

积极识别核心干系人的变化

在项目开展的过程中，项目的核心干系人可能随时发生变化。随着项目的进行，干系人重要性也会改变。干系人重要性改变后若没有及时发现并调整，项目的推进就可能出现问题和偏差。

项目干系人的识别是动态的、全局的。以疫情防控为例，假如一个关键的传播源没有被发现，也没有做出及时有效的隔离措施，疫情就会蔓延。一旦发现传播源，传播源就立即变成了项目的"核心干系人"，需进行重点管控，防止疫情扩散。疫情防控给项目管理的启示，就是要及时、完整地把真正重要的项目干系人一个都不漏地识别出来。漏掉一个，项目的"疫情"就扩散了，项目管理就会有很大的风险。

比如客户方对接人的变化，或者企业内组织架构的变化，都有可能导致项目核心干系人的变化。如果不能及时识别出核心项目干系人的变化，那么整个项目很可能面临重大的风险。因此，项目经理需要密切关注项目中各利益主体之间的变化，并随时更新该信息，记录到干系人登记册中，以保证项目的顺利进行。

3.2.2　识别项目干系人的需求

识别项目干系人需求的逻辑和前述项目需求确认的逻辑基本一致，也需要确认真实需求，分辨虚假需求，而且确认需求的方式和方法也基本一致。在识别项目干系人需求时，要更加关注作为需求主体的项目干系人。

挖掘项目干系人的内在声音

项目是为了满足和超越项目干系人的需求和期望，这也符合以人为本的理念。每个项目都有独特性，会存在区别于其他项目的关键特征。因此每个项目干系人的需求也具有独特性，需要和相关的项目干系人深入沟通，才能够获悉他们的真实需求，这就需要挖掘项目干系人的内在声音。

什么是挖掘项目干系人的内在声音？这涉及显性需求和隐性需求的概念。项目干系人需求分为两种，一种是显性需求，显性需求会通过某种方式和渠道直接呈现出来，可以很清楚地明白需求是什么；另一种是隐性需求，项目干系人在表达自己需求的过程中，有一部分是没有被清晰表达的。后者的产生存在几种可能性：一是项目干系人不能清楚表达这部分需求，他对自己的认知是模糊的；二是这部分需求不方便直接表达，项目干系人会以比较隐晦的方式来暗示。面对隐性需求，项目经理需要具有一种非常细微的、洞察项目干系人内在需求和声音的能力。这涉及项目经理的一种非常出色的能力——洞察力。关于洞察力等项目经理需要具备的软技能的内容，本书中会多次提及，这些必备能力的培养贯穿本书的各个部分。而在本书第6章"项目经理的修炼之道"里会针对性地给出这些能力的提升方法。

在与项目干系人沟通的过程中，项目经理应该具备挖掘干系人内在声音的能力。内在声音也就是内在需求，在很多情况下人们不知道如何用语言表达自己的内在需求。在项目中，项目经理需要引导项目干系人发现并表达内心真实的想法，帮助其把内在需求转化成语言。对大部分人而言，全面、准确地表达自己内心的真实想法是很困难的，通常人们只能表达约20%的需求，约80%的需求无法通过语言呈现出来，显性需求和隐性需求的对比如图3-7所示。这也是沟通中经常出现矛盾和冲突的一大原因。

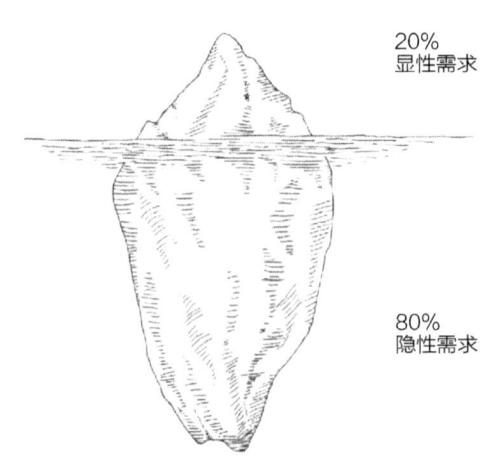

20%
显性需求

80%
隐性需求

图3-7 显性需求和隐性需求的对比

3.2.3 管理项目干系人

干系人管理的要点与难点

项目干系人的管理非常困难,因为其涉及面广,且在动态变化中。项目干系人的利益是项目干系人管理的难点。作为项目干系人,利益是项目干系人的关注要点,但同时他们本身就是不同的利益主体,因此各自的利益诉求大概率会存在冲突和矛盾。

> **BBC的DMI项目**
>
> 英国广播公司(简称BBC),是英国一家由政府资助但独立运作的公共媒体。为了节约成本、替换昂贵过时的存储设备、将所有的媒体内容转换成现代的数字格式,BBC在2008年推出数字媒体创新项目(Digital Media Initiative,简称DMI项目)。此项目准备将BBC所有的影音素材母带全部电子文件化,同时建立标记影像目录以易于检索,并计划逐步淘汰库存的大量实体影像母带。按照原定设想,在项目完成之后,员工可直接通过自己的台式计算机检索影音资料并进行后期编辑制作,所有的节目皆能以电子文件形式传输、编辑与播放。但是,由于项目进程中项目管理控制不足、项目干系人管理不善导致结果不尽如人意,5年后项目被叫停,首席技术官约翰·林伍德(John Linwood)也被停职。在这5年中,这个项目的干系人一直在变化,且项目干系人的利益诉求一直存在冲突和矛盾。
>
> DMI项目刚启动时,BBC高层曾表示"没有DMI项目,BBC将无法完成发展新媒体计划中的互动视频服务",显示出BBC内部相当重视该项目的推动与成效。该项目最初预计在24个月内开发完成,于2010年正式推广应用,总预算控制

在8 170万英镑，计划在2015年获得9 960万英镑的回报。

DMI项目于2008年正式启动时，BBC没有通过公开招标，而是直接根据合作合同将项目全权委托给西门子公司，并且没有正确评估西门子是否有能力完成本项目。在签约以后的执行阶段，双方没有进行有效沟通以推进项目进度，导致整体项目落后了21个月，双方因此于2009年签订解约协议。西门子公司退场后，BBC宣布全盘接手，中间多次修改技术书以应对BBC财政委员会的质询，但是持续乐观的预测并未带来起色，加上风险管控不足，整个项目的进度继续严重滞后。2011年，该项目引起英国国家审计中心的关注，英国国家审计中心评估DMI项目的经济效益已被过分夸大，建议BBC重新检查预算规模并反映真正的经济效益。然而，在2012年，经过一整年的运行，该项目始终无法达到原有进度，也无法获得预定效益。

2013年英国前首相撒切尔夫人逝世事件成了压垮该项目的最后一根稻草。事发当时，BBC急需使用大量的历史影像素材，可其设想的无带化数字设备因技术不完善始终未派上用场，以致工作人员需要从位于伦敦西北方的资料库中心（片库位于Perivale）调用实体影像母带，再搭乘出租车将母带分送到各制播单位。

BBC新任总经理托尼·霍尔（Tony Hall）上任后认为，DMI项目已浪费了太多的钱财，却仍不见成效，故在2013年5月24日决定停止执行DMI项目。而此时距离项目开始已经过去了6年，花费了1亿英镑的直接成本。

在这个项目的实施过程中，项目干系人一直是动态变化的，且项目干系人之间缺乏协作与沟通：最初的项目干系人是BBC的高层和西门子公司的高层，虽然两家公司之前就存在合作协议，但这个项目并未得到双方项目干系人的充分重视；在西门子以失败告终后，项目干系人变成了BBC的高层和BBC的技术执行部门、财政委员会，BBC的财政委员会和BBC的高层之间互相制约，并未充分合作；在英国国家审计中心关注后，项目干系人又增加了英国国家审计中心的审计人员，英国国家审计中心的审计人员和BBC高层之间存在直接利益冲突。此时BBC已经有些疲于应付，并且始终未能平衡各项目干系人的诉求，将大量的精力放在伪造数据等内容上，使真正的项目进展极其缓慢。这个案例体现了干系人管理的困难，因为项目干系人往往是动态变化的，利益诉求往往存在冲突和矛盾，这样势必会给项目的进展带来极大的阻碍。在这种情况下，项目管理人员如何平衡动态变化的项目干系人的诉求，并在项目进展过程中平衡各方的利益，需要付出很多的精力，也需要很高的智慧。

如何平衡干系人利益

在管理项目干系人的过程中，平衡干系人利益是非常重要的内容。项目干系人处于不同的位置，每个人所关心的问题和利益诉求也不同，所以项目的利益主体存在差异。作为项目经理，面对不同的干系人、不同的利益群体，如何平衡各干系人之间的利益是非常需要技巧且有难度的，因为项目中的每个干系人都不希望自己的利益受到损害。在这个过程中，项目经理要具备与各不相同的人进行沟通和协调的能力，以促使他们的目标和利益达成一致。

在平衡各方利益的过程中，项目经理首先需要具备良好的说服能力。然而，说服他人是一件极具挑战性的任务，因为没有人喜欢被说服。一般而言，每个人都喜欢说服别人，而不是被人说服，因为人更倾向于"相信自己"。项目经理还需要具备激励他人的能力，这需要更加全面的综合能力。在生活中，自我感觉良好的人有很多，但能让别人感觉良好的人很少，而让别人感觉良好可以更加容易地协调各方利益。一般"自嗨"是第一步，"自嗨"完了还能带领别人一起"嗨"，不仅要自我激励，还需要激励别人，从而协调各方利益。这两项都是项目经理必备的能力。

具体而言，可以从统一思想、裁量利益以及冲突管理三个方面平衡干系人的利益。

（1）统一思想，建立共同目标。

我国的"两弹一星"项目为什么能够成功？很重要的一个原因是该项目做了充分的统一思想和统一战线工作。项目中所有人都完全无私地奉献，完全无私地投入工作中。在"两弹一星"项目中，通过统一思想和统一战线工作，让项目参与者意识到自己作为国家的一分子，利益都是一致的，不仅有家国情怀，还有历史使命感。

而在统一内部思想之外，一些外部因素与环节也会影响项目的执行效果。比如经营一家企业，就需要处理与银行、政府、园区，甚至与一些协会、社区、市民的关系。干系人的主体是十分复杂的，而这些干系人都有可能带来预想之外的风险。这是项目经理需要提前准备和积极面对的现实问题。

问与答

同学： 我经历过一个医药仪器开发的失败案例。失败的主要原因是项目经理和客户之间合作困难。由于两者之间的性格差异及文化差异，导致双方经常无法达成一致与共识，进而导致了工作停滞，最终项目失败。那么如何解决这种项目经理和项目干系人之间存在冲突的问题？

我： 作为项目经理，并不只是简单地做好计划、传达任务。很多时候我们还要做好项目参与人员的思想政治工作，统一大多数项目参与者的思想。

（2）裁量利益，协调多方平衡。

平衡干系人利益有一定的困难，因为多方的利益不一致，存在对立性和冲突，有时属于零和博弈的游戏。比如压缩供方的价格，成本就可以降低，但供方的利润同时也在减少。买方和供方之间的价格谈判就属于零和博弈。在这种利益冲突下，就需要谋求某种平衡。但在很多情况下，如何与对方谈判并让对方接受我们的提议，是一个动态的、不确定的过程。这在干系人管理中是一件必须面对的事，也是一项没有标准答案的工作内容。

（3）冲突管理，探寻共赢诉求。

在存在利益冲突和对抗的环境中，要实现共赢也是很困难的。从根本上讲，双方的利益诉求不一致，试图让双方达成同心同德、高度统一的状态是很有挑战性的。双方代表的是不同的阵营和利益主体，其利益诉求本就不同，所以很难达成真正的一致，这也会导致干系人管理的困难。

S公司的无纸化办公项目

S公司在经营过程中每月都要使用大量的纸张，这使得相关的纸质文档占用了大量的储存空间，不仅如此，大量的纸质文档给后续的查找与审核带来了较大的困难。于是在2018年，S公司总经理决心把公司打造成一家无纸化的绿色公司，拉开公司无纸化办公的序幕。

在后续的2018—2022年的5年中，S公司围绕无纸化办公的目标不断进行相关工作流程的规范，先后实施了以下措施：不定期稽核文件柜纸张、专人扫描纸张、规范云盘文件存储路径、安装刷卡启动的打印机、销毁超过保存年限的纸张、A4纸通过柜员机刷卡领用、清点纸张用量、清点所有打印用途、根据文件用途进行IT方案合理性评估、将无纸化办公改革方案拓展到深圳工厂、将无纸化办公改革方案范围从非医疗项目拓展到医疗项目……截止到2022年5月，该项改革还在S公司内部持续进行。然而，经过多年的改革，S公司每月的用纸数量却几乎没有发生根本性的改变：依然维持在平均40万张/月，成本维持在约16 000元/月。与推行项目的初衷相比，效果甚微。可以说，S公司无纸化办公项目是一个彻头彻尾失败的项目。

在该案例中，总结该项目失败的原因主要有以下两点：

第一，项目的实施未充分考虑项目干系人的诉求。在本案例中，S公司仅仅因为每月16 000元的纸质资料成本的降低而大费周章，强力推行无纸化的办公流程改革，最终使得各部门的工作推进艰难，相关的项目干系人诸如项目领导者、项目团队成员、总经理、部门经理、部门员工以及IT人员都对项目的目标表现出消极、回避乃至抵触的情绪。如前文所述，项目干系人是指对项目有直接或间接利益关系的个人、组织或群体，他们可能直接或间接地影响项目的目标、范围、进度、成本和质量等方面；因此项目干系人在项目进程中的态度及行为对项目的发展方向，以及项目最终的结果具有至关重要的作用。在这个案例中，项目的目标和项目干系人的利益直接冲突，无纸化项目管理团队又没有探寻解决这种冲突的可能，因此项目最终以失败告终。

第二，项目要有清晰的实施方法、步骤与项目周期管理。在无纸化项目中没有设计清晰的项目阶段，未明确阶段性交付物及交付节奏，最终导致各阶段的交付成果以及项目阶段进展不清晰，项目最终失败。

正确引导项目干系人

> 与项目干系人保持有效沟通并对其进行正确引导。

在干系人管理过程中，需要对干系人进行积极有效的沟通和引导。所有项目干系人都会对项目产生积极或者消极的影响。特别是核心项目干系人，他们对项目的成功或失败有着直接的影响，其影响可能是非常巨大的。因此，将核心项目干系人管理好是重中之重，以确保他们对项目的影响是积极的，并持续为项目的成功发挥积极作用。

充分的沟通是项目干系人管理中最关键的内容，也是使项目干系人对项目产生积极影响的重要手段。项目经理需要将项目干系人的期待调查清楚，并进行适时的信息交互，及时充分地进行有效沟通，始终注意引导项目干系人对项目产生积极的正面影响，避免产生消极的负面影响。与干系人沟通的过程需要做到因人而异，沟通的方式、沟通的渠道、沟通的内容等都需要做实时的调整，这也是与干系人沟通过程中的难点所在。

赤壁之战

赤壁之战是中国历史上非常著名的一次战役，是孙权和刘备联手对抗曹操的一次决定性战役，是中国历史上著名的以少胜多、以弱胜强的战役之一，也是三国时期"三大战役"中最为著名的一场。曹操在相继大败袁绍、刘表之后，基本一统北方，实力空前强大。东汉建安十三年（公元208年），曹操挥师南下，携八十三万大军，意欲吞并东吴。为此东吴联合刘备组成联军，欲以抵抗并消除来自北方曹操的威胁。

周瑜是孙刘联军的主帅，他的军事策略、战场指挥和处理内部关系的能力都为联军的胜利做出了卓越贡献，使赤壁之战成为中国历史上最著名的战役之一。在赤壁之战前，孙刘联军内部的人际关系十分复杂，并且存在一些矛盾和摩擦，主要原因是孙权和刘备在地位和实力方面存在差距，互相之间存在着不信任和猜忌。在这种情况下，周瑜先识别出了重要的项目干系人：刘备、诸葛亮和鲁肃，然后采取了一些巧妙的策略来处理联军内部的关系。首先，他表现出对当时实力较弱的刘备的尊重和重视，使刘备感受到了认可和尊重。其次，他让刘备主持军务、孙权担任盟主，使得两人各司其职，相互之间没有争执和冲突。这种安排既

> 尊重了刘备的地位和实力,又体现了孙权的主持权力,使得两人之间的关系更加和谐。在孙权和刘备之间存在争议时,周瑜尽可能地做出公正和合理的决策,让双方都能接受。同时,他能与诸葛亮友好合作和协商,使两人能够在相互信任和尊重的基础上充分发挥各自的专长,共同制定了一系列的战略和策略,为战争的胜利奠定了基础。另外,他与鲁肃的关系处理得当,使鲁肃等人得到了充分的尊重和发挥的空间,进一步增强了联军的凝聚力和士气。不仅如此,周瑜还充分发挥自己的领导才能,建立高效的指挥体系,使得联军内部协调一致,密切配合,充分发挥了各自的战斗力。

周瑜在处理人际关系方面具有很高的天赋和技能,他擅长交际,善于处理矛盾和协调各方的关系。在赤壁之战前,他主动拜访刘备,为联军的合作奠定基础;在赤壁之战中,他妥善处理了与诸葛亮、鲁肃等人的关系,保持了联军的团结。周瑜对相关的核心项目干系人进行了积极的沟通与协调,成为联军中沟通的桥梁,保持了联军的团结。周瑜的人际关系处理对于联军的团结一致和战争的胜利起到了至关重要的作用。

合作伙伴式管理

合作伙伴式管理(Partnership Management)最早起源于20世纪90年代初,最开始由美国军方应用在工程采购项目中。美国建筑业协会对伙伴关系的定义为:"伙伴关系是指两个或两个以上的组织为了充分利用各方的资源,获取特定的商业利益而做出的共同承诺。"项目管理中的合作伙伴式管理模式是指项目的各个参与方,通过签订伙伴关系协议做出承诺和组建工作团队,在兼顾各方利益的条件下,明确团队的共同目标,建立完善的协调和沟通机制,实现风险的合理分担和矛盾的友好解决的项目管理模式。

合作伙伴式管理的主要特点有:
- 出于自愿;
- 高层管理者参与;
- 合作协议不是法律意义上的合同;
- 信息高度开放、共享。

合作伙伴式管理是一种特殊的项目干系人管理的模式。它是建立在长期的战略互信和长期的战略共赢基础上的一种具有高度信任关系的管理模式。这种信任关系可以平衡很多因为信任不足所带来的风险和成本,合作伙伴式管理可以减少因为建立信任而付出的沟通成本。建立合作伙伴关系的核心是着眼于长远的战略利益,不以一时的利益得失为评判标准,这样就可以减少因为短期不确定因素所带来的风险和对多方造成的干扰。从长远来看，合作伙伴式关系是相对平衡和稳定的。

建立合作伙伴关系是为了应对VUCA时代的多变性和不确定性的冲击，通过建立一种长期、稳定的关系联盟，以抵御多变性、不确定性以及短期利益冲突。短期利益冲突在干系人管理中无法避免，这种零和的利益冲突一直存在。如果不通过这样一种考虑长远利益的模式去解决冲突，仅通过常规的冲突处理方式解决短期的利益冲突是比较困难的。利益分配本来如此：在短期内蛋糕很小的情况下，很难做到均衡分配；但是从长远的角度看，当蛋糕做大了以后，所有人的利益都可以被照顾到，利益冲突的问题自然就会得到解决。

电影《中国合伙人》中就体现了中国部分企业中的合作伙伴关系的情况。合作伙伴式管理并非仅存在于单个企业中的最高领导层之间，在项目参与各方中同样存在。比如发包方、设计单位、施工企业、劳务企业之间就可以建立合作伙伴式管理模式。

合作伙伴式管理的难点在哪里呢？合作伙伴之间要有充分的互信。合作伙伴式管理模式建立在充分互信的基础之上。有了互信，才能形成合作伙伴关系，这样管理成本就会比较低。

要真正实现合作伙伴之间的利益共同体，就一定要建立共赢关系。共赢关系能够产生合作双方相互之间的信任，这种信任并不是我今天做了什么、明天做了什么，对方立刻就会产生信任。信任的建立是一个非常漫长的过程。信任是合作伙伴关系的基础，没有信任就没有合作伙伴关系。而合作伙伴关系也并非仅仅存在于组织与组织之间，人与人之间也可以建立合作伙伴关系。由这种合作伙伴关系聚集在一起的人，将会组成一个高度凝聚、互信共赢、优势互补的团队，这在"草根皇帝"刘邦的"打天下"核心团队身上表现得尤为明显。

楚汉之争

公元前209年，秦末农民起义爆发，陈胜、吴广率领起义军攻占了陈州以后，陈胜建立了"张楚"政权，和秦朝公开对立。公元前206年，项羽自立为西楚霸王，刘邦被封为汉王，负责领导汉军作战。在长期的战争中，刘邦积极开展政治宣传，通过广泛的军民联合取得多次军事胜利，逐渐壮大了自己的势力。公元前202年，刘邦在垓下战役中击败了项羽的大军，终结了楚汉战争，成了中国的统一者。他随后成立了西汉王朝，以长安为都城，开始了为期400多年的汉朝统治。

如果将刘邦打天下创建西汉视为一个项目，刘邦可以说是该项目的项目经理。在其项目的核心团队里面，韩信是军事统帅，张良是战略策划，萧何主要负责后勤。司马迁的《史记》中记载，刘邦在总结自己为何打败项羽赢得天下的时候，将原因归结为：

"夫运筹策帷幄之中，决胜于千里之外，吾不如子房。镇国家，抚百姓，给馈饷，不绝粮道，吾不如萧何。连百万之军，战必胜，攻必取，吾不如韩信。此三者，皆人杰也，吾能用之，此吾所以取天下也。项羽有一范增而不能用，此其所以为我擒也。"

刘邦作为一个项目管理者，拥有高超的组织力、领导力及执行力，充分发挥了张良的谋略能力、萧何的后勤保障能力、韩信的军事能力。在对夺取天下最重要的军事、谋略、后勤三个方面，他的核心团队能力之强在中国历史上都是非常罕见的。与此同时，他团队中的其他人才，同样在其他方面发挥了不可或缺的作用。刘邦同样也拥有极佳的洞察力、思考力和决策能力，知道获取天下的关键就是一定要获得民心，所以灭秦后不但废除旧秦的严刑酷法，还与百姓约法三章，成功获得了民心的支持。同时不断通过外交和宣传，孤立竞争对手，让西楚霸王项羽无论从外交上还是从群众基础上，都失去了成功的可能。

项羽之所以失败是因为他在"打天下"项目中任人唯亲，还在用人时被身边的人所蒙蔽，同时用人时存有疑心。这些因素都导致他在项目用人过程中不能充分地发挥项目成员的最大能力，也就很难让项目成员为"打天下"项目贡献最大的力量。最后的结果是空留后人感叹"至今思项羽，不肯过江东"。

在"打天下"项目中，刘邦和核心团队里的成员张良、萧何、韩信互相之间的关系其实就是一种合作伙伴关系，在"打天下"的过程中，刘邦并没有凌驾于其他三人之上，而是给予了他们充分的信任与尊重，三位良臣对于主公的赏识也是投桃报李，将所有的力量都用来协助刘邦成就帝业。正是这种合作伙伴关系建立起了互信和共赢的良好氛围，刘邦"打天下"核心团队的战斗力才得到了最佳的发挥，使得整个西汉王朝的建立水到渠成。

3.3 项目管理的逻辑层级

随着社会的发展，项目管理的精细化程度要求越来越高，往往需要将项目分为不同的层级和阶段进行管理。按照一定的逻辑层级管理项目，可以提升项目管理的效率和项目成功的概率。

项目管理的逻辑层级按照多项目管理和单项目管理可以分为两类：一类是针对多项目分层管理的逻辑，另一类是针对单个项目分段管理的逻辑。

3.3.1 多项目分层管理的逻辑

多个项目统一管理时，往往会分出不同的层级，如图3-8所示，项目的层级包含项目组合、项目集和项目等。

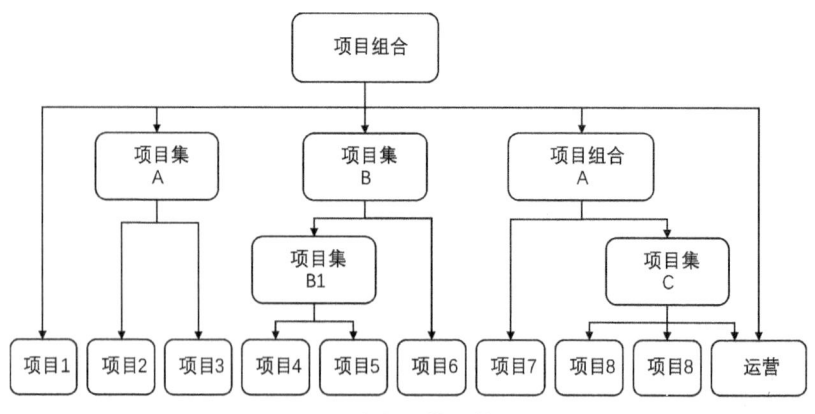

```
                            项目组合
                               │
        ┌──────────────────────┼──────────────────────┐
     项目集 A               项目集 B              项目组合 A
        │                     │                     │
        │              ┌──────┴──┐           ┌──────┴──┐
        │           项目集 B1    │           │       项目集 C
        │              │        │           │           │
  ┌──┬──┼──┐      ┌────┼────┐   │           │      ┌────┼────┐
项目1 项目2 项目3  项目4 项目5 项目6  项目7  项目8  项目8    运营
```

图3-8　多项目管理的层级

项目组合（Portfolio）是项目管理的最高层级，又叫企业级项目、战略级项目，它是为了落实企业的战略而存在的，所以项目组合可以统筹和运用组织内部的所有资源来支撑企业战略的落地和实现。最高层级的项目组合是从战略的角度来确立的，因此项目组合管理必须运用系统思维，这也体现了系统思维的重要性。项目组合一般由PMO统一管理。PMO会对企业中包含项目组合的所有项目进行管理。项目多的公司都有比较强大的PMO，如华为、中兴通讯、阿里巴巴、58同城等。项目组合战略未来会变得越来越重要，PMO未来也会越来越普及。

项目集又叫项目群（Program），是建立在项目组合之下的、针对实现局部目标的同类项目的组合，项目集一般是同一类型的项目。项目集是对项目组合的一种直接支撑，是为了实现企业的战略目标或者企业级目标而存在的。

项目（Project）是针对单一问题和需求而存在的、对整个战略形成支撑的最基础单元。因此，单个项目是企业战略落地的重要支撑。一般的项目管理（Project Management）都是指单个项目管理，否则会强调是项目集管理或项目组合管理。

项目组合、项目集、项目之间的逻辑关系

项目组合、项目集、项目三者之间是你中有我、我中有你的紧密逻辑关系，理解这种关系，对于做好企业级项目至关重要。项目组合保证企业的战略高度和战略认知，项目集形成中间的坚固支撑力量，项目让项目组合的最高意志在最底层得到实践和落地。必须在项目组合经理、项目集经理、项目经理之间形成高度协同，才能保证企业的战略意志落地、企业的战略能力实施和目标达成。所以这个层级的理解和认知是企业战略推进的最根本的保障。

3.3.2　项目分段管理的逻辑

项目初期风险最高

项目初期非常重要，决定了整个项目能否成功。从资源的投入水平来看，此时项目还未完全启动，资源的投入量相对较少，识别风险并进行合理纠偏的代价更小。拥有一个好的开端是项目成功的关键，因此要做正确的事，尤为重要的是，要正确地做事。在项目初期，正确地做事就是指应按照合理的分段逻辑，将项目进行分段并管理。

项目初期资源投入少，潜在风险大，不确定性最高，因此需要管理者格外谨慎。初期任何细微的错误都有可能因为项目的推进而不断传递到下一个阶段，最终造成不可挽回的损失。很多人对项目初期并不重视，觉得项目初期不重要，这是错误的。真正决定项目成败的资源投入量在前5%～15%左右，也就是项目投入了5%～15%的资源后，就可以很大程度上预测项目后期的成败与绩效。项目初期的风险是最高的，随着项目的进行，项目的确定性会逐步增加，风险也会逐渐降低。与之相反，项目初期因为工作开展量少，变更所需的花费也较少；随着项目的进行，项目的很多可交付成果已经成形，变更所产生的费用也会逐渐增高。因此，随着时间的推进，项目风险的大小和变更成本的多少具有相反的趋势，如图3-9所示。

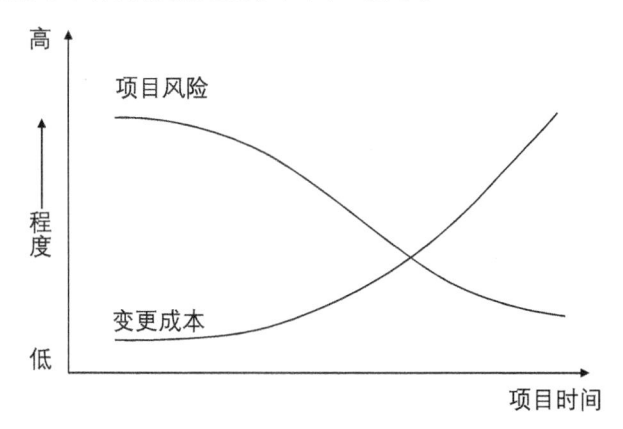

图3-9　项目风险和变更成本随时间的变化趋势

项目生命周期的5个阶段

为了对项目进行精准的控制，通常会把项目按照生命周期划分为5个典型的阶段：启动阶段、需求识别阶段、制订计划阶段、实施控制阶段和收尾阶段，如图3-10所示。复杂项目也可以分为更多的阶段。

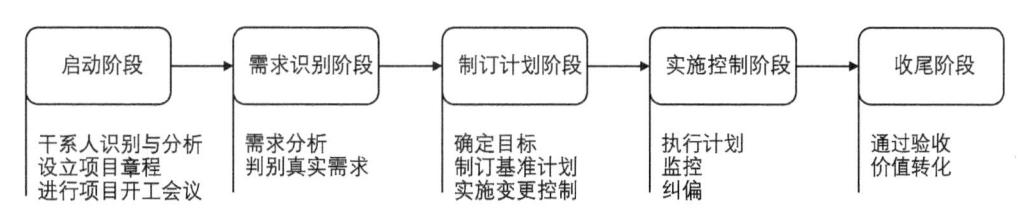

图3-10　项目生命周期五个阶段

（1）启动阶段。

启动阶段是项目实施的开始。项目执行的过程中始终强调，在正确的时间做正确的事。在启动阶段需要完成干系人识别与分析、设立项目章程等主要工作。其中最重要的工作是进行项目开工会议（Kick-off Meeting），以达成以下3个主要目的：①识别核心项目干系人，并传达项目目标；②公布相关的项目章程，与项目成员达成一致，并得到核心项目干系人的承诺；③阐明项目成员的角色和职责，便于后期执行时进行沟通和协调。

（2）需求识别阶段。

> 对于问题需求的定义，要清晰明确，不能含糊其词。

第二阶段应对项目的需求进行分析，需求分析的主要对象是项目干系人。调研项目环境、识别核心项目干系人需求等活动都是第二阶段需要关注的重点。在需求识别阶段，需要识别所有干系人的真实需求，以便在后期针对这些真实需求合理分配资源。所有的项目都必须建立在真实需求之上，建立在虚假需求之上的项目，一开始就是失败的。虚假需求占比较大的项目从一开始就是错的，应该坚决放弃，不应试图挽救。

识别需求和识别问题是项目经理应该具备的重要能力，不该做的事情不应试图做得完美，因为做得越好，资源浪费就越严重。项目经理需要提高自身的洞察力，判别真正的需求点。如何判别真正的需求点？首先，通过沟通等方式获得全面立体的需求信息，也就是信息输入完整；其次，仔细甄别这些需求，找到干系人真正的痛点和内在的声音，这需要对事物的认知和判断非常精准。对事物的认知和判断越精准，越能够抓住主要矛盾，从而找到真正的需求点。对于问题需求的定义，要清晰明确，应该根据全面的信息进行判断，不能含糊其词或仅凭感觉进行判断。过于相信自己的感觉会增加很多不必要的风险，感性判断很多时候是模糊的、不准确的，客观全面的理性分析在这个阶段尤为重要。

（3）制订计划阶段。

> 资源投入量决定了项目目标能否达成。

明确项目需求后，下一步需要明确具体应该做什么，即确定项目目标；进而明确在什么时间做什么，即制订计划。项目目标的确立意味着项目的确立。项目目标应该在确定需求和问题的前提下，根据可调控的资源量来确立。项目是在资源约束条件下展开的，因此，项目目标需要对应的资源作为支撑。资源投入量决定了项目目标能否达成，而项目目标的大小同样决定了资源投入量。

在这一阶段需要制订各种计划，合理的项目计划是项目能够落地和实施的关键保证。一般在初始计划阶段，会制订一些基准计划（Baseline Plan），随着项目的推进，项目计划也会得到进一步的细化和明确，这个过程被称为滚动式规划。

项目管理里的一切活动都应该是计划内的活动，这是保证项目可控的前提。项目成员需要按照项目计划行事，不在计划内的事情不要轻易做，否则容易导致项目失控。计划外的事情可分为范围蔓延和项目镀金两种类型。范围蔓延是来自客户的变更请求，项目镀金则是项目执行人员自行添加的部分。在基准计划确立之后，所有的变更都需要实施整体变更控制，变更经过审批后才能被纳入计划并执行。

举一个因为变更管理不善而导致项目失败的真实案例。曾经一位学生做过一个建筑设计的项目，为客户设计一栋房子。这是一个比较大的项目，预期的利润也比较高，但最终这个项目没有盈利。原因是在施工过程中，业主做了一个变更，更改了地下车库的布局，但收到变更文件的人员并没有把这个变更纳入计划中，施工人员仍旧按照变更前的图纸完成了施工，最终导致了业主的索赔。这是一个很小的调整，小小一张图纸就决定了项目的命运，这正说明了妥善管理项目变更的重要性和必要性。

（4）实施控制阶段。

> 管理就是决策。

项目的实施和控制往往同步进行。实施是执行项目的计划，控制是监控项目计划执行的过程。实施阶段的监控过程十分重要，因为项目的实施过程和项目计划很难做到完全匹配，一般都会出现偏差。因此项目管理者应及时发现这种偏差并进行纠偏。监控过程分为监督和控制，监督就是发现执行过程中的偏差，控制就是纠正这种偏差，时时修正方向，精准实施项目。纠偏的过程，就是把偏离的状态调整到与原定计划同步的过程。

纠偏过程中的评估环节，能辅助判断偏差产生的原因和偏差程度，但此过程需要投入额外的资源，由此产生了资源追加的需求，因此纠偏过程会受到资源的约束。选取不同的纠偏方案，会消耗不同的资源，而选择方案的过程就是决策的过程。从某种意义上来说，管理就是决策，管理就是不断地进行决策、做出正确选择的过程，这需要敏锐的洞察力、强大的思考力和果断的决策力。

图3-11展示了项目实施控制的三个要素：成本、质量和进度。一个项目的成功与否，关键在于成本是否超支、进度是否延迟、质量是否达标。其本质是成本、质量、进度的平衡控制，而不是片面地仅在一个方向上追求极致。例如，质量控制人员不能只一味追求质量的提升，对于某种产品的质量，如果使用五西格玛控制就足以满足质量要求，就没必要使用六西格玛。因为高质量代表着高成本，所有指标的提升都会额外消耗资源，而质量和成本之间需要达成一种平衡。

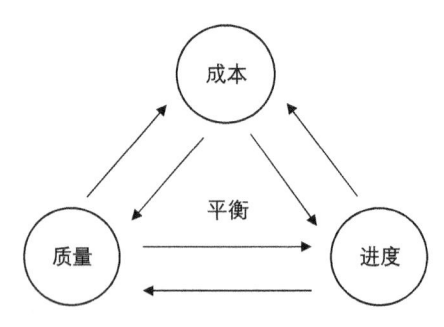

图3-11 实施控制的三要素

　　同样，也不能只单纯地考虑降低成本，过度压缩成本可能会导致产品质量不达标。比如，近年来无论工业用品还是生活用品的成本一直在下降，有些产品原本很结实，可以使用10年不损坏，但是因为成本的降低，可能被设计成只能用5年了。尽管这也符合行业的标准要求，但质量和性能的下降非常明显。这就是降本导致的结果，这也是企业在激烈的市场竞争中的无奈之举。为什么会变成这样的局面？根本原因是企业没有进行突破和创新。在社会和生产的迅速变化中，很多企业早应进行变革，但一直墨守成规，没有跳出原有的舒适圈。直到外界已经发生翻天覆地的变化，而企业自身无法顺应时代潮流，只能面对被淘汰的局面。这就是自身不能主动变革造成的后果。对此，哈佛教授提出"颠覆性变革"的概念："今天你不能自我颠覆，明天别人就会把你颠覆。"要自我颠覆，就是要自我变革，不进行自我变革的人就只能等着被别人变革。

　　优秀的管理者要有一种魄力：不在温水煮青蛙的模式中浪费时间和精力，不用局限的认知来评判这个世界和周围发生的事情。应该保持开放，把心打开，而不是自我封闭和压抑。对于不了解的事物，一定要拥有积极和求知的心态，将自己保持在一个客观开放的状态，实事求是地看待和分析问题，只有这样，才能永远保持吸收外界的营养，永葆青春和活力。

> **学生心得**
>
> 　　自我不改革、不突破，那必然会被别人取代。面对未知世界虽然迷茫痛苦，但是所有的机会和新的突破点都是隐藏在未知的混沌里。把内心打开，拥抱未知，打破自己的思维局限，寻找新的契机。
>
> 　　拥抱未知是项目管理的内驱力，更是人生自我鞭策的动力源泉。

（5）收尾阶段。

实施阶段结束就是收尾阶段，收尾阶段需要完成两项主要活动。

第一，重要的工作要形成可交付成果，并经过重要干系人的验收。验收一般分为内部验收和外部验收，分别由发起人和客户主导。

第二，价值转化。在形成可交付成果、得到产出以后，需要将产出转化，落地实施。比如，新建设了一个厂房，厂房就应投入生产；新研发了一款产品，产品就要去销售。项目的产出一般无法直接产生价值，需要将其进行转化，进而产生直接的价值反馈。价值变现的关键是转化，所有的项目都要经历这个过程。比如，中国商飞C919大客机在2022年5月14日成功试飞并交付，但在当时该项目还未实现盈利。那么接下来就需要将产品推向市场，销往各个国家。在C919研发项目收尾时，同时需要制订它的转化和营销计划，规划批量生产、长期维护、智能生产等，落实后续的工作。项目结束后可交付成果被转交给运营部门，由运营部门进行价值转化。所以一切的项目最后都需要转化，需要关注最后的价值输出和价值反馈。如果没有这一步，项目最终将是空谈。以工作会议为例，在会议中经过讨论得出结论，敲定了待办事项，但是如果没有安排具体人员负责任务，也没有制定实施节点和验收节点，这次会议就是无效的。会议产生的结论是会议的直接成果，是会议的组织过程资产，这个成果必须实施落地，完成价值转化。在会议中得出的结论必须责任到人，按时间节点推进，并且需要定期验收。

一个完整的项目，每一个阶段都要完整，这就是系统思维。系统思维对项目经理非常重要，其首要特点就是要站在整体的角度来看待问题、看待项目，全面地考虑，完整地做事。对于项目来讲，完整意味着纵向考虑各个时间节点，横向考虑项目干系人等各个层面。

所有的项目，不论其周期和复杂程度，以上5个阶段都是必经的过程，每个阶段都有其重点和难点。只有在每个阶段做好该做的事，才能在最大限度上避免风险的发生。

单阶段项目和多阶段项目

单阶段项目指可以直接按照上述5个阶段进行分段的项目。大多数项目都是单阶段项目。如果项目实施过程较复杂，周期较长，可以先划分为多个阶段，之后再按照上述的步骤将不同的阶段各自分为以上5个阶段，这种项目叫多阶段项目。比如，新车型开发可以先分为几个阶段：需求确认、市场调研、软件开发、硬件开发、样车制造等，再在每个阶段中实施上述5个阶段。

多阶段项目以分解的思维对项目进行更细致的切割，以便更好地管控复杂的、周期较长的项目。同一个项目也可以分为多个阶段，但不能称其为子项目，因为这些阶段是在同一个主体上开展的。

多阶段项目分段的核心在于阶段之间的衔接，以及资源在不同阶段之间的协同。使用系统思维来平衡资源，以保持资源的高度协同性，这在项目多阶段管理方面是至关重要的。在多阶段项目中，每一个阶段所需要的资源不同，对资源管控的要求也存在变化。项目经理必须对项目的各个阶段非常熟悉，对各个阶段之间的匹配性十分了解。如果对各阶段和资源的认知不清，对各阶段的匹配性不够熟悉，就会导致项目执行的各种问题。很多项目执行过程中的问题就是这种信息的认知模糊导致的。项目经理应与项目组成员和相关支援方进行充分有效的沟通，获取足够的信息，明确各阶段对资源的需求并提前规划，这样才能实现项目各阶段的良好管控与衔接。

项目分段管理的意义

为什么要把项目分为不同的阶段？为了更好地管控项目。项目管理中所有的工具都是为了更好地管控项目和达成项目管理目标。管理强调有效性，越简单越有效，而不是刻意追求管理工具的复杂性和高大上。不能为了管理而管理，不能为了分阶段而分阶段。工具是为了目标服务的。要从这个角度去理解工具。过度依赖管理工具反而失去了管理的灵魂。项目管理不能被固有的项目管理工具、方法框死。只有有效管理，才是真管理。

项目有起点也有终点，并且在中间有很多具体的过程。过程中为了便于理解和管控项目，把项目分解为很多阶段，就像人生的成长也可以分为很多阶段一样，也强调在正确的时间做正确的事。

3.4 项目进度管理的逻辑

3.4.1 透视项目管理的底层逻辑

项目管理体现了一种深刻的由局部到整体的逻辑思维，项目管理的各个活动之间体现了严密的逻辑链条，其中最主要的逻辑就是输入、中间过程和输出。项目的最终结果是由一个个原始输入经过有逻辑的中间过程，变为一个个输出，再将得到的输出代入下一个过程中作为输入，这样循环往复，形成逻辑链条非常严密的项目管理体系。在项目管理中，占比最大的部分就是进度管理。在项目管理专业人士（Project Management Professional，PMP）考试中，项目进度管理的内容占比约为40%。为什么占比这么大？一方面是因为项目进度管理集中体现了项目管理的底层逻辑；另一方面进度管理中的方法、工具很多，与实际工作结合得非常紧密。本节就以进度管理为例，剖析进度管理的底层逻辑，从而透视整个项目管理的底层逻辑。

项目管理的系统性

项目管理中的每个环节都会对整个项目产生深远的影响。以进度管理为例，进度管理的输入很多，包含团队、项目采购管理、企业组织文化、组织过程资产、事业环境因素、范围管理等，由于输入众多、因素复杂，所以进度管理需要整体把控。

如果在进度管理的过程中，对团队不熟悉，对采购部门也不熟悉，对进度控制等也不了解，那么进度管理肯定会出问题。比如，要制造一台设备，它需要一个价值不高的关键核心零件，只需要几美元，但如果这个零件的供应链出现了问题，就会影响整个设备的交付。这是一个非常现实的问题，仅仅几美元的零件有延误，就会造成整机的延迟交付，甚至可能面临罚款。因此，项目管理事无巨细，每个细节问题都可能对项目产生非常深远的影响。有这样一个案例：一家公司的设备要运送到美国，涉及海运，这次运输对于设备外包装的结构强度要求很高。但因为最终承接包装的供应商专业度不够，设备的木质包装结构强度未达标，在设备吊装进集装箱的时候，木质包装变形对内部设备产生了挤压，从而导致设备变形，客户在收到货后不予签收。设备外部木质包装的价值本身并不高，对设备进行包装也是相对简单的一件事，但就是因为包装不过关导致了设备的变形和采购方的退货。因此，项目管理涉及的事情无论大小，都有可能对项目产生重大影响。

因此，项目管理过程中需要具备系统思维，这点非常重要。项目管理者要有非常完整、细密的洞察力，细节决定成败。仍以进度管理为例，如果进度管理控制得不好，就会出现返工、频繁变更等情况，这样会导致追加成本，成本就会超支。项目成本超支又会对预算产生影响，这时就需要调整预算，包括采购流程都会受到影响。返工、变更等还会造成时间压缩，引发质量隐患。因此，进度管理不好的影响深远。在项目管理的十大知识体系里，每一部分的内容都是牵一发而动全身，具有连带效应，并且这种连带效应会传染，其原因就是项目管理是一个有机系统。就像人感冒了，一开始流鼻涕，接着开始头疼，然后就开始发烧，最后身体的各种问题都来了。项目管理是一个系统，它有演变的过程。系统里面所有的因素都会相互传递和影响，所以项目管理要具有系统思维，要看清事物的内在关联、内在逻辑和它们之间相互作用的规律性。在项目管理的过程中，要有系统思维和整体观，还要看透事物的本质性、关联性和相互作用的规律性，看清它们之间的影响是如何传递的。

项目管理是一个系统，项目追求的是整体最优化，这就涉及组成这个系统的集成部分最优化的问题。项目追求多目标的最优组合，并不追求单一目标的实现。对项目管理者来讲，成本、质量、进度都需要关心，难就难在要做到平衡，想什么都做到最好，非常困难。就像要求一个人什么都做到最好：家庭打理得最好、工作最好、孩子培养得最好，什么都最好，这就难了。人们经常感受到目标难以达成的无力感，其实是因为资源不足，资源无法支撑每样都做到最好。但在这个过程中可以力争一个非常有效的平衡，让每样都在可接受的范围内，这就是整体最优思想的体现。

> 惯性容易降低敏感性，敏感性下降
> 导致觉知力下降，进而导致洞察力下降。

以项目管理来说，将项目中的每一件事都做到可接受的程度，需要项目管理者具有比较高的平衡能力，对大部分项目管理者来讲，这需要不断地学习、边做边学。因此，项目经理要时刻保持一种学习的态度，还需要很认真、很专注地去做每个项目，这是能把项目做好的前提。但人们很容易形成某种惯性，会逐渐失去对事物的敏感性，变得麻木，同时也失去了对事物观察的敏感性，进而导致觉知力的下降。觉知力非常重要，是产生洞察力的基础。洞察力是一眼看穿事物本质的能力，具有洞察力能够迅速把握事物的本质。洞察力是项目管理者所需要具备的一种关键能力，对项目整体把控十分重要。因此面对项目这个复杂系统，项目经理需要保持洞察力、觉知力，还有对事物的敏感性，这就需要保持开放和归零的心态。

进度管理的逻辑性

在项目管理中处处都是逻辑关系。从项目管理的知识体系、模块和模板开始，就是在表达一种逻辑关系，成功的项目管理就是掌握并运用这些底层逻辑对项目进行管控。以项目进度管理为例，可以透过进度管理的逻辑性体会到项目管理整体的逻辑性。

项目进度管理分为五大模块：活动定义、活动排序、活动历时估计、进度计划表制定和进度控制。在五大模块之间是有逻辑关系的，每个模块都包含三部分：输入、工具和技术，以及输出，这是一种逻辑；同时第一模块的重要输出就是第二模块的重要输入，第二模块的重要输出又是第三模块的重要输入，以此类推，从大的知识体系和模块上来看，这也是一种逻辑。

第一个模块"活动定义"的核心逻辑是WBS，它是将事物按照内在的客观规律进行分解的工具，而分解的逻辑基于事物的客观规律性。在第二个模块"活动排序"里，体现的是活动之间的依赖关系：强制依赖、自由依赖、外部依赖，这也体现了逻辑关系。第二个模块中的方法，如紧前关系绘图法等，就是把活动之间的逻辑关系通过可视化的方式表达出来。在第三个模块"活动历时估计"里，把每项活动的历时都估算出来，这样总的历时就估算出来了，这也是一个小系统和大系统之间的逻辑关系的体现。前三个模块的输出是第四个模块"进度计划表制定"的重要输入，这又体现了一种由局部到整体的逻辑关系。第五个模块是"进度控制"，其本质是在进度计划表的基础上进行状态测量，发现偏差，通过对偏差予以纠正，从而实现项目进度的纠偏，这也是一种逻辑。

从项目进度管理的五个模块中的种种逻辑中可以看出，进度管理中的逻辑是无处不在的，发现这些逻辑并合理运用，就可以很好地进行进度管控。在项目管理的其他各个模块中也处处体现了这种逻辑性，而整个项目管理就是通过这种由局部到整体的逻辑，把所有的项目管理工作串行起来，形成了一整套严密的逻辑关系。这种严密的逻辑关系是保证项目能够落地和实施的根本保证。

用系统观剖析输入和输出之间的黑箱

项目进度管理的五大模块中都包含输入、工具和技术，以及输出，其实这非常符合系统思想，就是将每个步骤中离散的元素作为整体进行研究。

系统思想（Systems Thinking），是一种整体分析方法，将被形而上学地分割了的事物重新整合，并研究整合后事物的整体特征。

在进度管理中，有了输入之后，通过工具和技术将这些输入转化为输出，这就构成了一个完整的系统。通过对这些步骤进行归纳，可以总结出一个系统包含三个部分：一个是输入（Input），一个是中间的相互作用（Interaction），一个是输出（Output），也叫结果，如图3-12所示。

图3-12 系统的三个部分

所有系统的输出取决于两个部分，一个是输入的部分，另一个是中间的相互作用部分。中间的相互作用其实可以看作一个黑箱（Black Box），人很难研究明白里面是如何作用的。在系统中最核心、最难以确定的部分就是系统内部的相互作用关系（Interaction）。这种相互作用关系是一切秘密的源头，想要控制它很困难。在一个企业里，如果有人想按照自己头脑中的想象，把企业改造成一个心目中的模样，通常无法实现，因为企业内的相互作用关系的复杂度远远超过了人的头脑的复杂度，两者的复杂度不在一个数量级。所以我们会发现，如果个人想脱离企业的成长规律，按照自我意志完全掌控企业，刻意想要达到某种结果几乎是不可能的。其原因就是企业内的相互作用关系本身的复杂度很高，任何人以自己狭隘的思维能力，在介入企业的复杂相互作用以后，只会被它消解，不可能直接去改变它。因为人驾驭不了这么大数量级的能量，所以在企业里，有些事情办不成是很正常的。而那些具有极强领导力的领导者在看清了组织发展的内在规律之后，却能表现出一种极强的驾驭力，这是因为其自身的能力在整个系统中扮演了非常恰当的角色，顺应了整个系统的发展规律，从而可以影响整个系统的输出。

复杂系统都存在复杂的相互作用关系，而在事实意义上，简单系统是不存在的——

这个世界从来都不存在简单系统，只存在被简化的系统。所有的系统都是很复杂的，很多事情我们做不到，因为我们没有看清系统本身的复杂性。所以在很多情况下，我们要做的就是接受"做不到"这个结果，并在此基础上做出基于现实的最大的努力，这样也许是更有效的。我们之所以不愿意接受一些结果，是因为结果没有按照自己"以为的"和"预设的"去发展。有时候我们应该去接受这个世界本来的样子，因为这个世界本来就具有某种合理性。不美好的感觉是因为我们的意识被局限在了一角，从而放弃了接受其他的可能性。看到更多的可能性才是摆脱困境的出路。

既然系统的相互作用关系很难控制，那我们怎么去应对系统的黑箱呢？一种方法是尽量把相互作用关系的所有过程都结构化。把过程结构化的目的是让相互作用关系变得可预知、可控。让一个系统的动能在一定的规则和范围内进行流动，能量就是可驾驭的，这就是流程存在的必要性。这也是世界具有规则的原因。其本质是，有规则就有自由。规则是自由的基础，没有规则就没有自由，只有混乱。基于规则的自由才是可保证的，有序性才是真自由。

> 决策的质量取决于做决策所依赖的信息的质量。

应对系统的黑箱的另一种方法，是尽可能地去控制输入，这更容易一些。通过归纳总结可以发现，一般想要获得一个特定的结果，都需要有特定的输入。所以项目管理非常强调在正确的时间做正确的事。这是一个基本原则，如果不这样想和这样做的话，就把这个原则给打破了。而一旦打破了系统最基本的原则，我们会发现一切都失灵了：不是项目管理没用了，是我们破坏了它的逻辑。很多人在做项目的时候经常是颠倒的：可能输入不全，缺少了部分输入；可能经常输入一些系统不需要的东西，这些都会导致输出的变形，这些都很常见。为什么会这样？其实输入本来应该有个门户（Gate），门户就是准入的意思，就是所有的输入（Input）都应该有一个准入的概念。但实际上绝大部分人是没有这个概念的，往往是输入了输出所不需要的信息，因此无法得到最优的输出。换句话说，决策的质量取决于做决策所依赖的信息的质量，也就是供决策用的信息的质量越高，决策的质量就越高。

决策的质量同时取决于输入信息的完整程度。没有足够的信息输入，怎么做出优质的决策？在信息缺失的情况下，所做出的决策是不可靠的。这在项目管理的过程中非常常见，我们经常在信息缺失的情况下做出决策，这个决策就很容易导致将来出现问题。

决策是一个很典型的系统过程，而且我们每天都会遇到。我们每天会做无数次决策，只要睁开眼就开始做决策：今天要穿什么样的衣服？今天要做什么事？只是很多决策我们自己都没有意识到就已经做完了。那么每天做了这么多的决策，哪些信息是我们的决策所依赖的呢？其实所有输入我们头脑中的信息，都会对我们的决策产生影响。我们并不一定能很清晰地看到这个过程，但是从理论和逻辑上这是完全成立的。利用上述"输入—相互作用—输出"的系统过程推理，即可得出这句话是正确的。如果我们想要做高质量的决策，就不应每天给头脑输入太多的垃圾信息。具体来说，就是少刷手机，因为刷了很多乱七八糟的信息，对于决策是有害无益的。特别是少看负面的信息，这些负面的信息对我们的影响很大，所有负面信息只要进入我们的头脑，一定会消耗我们的战斗能力，这是不以我们的意志为转移的。因此控制输入头脑中的信息非常重要。

《论语·颜渊》中说："非礼勿视，非礼勿听，非礼勿言，非礼勿动。"古代圣贤在那时就已经知道要控制输入。当然，孔子不会说出我们现在所熟知的词汇：系统论、控制输入等，但是孔子知道所看到的东西和所听到的东西会影响我们的命运。用什么样的语言体系不重要，但从古至今这些内核性的东西是不变的。《尽心章句上》中说："穷则独善其身，达则兼济天下。"就是讲人先要独善其身，再兼济天下。《礼记·中庸》中讲："君子慎其独也。"就是讲无论身处何地，何种情况下，君子都会保持高度的警惕和自我约束。为什么要独善其身？为什么要慎独？就是因为人在独处的时候容易过度放松，做些无聊的事，如刷手机，这往往会有更多无用信息的输入。独善其身、慎独就是让我们控制输入头脑中的信息的质量。在这个信息爆炸的时代，人们的大脑经常处于信息过载的状态，人也经常疲惫不堪，因此控制信息的输入非常有必要。

当今世界，我们通过网络、手机等就可以做到"运筹帷幄之中，决胜千里之外"，不用出门就可以了解天下大事。但古代的圣人、谋士，在当时没有电话、汽车的时候，就可以做到足不出户便可知天下，他们是怎么做到的？根本原因就是这些人做到了心系天下、心系万物。其原理是什么呢？回到本章开篇讲到的弱作用关系，其实人的心和世界的万物之间都存在一种弱作用关系，但是人往往不能解读这些弱作用关系传达的信息，其原因是人头脑中的"噪声"（Noise）太多了。人的头脑中输入了太多繁杂的信息，这些"噪声"极大地影响了人们对弱作用关系信息的解读。这也是为什么人在小的时候对世界的感知更加灵敏，而年长后的感知会变麻木，原因在于人的大脑中的信息越来越杂乱了。弱作用关系的机制本来就是很微弱的，产生的输出也是很微弱的，人头脑中的这些噪声把世界万物弱作用关系输入的信息完全覆盖了，因此人感受不到本可以感受到的信息了。噪声对于人们来讲，变成了一直存在的相对高频的背景信号，而世界万物弱作用关系的信号与之相比频率太低了，不在同一个数量级，两种信号的差异远比图3-13所表示的还要大。正是因为这种信号强度的差异性，从人的感知角度来讲，人永远都只能感觉到那些噪声，而感觉不到那些弱作用

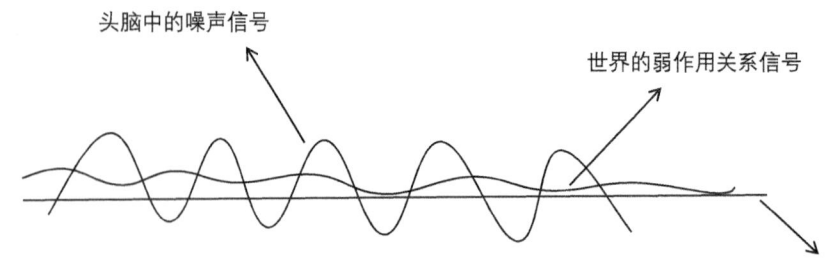

关系。

图3-13 头脑中的信号对比示意图

但是古人是怎么感受到世界的弱作用关系的呢？古人通过诚其意、正其心、慎独等方式，将头脑中"噪声"的波动控制在了极低的水平，一些圣贤甚至达到了毫无波澜的水平，因此世界万物弱作用关系的信号就相对变成了强信号，这就是古人足不出户便可知天下的奥秘。"不以物喜，不以己悲"说的也是古人控制头脑中"噪声"后的一种状态。说到底这一点都不深奥，只要人的内在足够平静就可以了。只要人的内在达到足够的平静，就会进入一种非常特别的状态，这种状态下对于世界的感知将达到不可思议的地步。

3.4.2 活动定义的底层逻辑

进度管理的逻辑性体现在每个模块自身的逻辑性，以及和每个模块逻辑性之间的串联。项目进度管理的第一个模块是活动定义，其输入、工具和技术及输出就体现了这个模块自身的逻辑性。活动定义的输入、工具和技术及输出如图3-14所示。

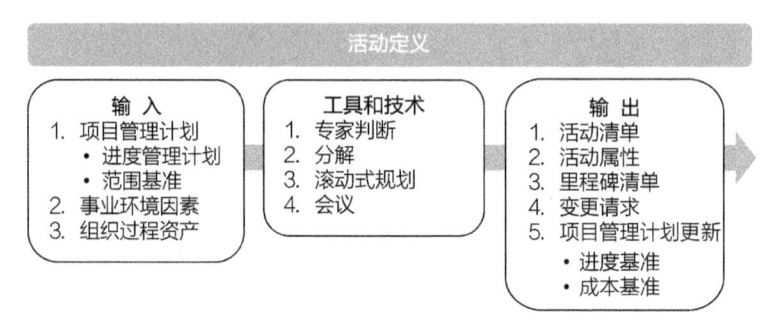

图3-14 活动定义的输入、工具和技术及输出

在拿到一个新项目进行项目进度计划编制的时候，第一步要做的就是进行活动定义，也就是明确项目有哪些活动要开展。在活动定义中，首先需要生成项目活动清单，而这个过程源于项目的分解，主要是WBS分解，也叫活动分解、工作结构分解。通过WBS分解产生了具体的活动和任务。

活动定义的输入

活动定义的输入是产生活动的重要基础。项目的范围基准定义了活动的边界，再根据事业环境因素、组织过程资产等将顶层任务按照WBS进行层层分解，就会产生所有的活动。

活动定义输入中的组织过程资产对项目的开展是很重要的。任何一部分工作的开始、任何一个体系的开始，组织过程资产都是重要的输入。

组织过程资产是项目管理中很重要的概念。组织过程资产包含了过往项目的经验、组织的流程、共享文档、经验教训等。形成组织过程资产，需要经历整理、归纳、总结、提炼等过程，最终形成成果，存起来变成档案。如果没有形成组织过程资产，在之前从事项目的人员离开之后，后面就没人知道该如何把项目进行下去。很多公司遇到过这样的问题：一个项目做了很多年，一旦骨干走了之后就没人会做了，原因是离职的人员把资料带走了，后面没人明白该如何继续，最后导致了项目的失败。从项目管理的角度来看，这是因为组织过程资产管理不善、基本管理流程缺失导致的。

组织过程资产对一个企业很重要，因为过去发生的事情对现在的项目也会产生影响。组织过程资产对企业的意义就像人的成长经历对人的意义一样重要。人过去的成长经历对人的未来一定是有影响的。一个人现在的状态代表了他过去的成长历史，也就是一个人现在的很多问题其实是其过去问题的体现；一个人现在的状态也一定程度上影响了他未来的状态，因为人现在的状态将随着他的发展延续到未来。

活动定义的工具和技术

活动定义的工具和技术有很多，包括分解（主要为WBS）、专家判断、滚动式规划等。

其中，最重要的工具是WBS。活动定义是做什么（What to do）的问题，不管哪种类型的项目都是从WBS开始的。WBS遵循充分且必要的原则，分解后的每项活动都要充分且必要，就是少了某项活动就不能充分达成目标，而多了不必要的活动对于达成目标也毫无用处，需要进行合理增减。WBS依托于具体的项目环境，没有一个项目可以离开具体环境，不要做离开具体项目环境的无谓假设，同时要保持对环境的敏感。这个环境在项目管理中叫作事业环境因素，包含组织文化、行业标准、人事管理制度、政治氛围等能够影响项目成败的任何内外部环境因素。

（1）WBS的底层逻辑。

项目管理的逻辑主要分两大块：分解和整合。WBS就是分解逻辑的具体体现，旨在把复杂问题简单化，把简单的问题标准化，把标准的问题专业化，把专业的问题模块化。大体思路是通过逐层分解的方式，运用工具简化问题，把原来复杂的问题分解成一个个小问题，这样再复杂的问题都能分解成简单的问题，都能够简单化。

整合的逻辑就是保证分解产生的活动之间具有清晰、合理的逻辑，将分解后的问题再重新整合到一起思考，就会对项目有全局观。就像拆散一个闹钟一样，组合起来还是一个闹钟，但因为经历了拆散和组合的过程，我们对于闹钟的整体和内部的结构都有了更加清晰和全面的把握。

分解逻辑和整合逻辑是项目管理中最重要的逻辑，是项目管理的核心。越简单抽象的东西越具有普适性，任何学科发展到最后都会上升到哲学层面。不管什么问题都可以用这两种逻辑进行解决。

分解的目的在于便于控制，因此要分解到完全可控的程度为止，这就是项目管理分解的指导思想。如图3-15所示，在项目分解的时候，首先分解为大的类别，如设计、采购、制造、验收。大的类别下面又有小的类别，如设计分解为机械设计和电气设计。小的类别又分解为具体的活动，如机械设计分解为A设备设计和B设备设计。

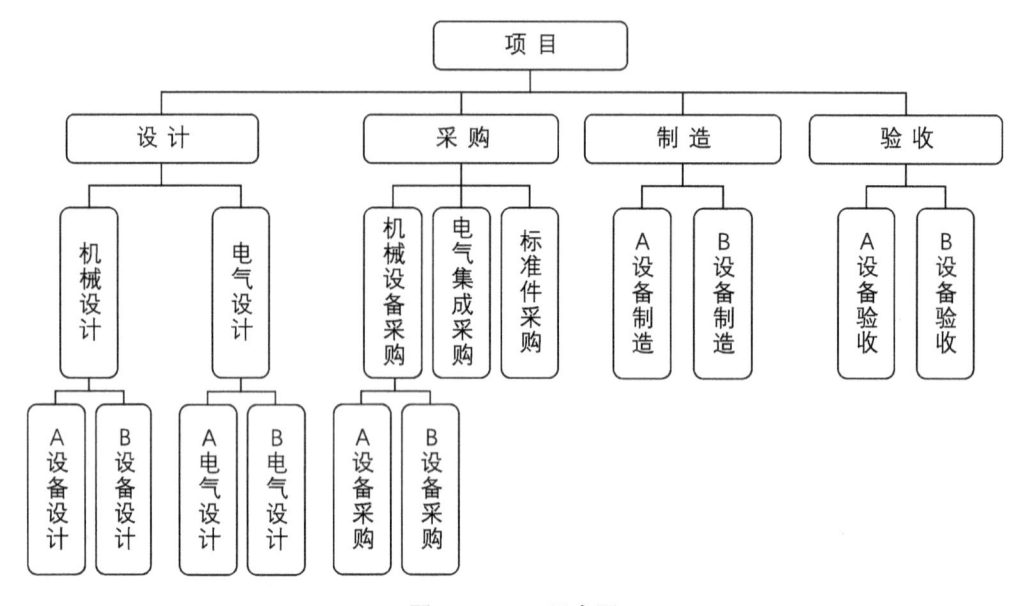

图3-15　WBS示意图

在WBS中，只有活动是有且只有一位负责人来负责的，因此工作分解需要分解到每一个可追溯的具体活动，并且确保每一个活动都有一个可交付成果。也就是说，如果我们认为需要有一个什么样的可交付成果，就需要设立一个相应的活动。项目管理分解的逻辑任何人都可以用，面对复杂的问题，只要学会了分解的逻辑，掌握了它的方法，所有复杂的问题都可以简化。工作分解要充分，其目的就是不要漏掉重要的活动，因为漏掉了重要的活动就是漏掉了重要的可交付成果，就会导致目标不能100%达成。这就是系统论中完整性的概念，工作分解其实就是系统论的具体应用。

真正懂项目管理的人根本不害怕复杂问题，解决复杂问题依靠的就是分解的逻辑。

项目分阶段就是项目分解的具体运用之一。在项目管理中，从整体到局部的这一套分解逻辑一直在不断重复地使用：首先将项目分为多个大的阶段，再将每个大的阶段分成多个小的阶段，最终每一个阶段都要有明确的任务或者明确的目标，每一个阶段也都要有明确的可交付成果；如果每一个小阶段的可交付成果都可以达成，那么每一个大阶段的可交付成果就达成了，最终项目的整体目标也就达成了。一个大项目分解成100个小阶段，也就有100个小目标，100个小目标都实现了，最终大目标也就实现了。化整为零，积小胜为大胜，不是追求一次性目标的成功，而是追求多次目标成功的累积，最终得到项目的成功，这就是项目分解逻辑的价值所在。

WBS也体现了系统论。系统论认为，这个世界就是结构化的，是各个部分按照某种有机关系连接在一起的。WBS可以把这种有机关系呈现出来，在每个人画出自己理解的WBS后，就可以看到人们互相之间的WBS是不一样的，就会知道每个人对这个世界的理解程度的差别。用这种化整为零的思想，做任何事情都可以化繁为简。

分解就是化整为零，整合就是化零为整，这种先分解、再整合的思想，也对应了这个世界的分立统一性：这个世界是分立的，也是统一的。人在看待世界时要有两种能力，第一种能力要能看到世界的分立性。分立性，就是能看到每个个体的差异，每一个人和其他人都是不一样的，每个人都有很独特的存在特质。第二个能力是要能看到世界的一体性，也就是每个人之间并不是完全分立的，还存在某种关系，但关系到底是强是弱还无法确定。其实弱作用关系也一直在发挥作用，只不过人们无法辨识，等它显化出来，人们才能看清楚。弱作用关系显化出来是有条件的，相应的条件成熟，弱作用关系就会转化成强作用关系。WBS里分解出来的基本都是强作用关系，但是WBS里也会存在弱作用关系。这些弱作用关系在WBS里表面上可能是看不出来的，但是这些因素是真实存在的。条件成熟的时候，弱作用关系也会转化成强作用关系，转化的时候这种关系突然就变成麻烦了，因为原来看不到这种关系，也没有重视，所以就变成了麻烦。比如，以图3-15为例，前面的机械设计很可能给后面的设备验收带来麻烦，因为质量是设计出来的，如果设计上出现了大的问题，后面的验收可能就会受到很大的影响。从分解结构表面上是看不到这些影响的，所以需要对这些潜在的影响具有一种感知和判断能力。对于弱作用关系的感知主要依赖于人的觉知力和洞察力，这两种能力也是贯穿本书、反复强调的核心能力。

（2）WBS是工具。

WBS是把复杂问题简单化的工具，是项目管理中分解逻辑最核心的体现，项目中所有的工作都基于WBS。WBS体现的是事物和活动之间的逻辑关系，逻辑关系是WBS的要点，WBS的难点在于按照逻辑来分解。通过WBS，人们可以清楚表达项目管理过程中所有活动之间的根本逻辑关系。洞察项目管理过程中的所有逻辑关系是开展项目管理的基础，而这种逻辑关系是支撑一切项目开展和实施的最根本保证。WBS是做好所有项目管理工作的基础和核心，可以通过WBS来控制项目的范围，可以基于WBS做出项目所有的计划。

项目的WBS是项目活动之间逻辑关系最直观的表达，也是项目经理专业知识和专业认知的表现。如果人们对事物的关系认知得比较清楚，WBS就比较合理，反之，就可能漏掉重要活动，或者多了不必要的活动，抑或出现活动之间的关系没有表达清楚等一系列问题。

任何项目都可以按照WBS分解的方式，进行层层分解。把所有重要的活动分解出来，这是一个通用的方法，适用于所有的项目。WBS分解能充分体现出每个项目相应的结构化思维。

> WBS是项目中一切工作的基础。

WBS是项目中一切工作的基础。为什么这么说？因为进度管理后期的所有计划、所有控制全部基于WBS，进度管理中所有的活动都是通过WBS分解产生的，所有的成本也来源于WBS和由此产生的活动。WBS的边界就是项目的范围边界。WBS管理中存在两种不良倾向，一种是萎缩，是指漏掉了重要的活动；另一种是超范围，就是做了不该做的事情，这两种情况都要尽量避免。WBS是对项目的范围做清楚的界定，要做什么，不要做什么。做成本管理、进度管理、范围管理、风险管理等都要用到WBS，这些管理的核心一定都源于WBS。比如，做成本管理，如果WBS中没有活动，成本怎么算出来？又如做进度管理，如果WBS中没有活动，项目的进度计划从哪里来？做风险管理也一样，风险源于各项活动，离开了活动，也无法进行有效的风险管理。没有一个计划是可以离开WBS单独存在的。WBS是一个总纲，它是一切活动的基础，也是一切工作的核心，项目管理的所有工作都跟WBS有关，都源于WBS，所以WBS是一切工作的基础，WBS的重要性也不言而喻。

> WBS就是做正确的事。

项目初期的需求确认解决了要不要做的问题（If to do），WBS解决了做什么的问题（What to do），WBS就是做正确的事。下一步，组织分解结构（OBS）解决谁来做的问题（Who to do），找到合适的人。接下来，责任分配矩阵（RAM）解决谁来做什么的问题（Who do what），要求每个活动都要有可交付成果，每个活动需要有且只有一位责任人，其逻辑极其严密，以达到正确做事的目的。

再下一步就是过程控制（How to do），即如何高效地分配有限资源到项目中，解决项目中所有的问题。这包含什么时间做什么，也就是进度计划；做什么事情需要花多少钱，也就是成本控制；质量要达到什么标准，也就是质量控制。这几步基本上就是做项目的大概过程，每个过程如果出现了偏差会有迭代反馈，反馈的过程就是闭环控制，闭环控制也是贯穿项目始终的，这样才能保证工作不会偏离计划太多，产生正确的结果，把事做正确。

做正确的事、正确地做事、把事做正确，以实现项目目标。

总结下来，项目管理的逻辑就是：

"要不要做"（If to do）：项目需求确认。

"做什么"（What to do）：应用WBS。

"谁来做"（Who to do）：应用OBS。

"谁来做什么"（Who do what）：应用RAM。

"如何做"（How to do）：过程控制。

学习项目管理，就要掌握这套方法论、这套体系，在头脑中建立起这套逻辑，这才是真正学会了。学会了，就知道怎么开展工作，怎么让事情成功，知道所有的潜在风险都在哪里。能去识别、避免这些风险，就能让项目朝着正确、成功的方向发展。想要真正学好项目管理，内化这套逻辑非常重要。

（3）两种WBS分解方法。

WBS有两种主要的分解方法，产品导向型和过程导向型。这两种分解方法，一种是静态的WBS分解方法，一种是动态的WBS分解方法，产品导向型是静态的，过程导向型是动态的，它们体现了两种不同的WBS分解逻辑。产品导向型是以产品结构的形式来呈现WBS的逻辑关系，是一种静态的方式，以结果输出物来体现WBS。比如，可以把汽车分解为车身、传动系统、能源系统、控制系统、座椅、内饰等。过程导向型是以活动为导向的，是一个动态过程，比如，可以把汽车制造分解为冲压、焊接、涂装、总成四大过程。

产品导向型和过程导向型各有优缺点。产品导向型重视做什么，注重的是最终产品，重视结果。其优点是简单，便于检查、评估和衡量。产品导向型，验收很方便，但是不太注重过程，不注重怎么做，监控部分不到位，中间过程很容易出现问题。这种方法很难关注到中间的复杂过程，呈现的是静态的、相对简单的结果。我们在工程施工、验收工程时，一般都是采用这种静态方式来验收。豆腐渣工程就是这么产生的，因为我们看不到过程，我们能看得见的部分测试指标很好，然而在我们看不见的过程中很可能存在偷工减料的问题。

过程导向型重视怎么做，会监控整个施工过程。过程一直在变化，我们看到的是局部结果，可能会忽视整体效果。还是以建房子为例，地基是怎么挖的，水泥是怎么浇的，固化时间是否充足，水泥沙子的配比量是否合理，暗线如何排布，管道怎么铺装等，每一步都需要监控到位。从管理的角度来讲，这样监控的工作量很大，因为这是一个连续不断的过程，没有明确的检查点，随时都要检查，24小时施工就24小时都要检查。但因为只关注了过程，可能最后才发现整体效果不满意，如全都装修完了才发现，某些位置要是再多几个电源插口就好了。这就是过程导向型的缺点，不注重做什么，不重视结果。在实际项目执行的过程中，我们既需要重视结果，也需要不定时地关注过程，以确保项目的过程和结果质量，因此两种方法需要结合起来使用，这需要根据场景来调整，也可以在项目执行的不同过程中交替使用静态和动态的WBS分解方法。

（4）特殊的WBS分解方法——平台法。

平台法就是指和原产品共用一个平台，可以在原产品分解的基础上进行修改，这种方法可以大大减少分解的工作量。如果生产的产品具有迭代性，每一代产品之间有相似点，就不必从头分解，可采用平台法分解。如果即将开展的项目是一个比较传统的项目，如新车型研发，即在原来老款的车型平台基础上进行改进，这一类的项目就可以用平台法。对于迭代的产品，通常是在一个共同的研发平台上，产生一代又一代的新产品。正如人们常说的：新车型就是拉一拉、撑一撑，拉拉长、撑撑宽。车型的基本特征不改变，只是在某些细节上做一些调整，这就是比较典型的平台法应用场景。

平台法的好处是比较快速，成本也比较低，不需要从零开始。很多产品都应用了平台法，就像一些知名品牌的手机，迭代开发了十几代，基本的样子和特征仍然一致，一看就能认出它的品牌，因为一些基本的品牌特征改变很小。这也是品牌的无形资产，是它的品牌特征，这些品牌的平台开发出来的产品就有这个特征，具有继承性和延续性。

平台法不只在项目中起作用，依托于平台，人的力量也得到了强化。现代人看上去比较强大，其实是快速累积的平台把人的力量放大了。如果抛开了平台，人本身其实并没有变得更强大，在某些方面甚至可能退化了。这种强大是一种错觉，具有迷惑性，真实的情况往往是平台的力量很强，远超于人本身的能力。比如，现在我们习惯使用计算机，很多时候字都不会写了；习惯使用导航，对道路环境的感知能力更低了。所以在依托平台的时候，我们需要分清楚哪些是平台的力量，哪些是自己的能力，这样才会对个人能力的发展有更清晰的规划。

（5）WBS的应用。

项目管理中WBS的应用非常广泛。典型的WBS如图3-16所示，一层一层分解，一般分解3~7级。当然特别复杂的项目可以分解到10级以上，甚至20级以上也是有可能的，这种分解方式被称为大纲式。

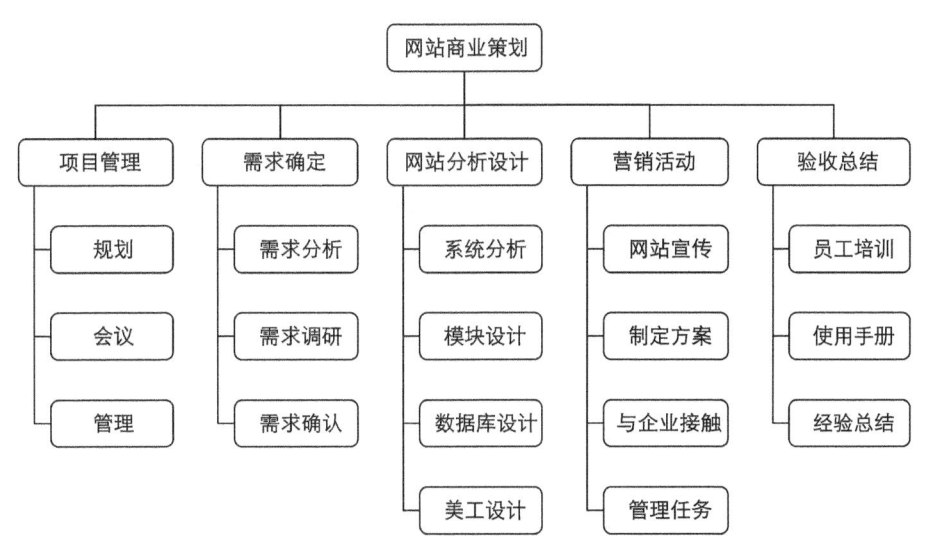

```
                          网站商业策划
                               │
     ┌─────────┬─────────────┼─────────────┬─────────┐
   项目管理   需求确定    网站分析设计    营销活动    验收总结
     │          │             │             │          │
    规划      需求分析       系统分析      网站宣传    员工培训
     │          │             │             │          │
    会议      需求调研       模块设计      制定方案    使用手册
     │          │             │             │          │
    管理      需求确认      数据库设计   与企业接触   经验总结
                              │             │
                            美工设计      管理任务
```

图3-16 典型的WBS

WBS同时也是项目流程的基础，WBS提供了做项目所需的标准的、专业的流程框架，是一种指导做事的方法论。只要按照这个方法论，虽然不一定能把项目做得特别好，但能保证达到一定的水准。

生活中同样也可以应用WBS分解思想，帮助我们厘清处理事情的思路。

毕业晚会流程分解

在一所大学里，临近毕业季，为了欢送研三的莘莘学子，研究生会计划筹备一场精彩的毕业欢送会。为了保证研三学生及大部分老师到场，尽可能促进毕业生与老师及其他年级学生的互动，营造轻松而活跃的气氛，节目组制订了一系列的晚会筹办计划。

毕业晚会的整体计划主要分为四大部分：总体方案设计、前期宣传、采购和场地布置。其中，总体方案设计包含晚会总体框架和具体节目安排；前期宣传包含邀请院士题词，邀约嘉宾、演员、礼仪，导师视频拍摄及处理，横幅展板及口号设计等；采购环节包含根据计划单进行采购和计划点心、酒水、礼品、道具的种类及数量；场地布置环节包含租赁合适场地、根据场地及到场人员进行场地设计和现场布置（包括点心、酒水的摆放）等。

除此之外，整体的人员结构将分为四大组：主持人组、设备组、礼仪组和节目组。其中主持人组的主要任务是撰写主持人串词、现场节目主持、各环节的衔接和控制晚会氛围及时间，调动观众热情；设备组的主要任务是准备音响、投影仪、麦克风和聚光灯，现场调节音响、聚光灯、麦克风；礼仪组的主要任务是对嘉宾、演员的引导和现场礼品、证书的颁发；节目组的任务是搜集节目、游戏，适当调整表演类型，搜集制作背景音乐，监督、指导演员表演节目，安排节目顺序并及时通知主持人和现场PPT及音乐播放。

此次晚会是为即将毕业的研究生举办的，涉及的环节和人员较多，为了确保整个晚会顺利进行，需要协调和管理各个参与人员，包括表演者、志愿者、工作人员等。为了晚会项目的成功举办，需要事前做好任务分解，制订进度计划，未雨绸缪，提前预见可能的问题。在晚会的筹备过程中，节目组利用WBS对晚会的流程进行了层层分解，责任到人，做了充足的准备，最终贡献了一场十分精彩的毕业晚会。图3-17是这场晚会流程的WBS。

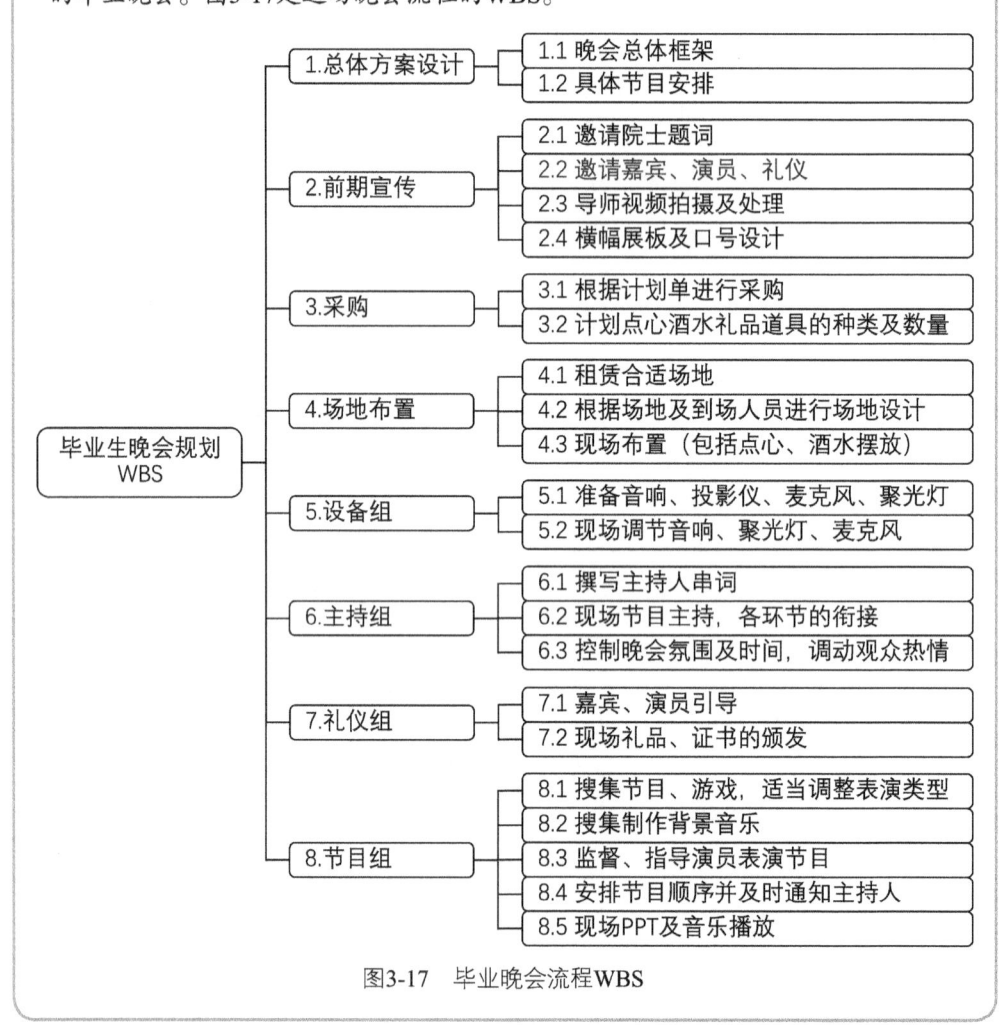

```
毕业生晚会规划WBS
├─ 1.总体方案设计
│   ├─ 1.1 晚会总体框架
│   └─ 1.2 具体节目安排
├─ 2.前期宣传
│   ├─ 2.1 邀请院士题词
│   ├─ 2.2 邀请嘉宾、演员、礼仪
│   ├─ 2.3 导师视频拍摄及处理
│   └─ 2.4 横幅展板及口号设计
├─ 3.采购
│   ├─ 3.1 根据计划单进行采购
│   └─ 3.2 计划点心酒水礼品道具的种类及数量
├─ 4.场地布置
│   ├─ 4.1 租赁合适场地
│   ├─ 4.2 根据场地及到场人员进行场地设计
│   └─ 4.3 现场布置（包括点心、酒水摆放）
├─ 5.设备组
│   ├─ 5.1 准备音响、投影仪、麦克风、聚光灯
│   └─ 5.2 现场调节音响、聚光灯、麦克风
├─ 6.主持组
│   ├─ 6.1 撰写主持人串词
│   ├─ 6.2 现场节目主持，各环节的衔接
│   └─ 6.3 控制晚会氛围及时间，调动观众热情
├─ 7.礼仪组
│   ├─ 7.1 嘉宾、演员引导
│   └─ 7.2 现场礼品、证书的颁发
└─ 8.节目组
    ├─ 8.1 搜集节目、游戏，适当调整表演类型
    ├─ 8.2 搜集制作背景音乐
    ├─ 8.3 监督、指导演员表演节目
    ├─ 8.4 安排节目顺序并及时通知主持人
    └─ 8.5 现场PPT及音乐播放
```

图3-17　毕业晚会流程WBS

（6）如何做好WBS。

> 管理的颗粒度要适度，并非管控越细微、越细致越好。

想要对项目进行完整的分解，首先需要了解项目的完整层级。项目层级中的最高层（第1层）是项目组合层，第2层是项目集层，第3层是项目层，第4层是任务层或者叫活动层，第5层是工作包，第6层是工作单元。

从项目管理的角度来讲，它的最小单位是活动或任务。在项目中，每项活动都有且只有一位负责人，每项活动都要有可交付成果。所有活动的可交付成果之和要能达成上一级的活动目标。

例如，活动1分解成3个活动A、B、C，活动A、B、C的可交付成果之和需要达成活动1的目标，这被称为百分百分解原则。按照这个原则，从顶层分解到底层，就保证了只要下面一层达成目标，上一层的目标就能达成。上一层目标能达成，更上面一层的目标也能达成，如此循环，最终的目标也就达成了。这个逻辑十分重要，项目管理就是通过这个逻辑来实现的。

一般任务层或活动层属于控制层。到5、6层就属于员工的基础性工作，不属于控制层。控制层要有负责人。WBS分解得越细、管得越细，越不容易犯错，但管得越细，管理成本也就越高。因此在管理活动中，管理要适度，管理的颗粒度要掌握好，并非管控越细微、越细致越好。很多人在做行政管理时，有时候事务性管理太细了，就会过度地消耗资源。虽然这么做的确没问题，但产出率、回报率、投入产出比很低。这就是没有考虑管理颗粒度的问题。

> 管理不善本身就是资源浪费最严重的方式之一。

（7）其他分解结构。

除了WBS，还有其他几种常用的分解结构：OBS、RBS、CBS、PBS等。这些分解结构与WBS有类似的概念，也体现了项目管理的分解逻辑。

（1）OBS。

组织分解结构（Organization Breakdown Structure）是对项目组织的一种层级描述，展示了项目中参与各方组织单元之间的关系。OBS按照组织现有的部门、单位或团队排列，并在每个部门下列出项目相关的可能参与者。OBS与人员有关，就是把该项目的人员和组织进行分解，如图3-18所示。为什么要做这个分解？因为项目的组织人员跟项目工作之间有一定的匹配关系，开展项目需要人，需要什么样的人，什么时候需要，必须有一个匹配关系，所以OBS非常重要。

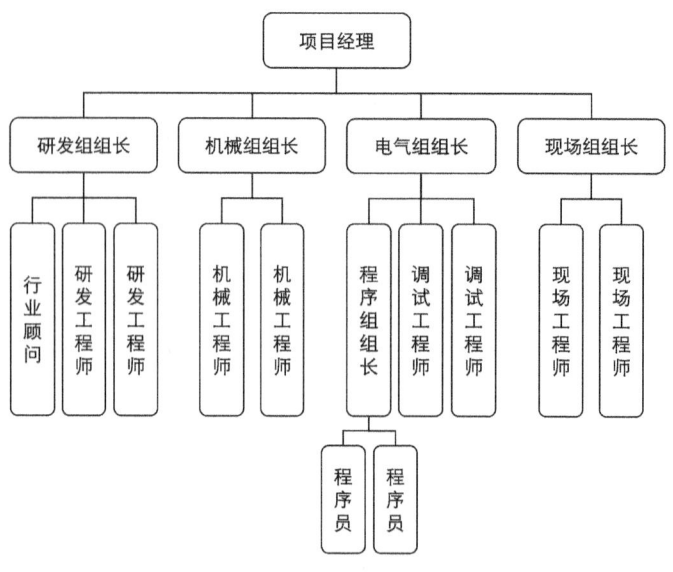

图3-18　OBS示意图

OBS看上去与WBS相似，因为两者从结构上都是层次分解结构，区别在于OBS不是根据项目的可交付成果进行分解的，而是根据组织的部门、单位和团队进行分解的。

（2）RBS。

资源分解结构（Resource Breakdown Structure）是按照资源种类和形式划分的资源层级结构，它是项目分解结构的一种，如图3-19所示。RBS是项目成本预算的基础。项目执行需要使用各种资源，因此项目的资源是否充足会影响项目的完成时间。通过RBS，可以制订具有资源需求细节的进度计划，并且可以通过汇总的方式向更高一层汇总资源需求和资源的可获得性。

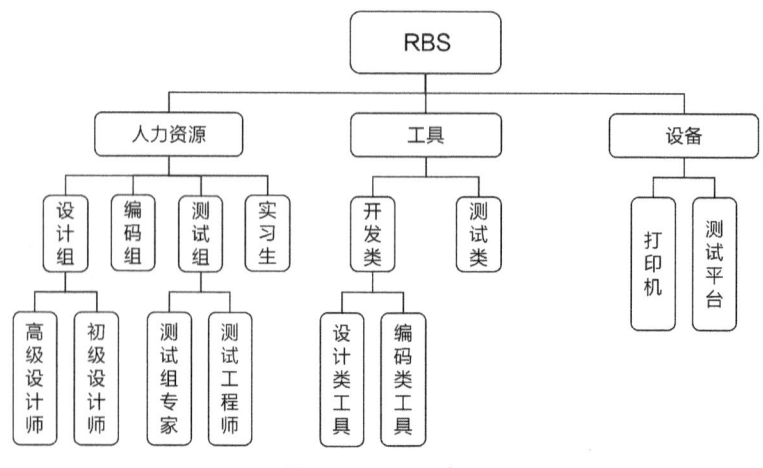

图3-19　RBS示意图

在项目进行活动定义后做活动历时估计时，需要使用RBS。RBS用以说明资源的数量和质量，以支撑工时估计。RBS对进度管理也很重要。

RBS也可能指风险分解结构（Risk Breakdown Structure），根据风险类别展现风险的层级。风险分解结构是风险管理的工具，它根据项目WBS产生一个相应的风险分解结构图，是按照风险类别排列的一种层级结构。

（3）CBS。

成本分解结构（Cost Breakdown Structure）用于分析项目产品的成本构成，分解后的成本清单非常重要，因为是采购过程中的预算依据，如果CBS中的每项成本都在预算范围内，则项目的利润就能够保证，如果在项目进行过程中出现太多超支项，则会给后期项目的执行带来很多不确定性。因此，在项目开展前期需要尽量制定准确的CBS，其依据往往是历史价格或定向询价。

（4）PBS。

产品分解结构（Product Breakdown Structure），通过树状结构反映产品的各类部件，每类部件在结构中仅出现一次，通常用于产品及部件的开发。它与装配分解结构均为树状结构，采用编码体系，但异于装配分解结构，是最通用、最基础和最容易开发的。所有这类项目都有具体的输出产品，如软件、建筑物、水坝、飞机、用户手册等。PBS通常比WBS有更多的级别，产品的层次划分取决于产品及组件的复杂程度。

活动定义的输出

活动定义的最主要的输出是在活动定义完成之后，产生的活动清单（Activity List）。活动清单有很多细节，包括对活动的描述等。所有的活动都应该在活动清单中有所体现，如果我们发现在工作结构分解的过程中漏掉了重要的活动，可以做活动更新、结构更新。WBS是可以被更新的，一直到进度计划表制定之前，WBS都可以更新。

第一个模块"活动定义"输出的活动清单，是第二个模块"活动排序"的重要输入，这个顺序不能颠倒。第一项的重要输出会变成第二项的重要输入，第二项的重要输出又会变成第三项的重要输入。项目管理为什么强调正确的时间做正确的事？如果没有按照正确的顺序去做，上一步的输出没有，下一步的输入不具备，是无法准确开展下一项活动的。项目的输入不完整，输出也会不完整，错误会向下传递，因此项目一开始就做对非常重要。如果前面犯了错，就会按照输入、输出的链条一路错下去，链条越长，将来的资源浪费就越严重。因为所有的事情都是从决策开始的，而"做正确的事、正确地做事、把事做正确"这个顺序不能错，所以正确地进行决策很重要。决策的质量决定了后期的成果，如果经常做错误的决策，那么所谓的努力是没有用的。很多人经常在错误的方向上飞快地奔跑，这是值得警惕的，无论是项目还是人生。

活动清单是项目开展的充分且必要的活动集合，不做多余的活动，必须做的活动也不能少，需要刚刚好。刚刚好实际是很难定义的。如果由不同的团队来做，一个团队分解出来10项觉得刚刚好，另一个团队分解出12项也觉得刚刚好。活动清单就是从团队共同意识的角度出发，所列出的充分、必要的所有活动的集合。

3.4.3 活动排序的底层逻辑

活动排序的输入、工具和技术及输出如图3-20所示。

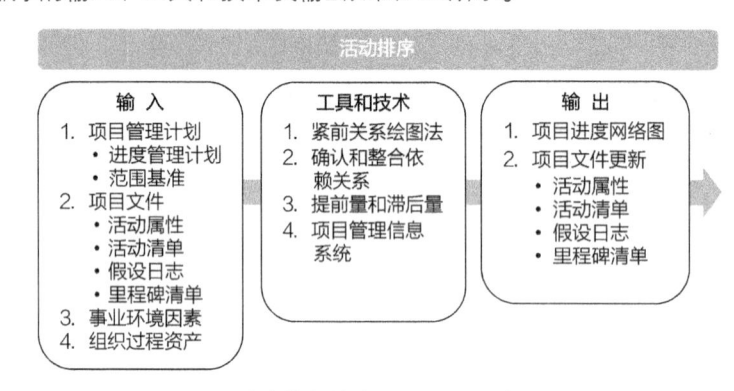

图3-20 活动排序的输入、工具和技术及输出

活动排序的输入

活动排序是指针对已生成的活动清单，识别其中各项活动之间的依赖关系并据此对项目各项活动的先后顺序进行安排和确定的过程。活动排序的主要输入为活动定义阶段输出的活动清单、活动属性及范围基准等。

活动排序的工具和技术

第一个模块输出活动清单后，想要对这些活动进行排序，还需要确认和整合依赖关系，即活动间的逻辑关系，这是活动排序的主要工具与内容。项目活动之间一定会存在某种关系，活动排序充分体现了活动之间的关系。在前期做WBS分解的时候，已经考虑了项目活动的基本逻辑关系，但是还不够完整。活动排序阶段需要继续识别活动之间的完整逻辑关系。如果逻辑关系非常确定，就很容易识别，但是很多情况下逻辑关系可能并不是特别清晰，就很难识别。活动之间逻辑关系的定义最能体现定义者的专业程度，专业程度越高，对于逻辑关系的定义就越准确。各活动在时间上的逻辑关系决定了活动序列的排序，逻辑关系确定后就能生成项目进度网络图。项目进度网络图最大的贡献就是可以直观地看到所有的逻辑关系。

（1）常见的几种逻辑关系。

在所有活动中最常见的有三种逻辑关系。通常来讲，可以分为硬逻辑关系（强制依赖关系）、软逻辑关系（自由依赖关系）和外部逻辑关系（外部依赖关系）。大部分活动都符合这三种关系。

- **硬逻辑关系。**硬逻辑关系是指活动之间的逻辑关系不可改变，它必须按照一定的逻辑顺序去执行。比如要盖一栋房子，首先要盖好墙壁，才能盖屋顶；盖一幢高楼，一定是把中间的水泥支撑立柱先浇筑出来，再建造外围的横向受力体系和墙面。基于这种逻辑关系不能调整的性质，实际的项目中在进行活动排序时，首先要考虑的就是具有硬逻辑关系的子活动。
- **软逻辑关系。**软逻辑关系是指活动之间的逻辑关系不是必需的，可以调整活动的顺序。比如本来计划上午打高尔夫，下午在体育馆游泳，结果发现上午下雨了，那就可以调整顺序，上午先去游泳，下午等不下雨了再去打高尔夫。在实际项目执行过程中，能够调整顺序的活动都具有软逻辑关系。具有硬逻辑关系的活动顺序是无法调整的。
- **外部逻辑关系。**外部逻辑关系是指活动的开展必须依赖外部条件，只有当外部条件具足的时候才可以开展活动，所以也称外部依赖关系。比如想要滑雪，必须外部条件刚刚好，如果雪的厚度不够，没办法滑；正在下大雪也不行，会影响视野，滑雪危险系数太高。

在每一项活动中，子活动的逻辑关系全部排列出来以后，子活动的顺序就排列出来了。这就像排队一样，如果每个人都知道他的前面是谁、后面是谁，那么这个队伍自然而然就排出来了。在项目管理的各个活动中，因为存在限制因素和假设，每一项活动的开展都是有条件的，所以研究活动的逻辑关系非常有必要。

活动之间的逻辑关系体现了事物发展的客观规律性。活动之间的逻辑关系放大到整个世界依然适用，因为整个世界就是一个系统，是有结构的，而且这种结构是有规律的。其规律体现在整个世界的结构性、层次性上，体现在静态作用关系以及动态作用关系之中。但我们很难认知这个系统的结构，因为这个结构一直在快速地演化。这个系统结构演化的速度远远超出了人们的认知能力，所以科学家永远都会有事情做，因为人头脑的运算速度似乎永远跟不上系统结构演化的速度。从哲学的角度讲，这个世界是一切关系的总和，弄清楚这个世界的结构，其实就是弄清楚这些结构之间的关系。而所有的学科都是研究关系的，研究各种各样关系的交互作用。不管是化学、物理、数学、历史还是其他任何学科，都是研究关系和相互作用的，这些学科的研究最终都是为了弄清楚这个世界，把这些关系看清楚，就把这个世界看清楚了。

> 人生就是一种体验，不必太在意结果。

在生活中往往会遇到外部逻辑关系不满足的情况，这个时候需要有一定的智慧进行调整。比如专程到一座美丽的雪山去滑雪，结果到达后发现天气不太好，雪太大，障碍物、滑雪道等什么都看不见了，这时候再坚持滑雪可能会遇到危险。但如果是专程去滑雪，在这种情况下无功而返也会很无趣。这时不妨转变一下思路，当作不是去滑雪的，而是去拍照和旅游的，将目标及时地进行调整，就会有意想不到的体验。既然到处都是白茫茫的，就像童话世界一样，那么也可以拍很多漂亮的照片，这也是一种体验。人生就是一种体验，不必太在意结果。如果改变了心态，后面可能也会遇到转机。比如拍了一段时间的照片后，太阳出来了，视野变好了，又可以滑雪了，那么体验的程度就会更加深刻了。生命中的一切都是最好的安排，真正了解了这一点，在面对生活中的意外时会更加从容，每一个当下都有独一无二的体验，项目管理者累积足够的场景中的体验对于提升自己的感知力和判断力是很有帮助的，所以学会一种在不同场景中快速切换自己思维视角的能力是很有必要的。

> 项目的特征就是资源不足或者资源约束。

在进行活动排序时，除了要考虑活动的逻辑关系，还需要考虑项目活动的另一项重要特征：活动是有约束条件的。所有活动的开展一定要有约束。项目的特征就是资源不足或者资源约束，这种约束是无时不在的，几乎每一项工作里面都有约束条件，基本上主要的模块里都有事业环境因素这个输入，其中体现了各种约束条件和前提假设。做项目管理，要一直保持对资源不足的认识。比如原本一天可以完成两项工作内容，因为人力资源的约束，只能分成两天做，在活动排序时就必须考虑约束条件的影响。

（2）紧前关系绘图法。

活动排序除了需要搞清楚活动之间的逻辑关系，还要对活动的逻辑关系进行可视化表达。活动排序的工具是为了排列这些逻辑关系，其前提是对逻辑关系的认知。对于逻辑关系表达比较清楚的一种方法是紧前关系绘图法（Precedence Diagramming Method，PDM），又叫顺序图法、单代号网络图法。PDM包含四种活动逻辑关系。

- 完成到开始关系（Finish to Start, FS）：只有上一项的活动先完成，下一项活动才能开始，上一项活动完成是下一项活动开始的必要条件。例如，只有打开水龙头（F），才能开始接水（S）。
- 完成到完成关系（Finish to Finish, FF）：只有上一项的活动先完成，下一项活动才能完成，当然两项活动也可以同时完成。例如，只有完成水槽开挖（F），才能完成水管铺设（F）。
- 开始到开始关系（Start to Start, SS）：只有上一项活动先开始，下一项活动才能开始，当然两项活动也可以同时开始。例如，只有开始烧火（S），才能开始烧水（S）。

- 开始到完成关系（Start to Finish, SF）：只有上一项活动先开始，下一项活动才能完成。例如，只有保安B开始值班（S），保安A才能结束值班（F）。

在这些逻辑关系中，最常用的是FS关系。图3-21是这四种逻辑关系的示例。

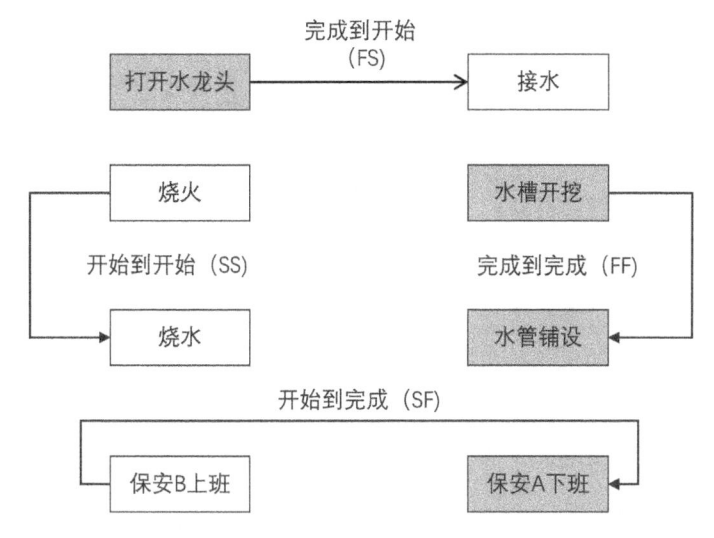

图3-21 四种逻辑关系的示例

活动排序的输出

活动排序结束后的主要输出是项目进度网络图。把所有开展的活动按照特定的逻辑关系进行排序，排序的结果就是项目进度网络图。图3-22体现的是烧水泡茶这个过程的网络图。活动可以是串行的，也可以是并行的，也可以分叉，因此项目进度网络图比较复杂。

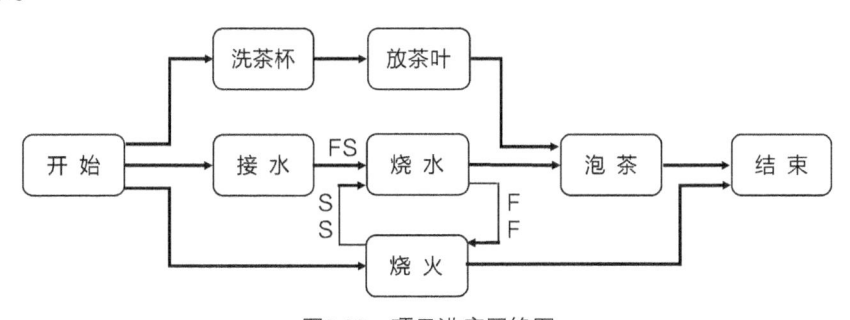

图3-22 项目进度网络图

另一项活动排序的主要输出是更新后的活动清单。如果在活动排序的阶段发现有重要的活动并未包含在WBS里，这个时候仍可以更新，因为这是在计划制订阶段。前面几个模块都是项目进度计划的制订阶段，到后面进行进度控制时才是实施阶段。计划制订阶段可以对要开展的活动做调整。

3.4.4 活动历时估计的底层逻辑

活动历时估计的输入、工具和技术及输出如图3-23所示。

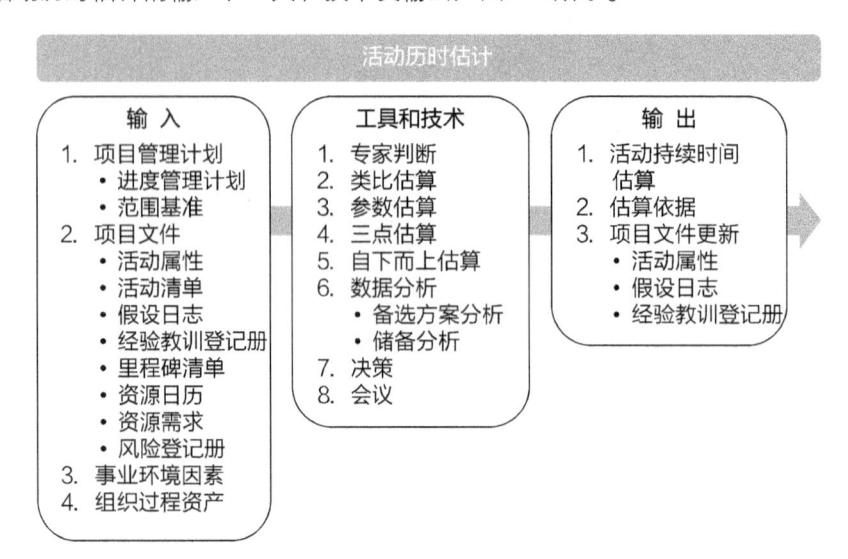

```
                        活动历时估计
┌─────────────────┬─────────────────┬─────────────────┐
│      输 入      │   工具和技术    │     输 出       │
│ 1. 项目管理计划 │ 1. 专家判断     │ 1. 活动持续时间 │
│   • 进度管理计划│ 2. 类比估算     │    估算         │
│   • 范围基准    │ 3. 参数估算     │ 2. 估算依据     │
│ 2. 项目文件     │ 4. 三点估算     │ 3. 项目文件更新 │
│   • 活动属性    │ 5. 自下而上估算 │   • 活动属性    │
│   • 活动清单    │ 6. 数据分析     │   • 假设日志    │
│   • 假设日志    │   • 备选方案分析│   • 经验教训登记册│
│   • 经验教训登记册│ • 储备分析    │                 │
│   • 里程碑清单  │ 7. 决策         │                 │
│   • 资源日历    │ 8. 会议         │                 │
│   • 资源需求    │                 │                 │
│   • 风险登记册  │                 │                 │
│ 3. 事业环境因素 │                 │                 │
│ 4. 组织过程资产 │                 │                 │
└─────────────────┴─────────────────┴─────────────────┘
```

图3-23 活动历时估计的输入、工具和技术及输出

在完成活动排序后，想要知道项目的预计持续时间，就需要进行活动历时估计。活动历时估计就是估算每项活动所需要花费的时间，因此要知道先做什么、后做什么、每项活动要花多长时间。活动历时估计非常重要，进度管理不善和活动历时估计不准有非常大的关系。能否精准地估计项目活动历时，是决定项目能否按时开展、按时完成的一个重要因素。

如果活动历时估计不准，项目提前的可能性不会很大，基本都会延迟。项目工期一般会出现估计短了或估计长了的情况。估计短了就会导致难以按预定计划完工，估计长了就会造成资源浪费。

有的项目经理为了保证项目不延期，故意把计划时间估得长一点。一般管理层也知道这个习惯，就会压缩时间。所以会出现申请项目时，申请的10个月的工期被管理层缩短成6个月的情况。项目经理"注水"，管理层就"挤水"。当然，如果大家都实事求是，这个环节就省了。先"注水"再"挤水"，整个过程其实都是没有价值的，都是在浪费资源，是无效的活动。

活动历时估计的输入

活动历时估计的输入仍然有活动清单，这是活动排序阶段的主要输出。在这个阶段，还有事业环境因素，即约束条件、前提假设等，这些也是必要的。

开展任何一项活动和工作都一定会受到其他活动和工作的约束与影响，活动的开展具有整体性。很多情况下项目出问题就是因为活动环节太多，其中受到影响的因素也很多，导致过程中总有考虑不到的地方。考虑不到的地方就可能产生风险，进而对项目产生影响。并不是活动历时估计本身很难，而是有的约束条件我们看不清楚，因此想通过技术手段把项目管理好是很难的，因为很多项目管理问题的解决不在技术层面，也是很难"学"会的，它需要大量的丰富的经验积累。很多问题的解决依赖一种"直觉"，并不是所有的问题都有一个明确的答案，这是学习项目管理要不断提升的地方。

活动历时估计最重要的输入是资源需求，包括资源的数量和质量，因为资源直接影响活动历时。

> 资源的质量和数量对进度影响巨大。

项目管理完成的质量最终直接受制于资源，因此，资源管控非常重要。在所有的资源中，人力资源又是最重要的。项目如果出了问题，多数都是人出了问题，也就是人力资源出了问题。而人力资源中出现的问题，多数又跟沟通有关系。为什么说人力资源很重要？因为管理的本质是人性的管理。

想要相对准确地估计项目活动历时，需要重点关注资源的质量，以及对资源的需求。资源的质量和资源的数量对于项目的进度有至关重要的影响。对资源需求要有准确的判断，也就是什么时候需要多少资源，这对项目的按时交付意义重大。对资源本身的管控和判断过程的输出就是估算出的活动持续时间。

从资源质量方面来举例，比如，机械制图中的一个零件图，如果是一名非常熟练的制图者，他可能一天就做完了。如果是找一个新手，可能三天才能做完，还得经过检查和修改。资源的质量直接决定进度，直接决定工时。除此以外，组织过程资产也很重要。如果以前这种零件图画过很多，那把类似的图纸调出来修改一下就可以了，可能很快就完成了。但如果这种零件图是全新的，以前从来没有做过，从头画一遍所需的时间就完全不一样。因此，在项目的初期阶段就要对任务的复杂程度和资源质量进行准确的评估。活动历时估计过程不能离开对资源本身的管控和判断，也不能离开历史信息和历史条件去做判断，这也体现了项目管理系统性的特点。

在资源管理中，人力资源管理的难度在于人自身的不稳定性。这种不稳定性会对其在工作中的表现产生较大的影响。这一现象并没有引起人们足够的重视。人的稳定性之所以较差是因为人们在大多数情况下往往难以掌控自我。举例来说，一个人很难保证在一个月内每天都保持愉悦的心情，即便是维持十天的好心情也是一个不小的考验。这是一个值得深思的议题。研究表明，人们的情绪会受到多种因素的影响，包括个人经历、环境变化、生理状态等，这些都让人们在自我管理方面变得不可靠，其行为、思维和人际关系能力也因此而波动。因此，只有当每个员工都提升了自我控制能力，项目管理中的人力资源管理才会变得更加可控，这是解决人力资源控制问题的根本所在。所以，自控力也是项目经理必备的核心能力之一。同时，项目经理也应该帮助团队中的其他成员提升这方面的能力。

活动历时估计的输入还包含资源日历，其核心在于资源共享描述。项目进行中可能有一部分资源是跟其他项目共享的，此时就要描述这部分资源。比如A项目进行到一个阶段，需要两个特定的工程师介入，但是这两个工程师可能正在处理其他的项目，他们俩的时间和精力已经分配在其他项目上了，那本来认为可用的两个人，对于A项目实际上是不可用的，这就是没有进行资源共享描述所出现的问题，因此资源共享描述很有必要。在这个案例中，如果前期进行了资源共享描述，A项目的项目经理就会知道那两位工程师在特定阶段会忙于其他项目，需要尽早协调资源。

资源共享描述很重要，因为资源不足在企业中很普遍，很多关键资源都是共享的。包括从事产品生产的生产线也如此，生产线一次也只能生产单个批次的产品。项目一的订单很重要，项目二的订单也很重要，先生产谁的？所以这其中就有资源共享描述的问题，即资源会有冲突。资源共享描述一般是PMO的工作，PMO需要做资源分配和资源评估的工作，要明确某一阶段某资源是否可以释放。

活动历时估计的工具和技术

专家判断是活动历时估计中比较常见的工具。对于项目专家来说，做过很多这种项目，自然知道每项活动的历时大概是多少。

其他的工具还有类比估算、数据分析等。类比估算就是用过往的项目作为参照进行估算，除了类比估算，还有多种估算方法，下面详细介绍参数估算和三点估算。

（1）参数估算。

参数估算是比较常见的活动历时估计方法。比如建一座埃菲尔铁塔需要三年，那么同一批人依次建10座埃菲尔铁塔的理想状态是30年。当然，理想状态在现实中是不存在的，只是逻辑如此。在参数估算法中，活动历时等于成果的数量乘以生产率再除以可用生产力资源的数量。

（2）三点估算。

另一种活动历时估计方法是三点估算。三点估算如何使用呢？比如一个人回家的路程，不堵车的时候最快30分钟，如果堵车，最慢是2小时，大多数时候是1小时。请估算一下他回家所需的时间。

我们先根据三点估算的公式计算平均的耗费时间：

$$平均估算值=（最可能时间×4+最乐观时间+最悲观时间）/6$$

三点估算的公式很简单，但如果没有学过，就比较难猜出来，所以类似的基础理论的学习很有必要。

利用以上公式，我们可以估算出平均耗费时间=（60×4+30+120）/6=65分钟。

假如还是以上条件，要估算一下耗时80分钟回家的概率呢？

那么除了计算平均估算值，还需要计算标准差，绘制正态分布图。通过正态分布图查表就可以查出来了。

单项活动历时的估算可以利用三点估算的公式，把每项活动按照此方法估算出来以后，就知道了每项活动的历时，就知道了这个项目的平均工期。其次还需要估算活动资源，因为资源对于活动的历时是约束条件，资源的数量和质量会对活动的历时产生直接的影响。活动资源的估计和事业环境因素、组织过程资产、资源日历等因素有关。

活动历时估计的输出

活动历时估计的重要输出是活动持续时间估算、估算依据及项目文件更新等。因为仍然在计划制订阶段，如果在活动历时估计阶段发现有重要的活动在前几项工作中没有被包含进去，此时仍然可以更新到活动清单中去。

3.4.5 进度计划表制定的底层逻辑

进度计划表制定的输入、工具和技术及输出如图3-24所示。

图3-24 进度计划表制定的输入、工具和技术及输出

项目进度计划表的制定基于前三个阶段的输出。为什么说要在正确的时间做正确的

事？前面工作的输出是后边工作的输入，这个顺序是不能改的。如果前面三个阶段的逻辑性不够科学严谨，就会导致进度表严重偏离实际，出现后期计划表频繁变更的情况。比如，活动定义中漏项、活动排序时逻辑关系没有考虑清楚、在开展一项活动时才发现重要的紧前活动因为前期未识别而没有开始等，这些都会导致计划表的调整。

所以很多项目问题的根本原因就是缺少规则意识，即遵守项目执行的基本逻辑。然而在现实中，当应该遵守规则的时候，人们变得特别自由；当应该有变化的时候，人们又变得特别保守，节奏总是不匹配。如果人们的状态和外力总是错位的，就一定会带来麻烦。归根结底，这个世界的很多麻烦就是人的内在对于规则和自由之间的平衡没有把控好导致的。

> 真正的自由是对规则的超越而又不违反规则。

规则和自由的关系是怎样的？规则和自由之间的平衡点在哪里？自由代表了变，规则代表了不变，其中的度怎么来掌握是一个哲学问题。它的核心是人怎么在规则和自由之间达成一种平衡。规则和自由之间的平衡体现在人的思维里，叫作二元性平衡，如图3-25所示。变与不变其实是对立的概念，对立就是二元性，人的思维的基本特质就是二元性，这种思维特质的最大特点是人很容易固守在某个点上面。其实固守在哪个点上并不重要，重要的是平衡性的问题。二元性思维是人最难以突破的思维模式之一，其最大的特点是看到一方的好，很容易否定其对立面，在人的思维中具有对立性的两个事物往往难以共存。而实际上每个事物本身都蕴含着对立面。比如规则，一般人理解规则就是约束，从而对规则产生抵抗心理。但如果深层次了解规则，会发现规则会带来有序性，没有规则会造成混乱；同时如果遵循了全部的规则，则能够领悟到规则以外的自由。如前文所述，《论语·为政第二》中记载，子曰："吾十有五而志于学，三十而立，四十而不惑，五十而知天命，六十而耳顺，七十而从心所欲，不逾矩。"孔子在七十岁时，能够做到从心所欲而不逾矩，其原因就是孔子将规则内化了，已经将规则变成了每天的行为模式，他所有由心而发的行为都是符合规则的，自然是随心所欲。孔子能够体会到的这种快乐是常人很难理解和体会到的，因为常人在面对规则和自由这样二元性对立的概念时内心总会产生冲突和对抗。实际上，规则和自由不是对立的，真正的自由是对规则的超越而又不违反规则。

规则在给人带来约束的同时，也带来了安全感，这就是很多人墨守成规的原因。规则意味着不变，不变会让人有一种安全感，而所有的变都相对成了不安全。人之所以寻求规则，寻求不变，是为了寻求安全感，而人们害怕改变的底层原因就是恐惧。对于企业和个人来讲，如果不能克服这种对于改变的恐惧，就会变得思想僵化。但这种恐惧是很难消除的，看到并克服这种恐惧才能对自身进行有效管理；而恐惧存在于人性的底层，所以项目管理的核心又回到了人性的管理。人性管理的突破口就是找到变与不变的平衡，只有找到平衡点，才能对变与不变的问题应对自如，智慧才不会在这里卡滞，才能够产生流动性。变与不变的平衡其实就是图3-25所示的中间的虚线所表示的区域，在这里变与不变都成了一种工具，不会对人的心态再产生影响，变与不变在这里达到对立且统一。这种平衡实际上是二元对立的一体性，是在超越了二元对立后才能达到的平衡。

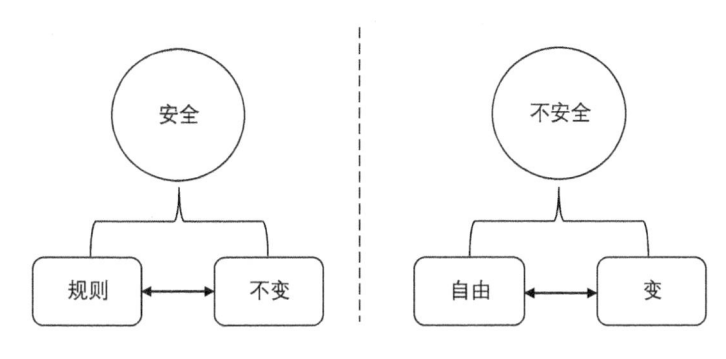

图3-25 二元性平衡

进度计划表制定的输入

进度计划表制定的输入有很多，每一项输入对项目计划表的制定都有特别意义。比如，资源日历记录了资源的状态，资源需求能否满足需要依据资源日历确定。项目管理的过程中一定要具有资源意识，资源意识就是"什么时间需要什么样的资源，需要多少"。需要什么样的资源，就是资源的性能；需要多少，就是资源的数量。在进度管理过程中，资源一定是以时间为轴线来排列的，而活动也是以时间为序列来排列的。所有的活动都需要资源的支撑，如果没有相应的资源支撑，活动就不能落地。

进度计划表制定的工具和技术

有了输入后，还需要相应的工具和技术将进度计划表制定出来，如甘特图、关键路径法、模拟等。

（1）甘特图。

甘特图又称横道图、条状图，是一种进度计划编制工具。甘特图比较简洁，又很清晰，如果跟里程碑结合，能达到更加直观、清楚的效果。甘特图和里程碑结合后，每个阶段的工作重点都展现得非常清晰。同时，甘特图能够很清晰地体现各个活动之间的逻辑，包括FS、SS等。在每个时间切片上看甘特图，都能很清晰地知道实际执行与计划的偏差，便于控制。用甘特图向领导汇报，可以告诉他8月交付什么，9月交付什么，10月交付什么，把里程碑再画上去，就会让项目进度计划看起来更直观、清晰。正是由于甘特图的这些优点，在有多种工具可选的情况下，甘特图仍是进度管理中最常用的工具。除了可以用Excel表格绘制甘特图，还可以借助软件完成甘特图的绘制，如Microsoft Project等。

（2）关键路径法。

在计划编制的方法中，另一个大家比较熟悉的方法就是关键路径法。关键路径法是系统分析方法中最典型的一种方法。

> 要把关键资源匹配到关键活动上，这就是关键路径的意义所在。

鉴于项目管理的复杂性、时间和资源的有限性等特点，想要良好地控制项目进度，就需要在庞大的网络中找出关键路径，并对各关键活动优先安排资源、优先控制。在不影响项目进度的前提下，需要对关键路径上的各项活动进行资源倾斜，要把关键资源匹配到关键活动上，这就是关键路径的意义所在。

关键路径的特点如下：①网络图中最长的路径叫关键路径，而对于很多项目，关键路径不一定是唯一的；②关键路径也可能会改变，如果活动顺序有调整，关键路径可能会变为非关键路径，非关键路径也可能变为关键路径；③关键路径上的活动持续时间决定了项目的工期，关键路径上的活动历时总和等于项目工期；④关键路径上任何一个活动的延迟，都会造成进度延迟。

为什么要学关键路径呢？用一个例子就可以很容易理解。仍然使用上面烧水泡茶的例子说明。将烧水泡茶的各个过程进行分解，会发现主要有洗茶杯、放茶叶、烧水、泡茶这几步，一般情况下烧水的时间是远远超过洗杯子加上放茶叶的时间的。图3-22表示了烧水泡茶的三条主要路径。可以较容易地看出烧水是处在关键路径上的，而洗杯子、放茶叶是可以在烧水的时候并行的。如果我们先洗茶杯、放茶叶，再去烧水，所花的时间通常会比一边烧水、一边洗茶杯和放茶叶更多。这就是关键路径法的逻辑，通过找到关键路径，然后优先保证关键路径上的活动按时完成，就可以很好地控制项目进度。实际上，在进度计划表制定的过程中，往往会先找到关键路径，然后增加时间上的冗余，如将开始时间提前，或者将结束时间延后，以增加整个项目按期完成的概率。

（3）模拟。

还有一种通过概率运算的模拟方法。前面讲到的三点估算法也属于其中的一种。有一些软件或插件也可以实现模拟，如Excel表格中的水晶球（Crystal Ball），就可以模拟出项目在规定时间内完工的概率。

进度计划表制定的输出

项目进度计划表制定的最主要输出是项目进度计划，此外还有资源需求更新。在制定进度计划表的过程中，可能会发现某些资源是不可用的，因此某些需求计划就需要相应地做出一些调整。比如，在项目进行过程中，公司资源不能满足两个电气工程师同时在某个项目上，那么只提供一个电气工程师行不行？如果连一个电气工程师也没有，能不能找个机械工程师兼职干一些电气工程师的工作？这就是资源需求更新。如果连机械工程师也找不到，那要不要外部招一个？这就与人力资源管理有关系了。

这些资源需求更新的问题从表面上看很简单，但在实际操作过程中是一件不太容易的事。因为资源需求更新是一个多方动态相关的体系，难就难在这个体系是动态变化的，并不是线性静态的。如果资源是线性静态的，就会很简单，管起来也相对容易；但实际在整个项目管理的活动过程中，这些资源都是动态变化的。比如，一个人工作状态好的时候，他就是优质资源，三天的活一天就能干完；而状态不好的时候，三天的活一周都没有结束，那他就变成了不太好的资源。所以怎么定义一个资源？很难说这是一个优质的资源或者一个中等的资源。比较严谨的说法是，这是一个变动的资源，具有不确定性。

所以在资源的众多属性中，可靠性非常重要，资源的可靠性不太高的话，可能会带来很多麻烦。如果项目中的一名成员本来预估是非常可靠的资源，本来一项工作正常情况下三天是肯定可以完成的，结果那段时间正好这名项目成员的孩子中考，天天复习，孩子表现又很差。他天天在家里陪孩子熬夜复习，心思都用到孩子那里去了，白天根本没有精神干活，这名项目成员就变成了一个非常低效的资源，这是很现实的问题。

有的人本来工作积极性很高，每天的精神状态都很饱满，他的影响力也不错，结果突然有一天就变得忧心忡忡了，原来是他家里遇到了一些比较难处理的事情，他没有心情去处理工作上的事情了。所以项目中人力资源的属性是动态变化的，因为人很容易受到外界的影响。很多理论上人们觉得可行的事情，但在现实世界里并不是想象中的那样，其实就是因为人不是一个理性人。尽管经济学中会把人假设成理性人，但实际上人不是理性的，人更多时候是感性的，人很容易受到外界环境的影响，并且人很容易变化，这才是管理的难点。这也体现了资源的不确定性和不稳定性，也是项目进展过程中容易出问题的重要原因。

我们读管理学的书，有时会觉得书上讲得都很简单，管理好像一看就明白了，会觉得管理学、人力资源管理都很简单。比如知道需要应用激励的方法，对物质激励和精神激励等概念也都能看明白。但事实是，物质激励需要发奖金，想发的时候却发现没钱；精神激励时会发现鼓励了员工也没有太大反应，有反应，持续的时间也很短。这就是理论与现实的距离，很遥远。因此大家学管理主要是讲求实战，管理是一门极具实战意义的学问。管理学并不只是道理上要讲得很明白，道理讲得明白有时也没有用。道理讲得再清楚，员工不愿意执行，也没办法。管理中碰到的多数问题的根源都是因为人是非理性的。

有的管理者经常抱怨：我对员工这么好，他为什么表现这么差？原因是：只是管理者自己觉得对员工好，员工并没觉得管理者对自己很好，员工可能反而觉得管理者提出的要求太多了，自己的事情都没管好就管别人。这就是管理学的奥秘，明明做了很多，别人就是不买账。这时候要看看自己到底是哪里没有弄清楚。是自己期望太高、软技能不够，还是经验不足？比较有效的是在管理的过程中同步成长，将自己的心态放低，成长的速度就会加快。在学管理的过程中，如在学工程管理、公共关系管理的过程中，将预期和心态都放低非常重要，对于关系的管理想得太理想化是不符合管理的基本规律的。管理者像一个船长，在狂风巨浪中需要保持镇定自若，带领所有船员平稳渡过风浪的就是一个成功的管理者。学管理如果只是照本宣科是没用的，管理面对的是非常实际的问题，不是理论、理想的状态。

3.4.6 进度控制的底层逻辑

进度控制的输入、工具和技术及输出如图3-26所示。

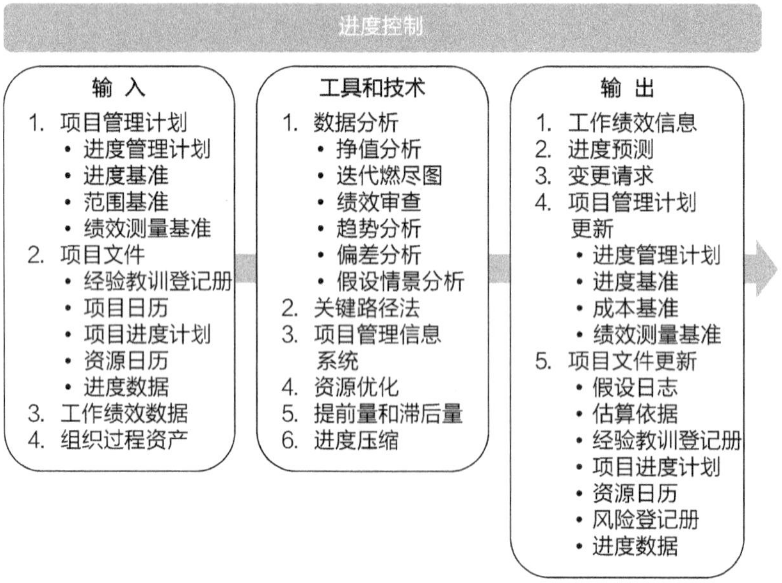

```
进度控制

输  入
1. 项目管理计划
   • 进度管理计划
   • 进度基准
   • 范围基准
   • 绩效测量基准
2. 项目文件
   • 经验教训登记册
   • 项目日历
   • 项目进度计划
   • 资源日历
   • 进度数据
3. 工作绩效数据
4. 组织过程资产

工具和技术
1. 数据分析
   • 挣值分析
   • 迭代燃尽图
   • 绩效审查
   • 趋势分析
   • 偏差分析
   • 假设情景分析
2. 关键路径法
3. 项目管理信息系统
4. 资源优化
5. 提前量和滞后量
6. 进度压缩

输  出
1. 工作绩效信息
2. 进度预测
3. 变更请求
4. 项目管理计划更新
   • 进度管理计划
   • 进度基准
   • 成本基准
   • 绩效测量基准
5. 项目文件更新
   • 假设日志
   • 估算依据
   • 经验教训登记册
   • 项目进度计划
   • 资源日历
   • 风险登记册
   • 进度数据
```

图3-26 进度控制的输入、工具和技术及输出

根据项目管理计划、进度管理计划及工作绩效数据等重要输入，进度控制就是对项目执行过程中出现的偏差进行纠正，会用到绩效审查、偏差分析等重要工具，其主要输出为变更请求、项目文件更新等。具体而言，进度控制是在项目进度计划的实际执行过程当中，对照制定的进度计划基准对实际的进展情况进行测量，发现两者的偏差并进行控制，使偏差保持在可接受范围内的过程。在进度实施的过程中，因为各种因素的干扰，不可能完全按照进度计划实施，一定会出现实际情况与进度基准的偏差。

这种进度偏差多数情况是延迟，提前的情况比较少。进度控制的核心就是控制变更，有变更就要进行进度更新，而进度更新意味着输出变更计划或追加计划。

进度出现偏差的原因

为什么实际进度会出现偏差？因为前期四个阶段中的工作不可能完整地认知到事物之间的逻辑关系，包括对活动的排序和活动历时估计不一定能达到最佳的状态。

资源的变化是造成进度偏差的另一个重要原因。在项目执行的过程中，每项活动的实施都非常依赖资源，而资源本身又是变动性大、非常不确定的。比如人力资源，受限于人的状态的稳定性，具有相当大的不确定性，人的状态的好坏对于项目中具体事项的完成时间以及完成程度影响极大。另外，外部的大环境也是非常不确定的，外部环境变动也可能对项目产生重大影响。比如原材料上涨导致某个核心部件的产能降低，就会对整个上游产业造成严重影响，"缺芯"就是这种情况。芯片的供应匮乏除了受原材料价格影响，还受到市场需求增加过快以及疫情、国际局势紧张等诸多因素的影响。现实有很多不可预见性，所以项目进度执行过程中出现偏差很正常。

从更深层次的角度上讲，在项目管理中，发生任何的变化都是正常的。没有什么"不正常"的事情。只有以积极的心态去应对各种变化，项目经理才能实现真正的成长。

如何发现进度偏差

在控制进度的时候，发现偏差主要依赖于关注项目进度计划和执行报告（工作绩效数据）。什么是执行报告？就是项目进展报告，或者叫作状态报告。对项目实际进展情况进行度量，就会生成当前状态进展的状态报告。为什么需要状态报告？是为了用项目的状态报告对比项目的进度计划：现在项目走到了哪里，目前项目的状态是什么，管理者需要对这些非常清晰，并且把当前的进展状态与计划基准进行比对，如果发现两者有偏差，就是项目实际的执行情况跟项目的计划情况有偏差。

项目偏差的度量有两个比较重要的工具，一个是绩效审查，就是项目现在的状态是什么；另一个是偏差分析，就是项目现状跟计划之间产生了什么样的偏差。

如果发现了偏差，就要借助资源进行平衡，其本质是要重新分配和调用资源。因为在原计划里资源不是这样分配的，现在要修正它，需要追加资源，就需要有相应的纠偏措施。而制定的变更请求，即纠偏措施，是进度控制的一项重要输出。

控制就是纠偏

发现了实际和计划的偏差，就需要进行控制。所谓的控制就是纠偏，所有的控制都是纠偏。所有的活动如果不存在偏差就不需要控制。比如发射一枚精确制导导弹，在导弹飞行的过程中，由于大气状况、天气情况、干扰情况的不可控性，实际飞行轨迹和原始计算轨迹相比会产生诸多偏差。因此在导弹飞行的过程中，需要不断地调整导弹的姿态，最后精准地击中目标。这就是控制（运动控制、飞行控制）。精准控制是不断地对导弹的飞行轨迹进行修正和纠偏的结果，所以控制就是纠偏。

项目进度出现偏差以后，需要纠偏，这就要实施项目的变更计划。在项目里面，一切的工作都应是计划内的，不应该进行计划外的工作。项目执行的过程中是允许出现变更的，但是变更一定要可控。变更计划一定要纳入项目管理计划，如果变更计划没有纳入项目管理计划，就会失控，这就是项目管控的基本规律。

项目进度纠偏的基本措施，就是要提出变更请求。为什么要提变更请求呢？因为所有的变更请求都意味着资源变更或者计划变更，引起资源的追加或调整，这些都和资源有关系，但资源往往是有限的。所以在发现偏差时要及时提出变更请求，才能更有利于资源优化或者更多的资源倾斜。变更请求需要经过确认和实施，确认和实施的过程也离不开项目进度管理计划，项目所有的变更管理流程都包含在进度管理计划之中。

进度控制的结果会产生一个变更计划，即工期更新后的项目进度计划。进度计划表制定阶段制订的是基准计划，基准计划源于WBS，项目基准计划是不变的。基准计划变了，就不能真实地反映WBS的本来状态，而后面的变更计划也无法参照了。

在项目管理中有变更是很正常的，并不是项目管理反对变更，只是更加强调要在正确的时间做正确的事情。变更是可以的，但是变更管理需要有一套科学规范的流程。进度管理的过程中不变更是不可能的，需要注意的是要减少不必要的变更。

纠偏是高级能力

用不同的方式来纠偏，对资源的消耗是不一样的，因此存在资源效率的问题。从资源利用效率上也可以看出管理水平是有高有低的。

纠偏的方法很多，关键是要打开思路，不要被自己固有的思路限制。因此，具备较为全面的视角并看到更多的可能性对于项目的纠偏过程至关重要。它的核心与关键在于我们要能跳出自己的局限性认知，在相对陌生的领域和突发的情况下获取各方面的较为完整的信息，辅助我们做出较为科学与准确的判断，找到更为专业合理的解决方案。这是项目经理应该具备的一种信息综合、信息分析与决策判断的高级能力。

对偏差的反思很重要

> 这个世界上所有的问题都是人自己的问题。

项目进度控制的结束阶段需要有经验教训总结。经验教训总结的主要目的是看清楚项目执行过程中好的实践和需要改进的部分，它们记录在经验教训登记册中。这其中最重要的理念是反思，反思是为了更清楚地看到项目执行过程中各个层面的得失。对于个人来讲，反思也非常重要。反思可以把自己看清楚，人在做事过程中会通过自己对结果的反思不断提升与成长。

进度控制的难点

进度管理的根本目标是要做进度控制，而进度控制就是让项目按时完成。那么让项目按时完成的依据是什么？是项目进度计划。按照项目进度计划，在正确的时间做该做的事情。如果每项工作都能按时完成，项目就能按时完成。

但在实际项目执行过程中，进度控制很难把握好，原因多种多样。比如，WBS分解不完整，漏掉了重要的活动，执行的过程中又想起来了。再比如在项目进度计划制订的时候，没有和项目的多个关键干系人进行沟通，没有听取他们的重要意见。那么在后期关键干系人提出自己的意见时，就必须重新考虑。还有一种情况，开始的时候项目干系人没有提出某个需求，可能是当时还没反应过来，或者不太明白也不太清楚自己具体想要什么；后来在项目实施过程中，项目干系人看到了一个雏形，了解了更多的信息，突然想起了一项关键的需求，并提了出来。从需求管理的角度讲，这就是需求管理不到位的体现。需求的增加会导致项目蔓延、资源不足，项目就会延期。

> **生活污水治理项目的延期与变更**
>
> 管理者在执行一个村子的生活污水治理项目时发现，因为县里的道路规划和村子里的污水管路规划路径有重叠，所以村子里污水管路的实施必须更改线路和工艺，因此延长了工期，影响了污水治理规划，也影响了政府的预算安排。项目也因此多次出现延期与变更等不正常状况。

在这个案例中，如果村污水规划人员和县里的相关规划部门在前期规划阶段及时充分地沟通了线路需求，就不会在执行时才发现路径重叠的问题，这样很多后续的麻烦也就不会出现了，工期也不会一拖再拖了。这就是需求管理不到位导致的不良影响。这个案例反映了规划人员的前期规划与上级单位的规划衔接不到位、前期勘探不足、信息沟通不顺畅等问题；在后期执行阶段，项目监控也不到位，仍然存在沟通问题，导致项目进度失去控制，产生了进一步的项目蔓延等问题。这些都是项目进度控制中的难点。

在项目进度控制的过程中，最大的难点是人性的管理。有一本书叫《人性的弱点》，人性的弱点在项目管理中体现得淋漓尽致，并且这些弱点很难改变。除非真的能够做到知行合一，否则人的弱点就一定会对个人的行为产生影响。

尽管管理看起来很简单，但做到很难。比如人们都知道最好在晚上11：00之前睡觉，但很多人做不到。如果自己说了算的事都做不到，那么自己说了不算的事，就更不容易做到了。又比如，工作任务拖延、学生到最后一天才熬夜写作业，这些都是很常见的现象。"拖延症"也是人性的弱点之一。

人性是最难搞定的事，因为人的习惯很难改变。有一本书叫《习惯的力量》，在看这本书的时候，就能体会到习惯的力量有多大。很多情况下，人们会觉得自己做了很明智的决定，真的是这样吗？也许那只是习惯的结果。人们百分之八九十的决定全都是基于自己的习惯做出的，一直是习惯在帮人做决定，而不是人自己在做决定。人们以为活在自己人生的轨迹上，实际上只是活在了习惯的轨迹上，习惯在推着人前行。

人的问题永远是最重要的，管理中一系列的问题都是人的问题，如技术问题、资金问题、风险问题等，都是人的问题。事都是人干的，事没干好一定跟某些人有关系。如果没有这个认识，工作重心全都放在制定完善的制度、制定严格的企业奖惩机制、把企业的KPI体系搞得完美无缺等上面，这种情况下能够达成管理效果的概率就微乎其微了。完美的KPI也不会产生完美的结果，如果KPI能搞定一切问题，就不用学习管理了，只需要专门研究KPI，只学习KPI的知识和技巧就行了，但实际情况是KPI不能搞定这些和人相关的问题。

> 成功的项目都是相似的，失败的项目原因却千差万别。

这些人性的问题导致很多项目的失败。成功的项目都是相似的，失败的项目原因却千差万别。这句话类似于列夫·托尔斯泰在《安娜·卡列尼娜》一书中讲过的："幸福的家庭都是相似的，不幸的家庭各有各的不幸。"家庭也是项目，按照项目管理的方法也能经营好家庭。

进度控制的具体方法

（1）加班。

如果项目进展过程中某个阶段的目标没有达成，就要想办法来调整，以应对不确定性，这就是需要控制的部分。有很多控制的方法，如追加资源、加班等。一般最简单也最常用的进度控制方法就是加班。为什么人们加班越来越多了？因为项目越来越复杂，不可控性越来越高，不确定性越来越大，可预测性越来越低，出错的概率大大提升，出了错想把时间补回来，最直接的方法就是加班。

因为不断地犯错，所以不断补错，补错越多，加班越多，加班越多，人越疲惫，出错的概率进一步增加，陷入恶性循环。其实更多的加班并不一定会创造更多的价值，但会让人更累，这就叫低效。怎么做到高效呢？精神保持高度集中，上班的事情上班做，操作的步骤严格按照操作流程走，这样就能做到高效。

> 一开始就做对很重要。

而现实情况中，人们经常不严格按照程序或者更专业的做法执行，觉得可以搞定，结果没成功，然后又自我安慰："没事，加班可以搞定。"这种心理要不得。为什么没有一开始就做对？因为不够自律，对自己的要求不够高。一开始就做对很重要，因为如果很多事情一开始没有做对，不断的返工会让自己陷入恶性循环。

（2）进度压缩。

如果进度出现问题，就需要追赶项目进度，这叫进度压缩。进度压缩主要有两种方法。一种是增加资源投入，叫作赶工（Crashing），这种最常见，很多项目因为延期了，就要增加人员或者加班赶工，就是用资源换时间。

还有一种进度压缩的方法叫快速跟进（Fast Tracking），即改变活动的逻辑关系。比如有些活动是串行的，把它们变成并行的，就可以加快进度。但这就关系到前面活动排序模块里的活动之间逻辑关系的问题，活动顺序能不能调整？调整了以后会不会产生影响？有什么样的影响？这都是快速跟进需要考虑的问题。很多情况下大家喜欢用赶工的方法，而不是用快速跟进的方法，就是因为改变逻辑关系可能给项目带来很多不确定的风险，会增加项目的不可控性。

在项目中，没有硬逻辑关系的工作是可以并行的。如前文所述，两个活动具有硬逻辑关系是指两个活动的先后顺序不能改变。并行是进度压缩的有效方式，其实就是解决时间资源的问题。但并行也有一些弊端：有的项目采用边设计边施工的方式，风险很高，因为设计图纸和施工是有硬逻辑关系的。有的项目为了赶工期，设计了一部分图纸就施工，施工完了再设计。一旦设计中出现了问题，后果会很严重，需要从错误的点重新设计，施工完成的内容也需要改，返工会很多。这样不符合项目管理的逻辑，风险太高。

进度管控中的资源平衡

资源平衡是资源优化的一种重要手段。在进度管控中，进行资源平衡的控制存在于多个维度中。一种维度是关键路径和非关键路径之间的资源平衡。关键路径上的活动都是关键活动，识别关键路径，其实是为了保证关键路径上的活动不要延迟。因此，很多情况下存在资源不足的时候，往往需要把非关键路径的资源转移到关键路径上使用。

在另一种维度，资源平衡还体现在日常工作的资源分配中。公司里的人力资源往往存在浪费的情况：闲的人很闲，忙的人很忙。而忙的人心里也很不平衡，这其实就是资源平衡做得不好产生的结果。具体表现为：资源管控不到位，管控不精细，很粗糙、很粗放。这种现象在很多公司普遍存在。任务分配也不到位，有的人一阵忙一阵闲，忙的时候天天在加班；闲的时候，下午三四点就没事干了。松紧度掌握不好就会出现这种情况，进而就会出现员工满意度下降等问题。天天让员工加班，两个星期员工必然疲惫不堪，这会严重影响员工的满意度，也就涉及人力资源管理的问题。企业要让大家开开心心工作，工作要有产出，精神状态还要保持良好，也就是要保证多方满意，这非常重要。企业管理的目标在于多方满意，而不应只是让雇主满意，也需要让员工满意。员工不满意也会产生不良后果，那些情绪性的、对抗性的障碍就是在不满意中产生的。这些情绪性的障碍需要项目经理在管控项目的过程中多加关注，尽量予以清除，这样项目的执行才会形成正向循环，项目执行的效率才会得以提升。

小结

项目管理的逻辑贯穿于整个项目管理的过程中，对于这种逻辑性的把握是做好项目管理的前提。本章从四个角度阐述项目管理的逻辑，首先从需求切入，阐明对于项目来讲最重要的是确认真实需求，剔除虚假需求，先把项目的方向定正确，防止在错误的道路上飞快地奔跑。

其次，讲述了干系人对于项目的重要影响，从识别干系人、识别干系人的需求及管理干系人三个方面阐述了干系人是谁、与干系人沟通的要点，以及如何管理干系人等关键内容，体现了项目管理中以人为本的理念。

再次，介绍了项目管理的层级结构以及项目分段管理的思想，使读者对于项目管理的层级结构有了大致了解，从宏观和微观两个角度讲述了项目管理的基本逻辑。

最后，以进度管理为例，阐明了项目管理中的逻辑是环环相扣的，通过这种串联的逻辑组成了整个项目管理的基本架构。项目进度管理中如分解思维、系统思维等重要思维，对于项目管理工作乃至人生管理都有重要的指导意义。

总而言之，通过项目管理逻辑的学习，读者能够对项目管理的底层逻辑有大致的了解与把握，对于成功实践项目管理具有内核性的支撑。

第4章

项目管理的关键

世界是可以被认知的,项目亦然。

项目管理的本质是认识世界和改造世界。其底层的逻辑是基于人们对世界的认知，去构建一个更美好的世界。世界是一个系统。这个复杂的系统具有特定的结构，这个结构遵循一定的规律。对于这种客观规律的认识是项目管理的基础与起点。

在世界结构中，各种规律无处不在。从牛顿的三大运动定律到爱因斯坦的相对论，再到量子力学的奇妙世界，自然规律统治着宇宙的一切。这些规律使得世界有序运转，万物生长、繁衍、演变。

项目作为具体的工作或研究任务，同样遵循其规律，这个规律是可以被认知的。对项目的认知，可以提高项目管理的效率和效果，确保项目的成功实施和目标达成。但在项目管理中，经常会遇到各种预料之外的挑战。很多时候，这些挑战源于自身的思维局限性，如固定思维和短期视野。本章的学习目标是突破原有的固定思维所带来的局限，基于世界和项目管理自有的规律，提升我们对项目管理的驾驭能力。

项目管理是一门深奥的学问，它要求我们不仅要掌握理论、方法、技术与工具，更要理解万事万物背后的复杂逻辑与规律。同时，我们也需要正视自身的思维局限性，努力克服这些局限性，以更加全面、深入的视角去看待和解决问题。

4.1 心智模式与创新思维

突破传统的心智模式，认识自己的思维方式。

> 思维是灵魂的自我谈话。
>
> ——柏拉图

认知的不同方式

（1）基于点的认知。

一部分人对世界的认知是"点"认知。点认知是基于一个点的、固化的认知方式。具有这种思维方式的人通常会认为世界就是他以为的样子，并且固守于这个点。这是所谓的点认知，通常的表现是固执。

（2）基于线的认知。

在相同的层次或水平，沿着这个点的某个方向，会产生相似性的描述及认知，是一种同向拓展。学会同向拓展的人能够从点往前推进，即从点认知变成线认知。但大部分的认知通常会按照一个既定的轨道前行，只停留在线认知模式当中，俗称"一根筋"。

（3）基于面的认知。

如果一个人的思维能离开这条线，认知方向发生转变，就能从原有的同向轨道中跳出来，换一个方向和角度，由线转变成面。从线到面的转向意味着思考不再是"一根筋"。当一个人能够换一个方向和角度来认识问题时，会进入面认知的层级，这是一个很大的突破，这样的人可以换位思考，容易理解别人的观点和想法。即便如此，面认知对世界的认知仍然是片面的。与全面的认知相比，面认知依然是不完整的，因为真实的世界是完整且多面的。

（4）基于立体的认知。

点、线、面的认知会构成局限性，这种局限性是因为人们原有思维的固化模式所导致的。所有固化的思维模式都会形成一张类似平面的网，对于大部分人而言，这个平面的网很难突破，但也是我们最应该去突破的。

创新的核心是建立对世界的立体认知。这种立体认知的实现，一定基于对原有模式的突破。只有具备立体认知，所看世界才可能是比较完整的。

项目管理者的认知模式直接或间接决定项目管理的局限性和有效性。一般来讲，局限性越大，有效性越低。

项目管理的逻辑维度

- 点思维：思维停留在一个点，容易钻牛角尖。
- 线思维：横向思维，只对同一类人、同一类问题感兴趣。
- 面思维：纵向思维、二维思维，两个方向可行，可以从另外的角度解决问题。
- 立体思维：多角度思维，可以看到问题的多角度、多方向，从而更高效地解决问题。

如果一个项目问题长期无法解决，一般会选择两种途径。

第一，改变思维模式。长期无法解决的问题，若横向思维无法解决，则需要尝试纵向思维，跳出原有的惯性思维，换个角度看待问题，以解决问题。采用纵向思维，不按常理出牌，需要长期不断的思维训练。如果纵向思维仍然无法解决，就要考虑像上帝视角一样，跳出二维平面，辅以高维智慧向下兼容，也许很快能找到答案。只要跳出自身所在的平面思维，借助高维思维，就能捕捉到低维思维不曾注意到的关键信息。这是解决复杂问题的有效方法。

第二，无限次的试错。在原有方向上不断累积，不断试错，尝试依靠持续的资源投入，在海量的可能性中试图找到唯一性的存在。但往往这种方法成本高，且比较低效。以试错的方式不断追加资源来寻找出路，就是内卷行为。内卷的核心就是无法突破个人的平面思维，甚至未能突破横向思维，只能在相似的维度里持续提升工作强度，进而消耗大量的资源。

因此，个人在不具备上帝视角并且没有启用纵向思维的情况下，首先应当思考调整思维方式。从横向思维调整为纵向思维，逐渐上升到上帝视角，问题就会变得很简单。

4.1.1 知识的跨界迁移

项目管理的基础是对于项目管理活动的全面认知

> 思维世界的发展，从某种意义上说，就是对惊奇的不断摆脱。
> ——爱因斯坦

项目管理是基于现有的知识生成新的知识，通过实现项目的目标，最终帮助组织学习的过程。该过程的主要作用是利用已有的知识进行创造或改进项目成果，使当前项目创造的知识可用于支持组织运营和未来的项目实施。知识分为显性知识和隐性知识，知识管理指对显性知识和隐性知识的管理。达成目标的关键活动是知识分享和知识集成。

显性知识可以通过大量的阅读或课程来学习。但隐性知识无法通过简单的阅读来获取，隐性知识更注重思考的深度和经验的积累。显性知识的学习是固定的，但隐性知识的学习不会固定在某个理论或模式上，是发散的。项目管理者如果具备一定的显性知识，同时具备隐性知识并能全方位地发挥其作用，就能够基于原有的知识生成新的知识。通过不断加深，最终有可能实现知识的跨界。

《目标》的成功

《关键链》《目标》的作者艾利·高德拉特博士的经历具有借鉴意义。高德拉特博士是以色列物理学家、企业管理大师、"TOC制约法"的创造者。他采用小说的笔法完成了著作《目标》，分享如何通过逻辑推理来解决复杂的管理问题，此书一经出版，便在全球引起了极大反响。高德拉特博士本身是物理学家，但是大家对高德拉特博士在物理学领域的成就并不十分了解。相比之下，大家对其在管理学领域的贡献更加熟悉。《目标》起初并未得到出版商的青睐，因为出版社担心读者认为高德拉特博士是个外行而质疑该书，刚开始，没有出版社愿意出版《目标》，但该书最终成了世界畅销书之一。

艾利·高德拉特博士的跨界成功告诉我们，一旦突破了原有的思维限制，在原有领域和新的领域都将取得不俗的成绩。

能够跨界的人一旦跨界成功，在跨界的新领域通常会非常出色，如美国跨界成功的赫伯特·西蒙。西蒙拿过计算机领域的最高奖图灵奖，获得过诺贝尔经济学奖，同时也获得了美国心理学会杰出贡献奖。他在三个不同的领域里都拿到了该领域的最高成就奖。

> **葛洪的《肘后备急方》**
>
> 中国自古就有许多跨界成功的人士。2015年获得诺贝尔生理学或医学奖的是我国中医科学院85岁的药学家屠呦呦。屠呦呦曾经谈到，在研发的关键时刻，她从一本中医古代文献《肘后备急方》获得了灵感和启发。《肘后备急方》的著者是葛洪，葛洪世称葛仙翁，是东晋时期横跨道学、哲学、军事、医学等多学科的一位巨擘。晋永兴元年，葛洪加入吴兴太守顾秘的军队，出任兵都尉，加入对抗叛军的行阵当中。平乱有功，葛洪被封为"伏波将军"。葛洪除了在军事上的造诣，在医学和药物学的成就更是令人叹为观止，《肘后备急方》是当时每家每户随身必备的书籍，老百姓遇到小毛病或者急症随手翻阅《肘后备急方》，极为便利。葛洪一生治学领域广泛，现存的主要著作包括《抱朴子内篇》二十卷、《抱朴子外篇》五十卷，以及《玉函方》一百卷，可谓中国古代的一位跨界成功者。

能够成功跨界，需要具备全面认知的能力。从最初的点思维到线思维，再继续发展到面思维，之后在面思维也就是二维思维不断突破，最终从面思维上升到立体思维，如图4-1所示。

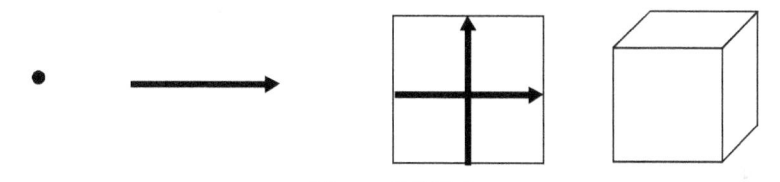

图4-1 思维演变

知识一旦能够跨界迁移，就会产生爆炸性的效果。本章介绍的几种认知模式让我们认识到，自己的思维方式或许只停留在面思维，抑或在从面思维向立体思维发展的过程中。人们往往很难意识到自己的思维停留在一个相对封闭的空间中。一旦能够突破原来的空间，把知识迁移到一个新的空间，便会产生不同凡响的效果。如何突破自身认知的局限，如何跨越原有空间的束缚，是非常重要的能力，因为这种能力是面向未来突破发展的有效途径。

4.1.2 创造性思维

> 人之可贵在于能创造性地思考。
>
> ——华罗庚

独特性决定价值，做其他人做不了的事情

创造性思维是一种具有开创性的，不同于以往任何一种形式的思维方式。创造性思维是在原来的基础上产生的独特的新思维、开拓出的知识的新领域。比如，原来想实现项目的全天候监控，依照当时的技术水平，几乎是不可能完成的事情。现在利用建筑信息模型系统与自动化监视系统，结合无人机360度转向操控和智能传感器，可以实现智能全程监控。这是一个创举，是技术发展带来的结果。技术发展依托于人们思维的进步，人们的思维不断在新的未知的领域探索，突破原有的状态。技术发展是典型的创造性思维带来的收益。

在智能技术、物联网技术快速发展的当下，新的技术减轻了相关人员的负担，给管理带来了很大改变。工厂里的无人车间应运而生，随之而来的无人工厂也会越来越多。工厂对工人的需求数量在不断减少，整体正在向智能化快速发展。随着技术的不断发展，大部分重复性的劳动、不需要做即时性判断的劳动、非复杂性决策的劳动，将会越来越多地被机器人所代替。若想不被这个时代淘汰，就要培养自己的创造性思维，不要始终做简单重复性的工作。未来类似车间的操作员、出纳员等重复性的劳动可以由机器人取代，人的操作将不断减少。随着人工智能的日渐发展，重复性的、有规律的劳动已不再需要通过人去操作完成。

创造性的劳动，特别是高端创造性的劳动会有越来越广阔的市场。具有一定的高维度、高广度、高深度的综合集成能力的劳动者会越来越稀缺。机器的替代或人工智能辅助会让人的头脑变得简单，复杂劳动反而变成了更高的挑战。能够进行复杂劳动的人，机器无法取代，这类人必定是未来的稀缺型人才。

是什么让我们失去了创造性思维

无法产生创造性很重要的一个原因，是人们习惯于在原有的、既定的惯性思维中打转。是什么让我们失去了创造性思维？首先是"太忙"。当今社会，大家普遍感觉很忙碌，忙工作、忙赚钱、忙着家庭琐事，把所有时间和精力都投入工作与生活的事务当中，同时牺牲了提升思维的时间。很多人没有时间静下来读书，因为工作报告看不完。那么，"忙"到底是什么？忙是"心"+"亡"，意味着一忙，心也就死了。忙意味着一个人原本心中充满的活力渐渐离去，同时丢失了原本提升自己心灵活动的时间。其结果可能是几年甚至是几十年里，只是在原地不停地打转。无法提升和原地打转，导致越来越多的人变成了经验依赖主义者。在面对问题的时候，经验依赖主义者会试图从过往的经验中寻求行之有效的方法。将问题和过往的经验进行绑定。因此，无法产生创造性是习惯了和已有的经验进行联系，试图用历史经验和既定的数据来为当下发生的事情做分析。但事情和问题往往是动态的，而经验是静态的，试图用静态的方法去解决动态的问题意味着局限，经验主义的失败大多源于此。

如何具有创造性思维

要想具有创造性思维，首先要具备解决动态问题的能力。要想具备解决动态问题的能力，就要学会摆脱固有的依赖经验的思维模式，因为过度依赖以往经验所带来的成功，意味着创造性的降低，当一个人变成了经验依赖主义者时，往往就是其创造性思维消失的开始。

要想具有创造性思维，其次要为已经被忙碌填满的"心"与"大脑"腾出空间，因为创造需要空间，心与大脑被塞满了，意味着没有空间进行相应的创造。让心先试着闲下来，什么是闲？闲是"门"+"木"，在家里种种花，养养草。这里所谓的闲，并不是通常理解的"躺平"，而是像拉满弓前的松弛弓弦，像跑步运动员起跑前一刻的热身活动。闲下来到草地上走一走，与大自然亲近。学会让自己松弛下来，是培养灵感或者产生创造空间的必要条件。所以也许一个人看似在悠闲散步，也可能他正在做更深层次的思考。一味地强调拼搏奋斗，就如同一直拉紧的弓弦或一直紧绷的肌肉，是无法保持长久张力与爆发力的。因此，无法把握张弛有度的节奏，难以产生创造性思维。

所以，具有创造性思维的关键是让自己先学会闲下来。闲下来，才有可能真正思考并看到自己的惯性思维模式，看清自己的惯性思维模式之后，再逐步培养自己的动态思维模式。培养动态思维模式是培养创造性思维的开始。首先从培养捕捉动态信息的能力开始，这个能力的关键点是"无我"。"无我"意味着摒弃"我"原有的立场、个人经历、所站角度等一系列阻碍动态的因素，这些因素导致了思维的某种故步自封。在"无我"状态下，人们就可以从多维度视角、全方位地剖析问题，最终找到解决问题的方法。

拉马努金与伽罗瓦在数学领域的创造性

斯里尼瓦瑟·拉马努金是印度历史上最著名的数学家之一，他在伽马函数、模形式、发散级数、超几何级数、质数理论等方面具有突破和重大发现。拉马努金10岁时第一次接触到正规数学，并从此酷爱数学，他对数学的喜爱程度可谓到了痴迷的程度。因此也导致他偏科严重。因为考试挂科，拉马努金未能如愿步入高等学府。拉马努金期望能够完全投入数学工作中，所以他恳请有影响力的印度人给予支持，但并未获得足够的支持。不过，拉马努金的复杂定理引起了当时英国著名数学家剑桥大学教授哈代的注意，哈代给出的评价是"拉马努金的数学水平完全打败了我"。哈代慧眼识"金"，使得拉马努金能够进入剑桥大学并崭露头角。哈代推荐拉马努金的时候，显现出的就是"无我"的状态，他把拉马努金的数学成就看成最重要的，没有因为对方的成就高于自己而心生妒忌或阻碍对方。

拉马努金并没受过正规的高等数学教育，也未受过严格的数学训练，但这也许成了他的优势——不被原有传统的经验所束缚。因为拉马努金大部分时间在自学，因此对现代学术的严谨意义并不理解，甚至在某种程度上不理解什么是证明。他能发现数学规律但不喜欢证明规律。拉马努金生命中最后一项成果是模仿 θ 函数。有专家表示，模仿 θ 函数很可能被用来解释宇宙黑洞的部分奥秘。更令人吃惊的是，拉马努金首次提出这个函数的时间，比斯蒂芬·霍金发表"黑洞辐射"提前了50年。作为拉马努金的伯乐，哈代曾感慨道："我们学习数学，拉马努金则发现并创造了数学。"拉马努金在研究数学的过程中也是"无我"的状态，经常因为钻研数学而忘记吃饭和休息。

群论是法国数学家伽罗瓦的发明。伽罗瓦在19岁时发现了群论，这个理论对于解决多项式方程的根式解题方法有很大贡献。伽罗瓦证明了多项式方程可解的充分必要条件是它的Galois群是一个可解群。它的重要性在于能够确定一些方程和方程组是否有根式解，即是否能用常数和已知函数的有限组合表示。伽罗瓦在数学界的影响被广泛认可，他被誉为"数学天才"的代表之一。虽然他的数学成就和研究生涯都十分短暂，但他对数学产生的革命性影响是无法估量的。伽罗瓦在工作中也是"无我"的，他在去世的前一天晚上，仍然奋笔疾书，总结学术思想，整理、概述他的数学工作。

通过拉马努金的案例可以看出，正是因为拉马努金没有经历教条式的学习，相比传统的数学研究者，他在数学上的研究可以做到不拘一格。在其他人眼中，没有经历科班系统学习的劣势，反而成了拉马努金不受传统经验束缚的优势。伽罗瓦对数学的研究都是出于"无我"的状态，全然地投入研究并翱翔于数学的海洋之中。

"世界上所有的存在都是你的路。"创造性思维就是看到了这个世界上有无数条的路，同时看到了解决问题的无数种可能。创造性思维为每个人提供了更多的可能性。每一段路程都有其独特的经验和收获，无论走向哪个方向，明确自己的目标并努力实现它，勇敢面对挑战和困难，坚定自己的信念，同时保持开放的心态，接受可能出现的机遇和变化，那么成功与失败就都是成长和学习的机会。所以，要珍惜每一段路程，认真品味人生中的每一个片段。

人生的意义在于，生命需要不断扩展，我们需要不断地体验生命中蕴含的丰富性及创造性，保持开放，去体验无限的存在、无限的世界、无限的可能与创造，这是生命赋予我们的价值所在。

4.1.3 整体性思维

> 我思故我在。
>
> ——笛卡儿

整体性思维是一个人的全局观

世界是一个整体，里面包含各种要素，所有的要素之间存在着特定的逻辑关系。怎样看待世界？系统性思维很重要，整体性思维更重要。整体论是系统论的一个知识点，因其重要性，我们在此单独论述。自1915年爱因斯坦创立广义相对论以来，物理学家、数学家致力于构建一套能够统一描述自然界已知的基本相互作用的理论。之前，爱因斯坦进行了长期且广泛深入的探索，几乎花费了其后半生所有的时间，试图探寻统一场论。统一场论是在经典统一框架内构建描述电磁力和引力的统一理论。尽管所有的尝试最终未能取得成功，但其关于统一场论的理念一直延续至今。如何实现统一场论也同样成为一代又一代理论物理学家和数学家锲而不舍的追求。

整体性思维也可以称作全局观，指看事物要纵览全局，并非只看局部。整体性指要平衡把握项目组合、项目集和项目管理之间的关系。项目管理者应尽量掌握项目管理领域的各方面知识，熟练掌握相关知识之后，进行项目知识层面的认知整合，将见解、领导力、技术及商业管理等运用到项目管理中。项目经理需要利用整体性思维整合这些知识领域所涵盖的元素，从中进行有效的优先级梳理和排序，识别和把握其中的核心要素，实现预期的项目结果。

无法具备整体性思维的一个重要原因是故步自封。某些人的思维经常固定在某个点，始终认为自己看到的才是唯一正确的解，因而拒绝接受新的或不同的观点和知识。这样的思维也被称为红灯思维，指遇到与自己想法或看法不同的观点时，思维就如同亮起了红灯，阻止对方阐述观点，或者拒绝接收新信息。红灯思维是由人们对于自身的不足或自己未知领域的暴露所产生的恐慌引起的，是阻碍思想进步的一种思维壁垒。只有先正视自身的局限和不足，克服因为无知和不足带来的恐惧感，才有可能突破红灯思维带来的壁垒；接纳自身的不足，允许并倾听不同的声音和观点，逐步从红灯思维转变为绿灯思维，当一个人能够接受不同的观点与声音时，他的视野和胸怀也会随之越来越开阔。

著名的邓宁—克鲁格效应（Dunning-Kruger Effect）是一个从红灯思维向绿灯思维拓展的理论，如图4-2所示。它揭示了人们在面对自身能力及知识水平时的四个阶段：①不知道自己不知道；②知道自己不知道；③知道自己知道；④不知道自己知道。能力相对较低的个体会对自己的知识、技能和经验评价过高，他们认为自己无所不知。而能力相对较高的个体则会对自己评价较低，他们长期处于探索和学习的状态当中。

（1）"不知道自己不知道"阶段。

这种心理效应源于个体对自己的能力和知识水平缺乏客观的认知和评价，导致无法完全意识到自己的局限性和缺点，从而使其对自己的能力和表现产生不符合实际的估计。处在这个阶段的人，完全意识不到自己的无知，时常把片面当全部，经常认为自己无所不知、无所不能，但在现实中，遇事经常受挫，而长期的打击并没有促进其成长，反而导致其越来越麻木。假如在打击之后，能够反思自己的问题，深刻意识到自身在哪里依然有不足之处，重新认识自己，振作起来修正自己原有错误的认知，也许就能走上开悟之路。如果振作不起来，一生也许就此荒废了。有一部分人始终停留在这个阶段，最终一生碌碌无为。苏格拉底有一句名言"未经审视的人生，是不值得过的"。当一个人开始审视自己以及自己人生的时候，或许就开始走出愚昧之峰。

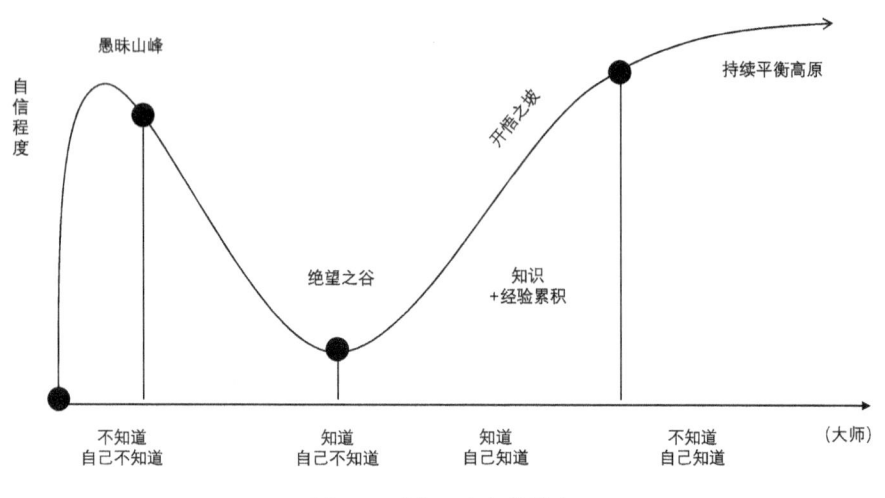

图4-2　邓宁—克鲁格效应

（2）"知道自己不知道"阶段。

一部分人在不断经历挫败之后，原本以为自己"天下第一"的信心开始动摇，突然发现原来很多东西自己并不知道，自身实际的能力与理想的能力差得很远，甚至因为某件事的发生导致自信心彻底被击溃，整个人如同掉入绝望之谷。但是，也正是从此刻开始，人们由狂妄自大开始转变为向内审视自己。处在这个阶段的人们通常会反省自己的不足，开始渴望努力学习和提升自我。这个阶段也是人生重要的转折点，人生中经历的种种磨难和痛苦，是为了让我们看清自己曾经并不知道的，是为了激发我们向内探索的意愿。一个人很难被另一个人说服、教育、唤醒，只有在经历痛苦和磨难，面对痛定思痛的关口时，才有可能静下来真正反思自己。因此，一切的挫折，是为了让我们意识到自己的无知，从而帮助我们打破自己的认知盲区。

（3）"知道自己知道"阶段。

通过第二阶段的转变，从原来的封闭和固守逐步敞开内心，从原来的红灯思维逐渐变成了绿灯思维。在沟通中不再急于反驳对方，而是在交流的过程中聆听不同的声音，由此积累了许多之前不知道的知识和观点，越来越谦虚、开放与包容。这是一个需要长期学习的过程。在这个过程中，通过新知识的积累，填补了过去自己在认知上的许多空白，同时依然不断地反观自己，知道哪些是自己以前并不知道的，这个"知道"是不断自我学习和自我成长的过程，是一个人具有整体性思维的必经阶段。

（4）"不知道自己知道"阶段。

处在这个阶段的人具备丰富的人生阅历和体验，同时具有极强的独立思考精神。苏格拉底曾有一句名言"我唯一所知的是我一无所知"，描述的就是这个阶段。这个"不知道"和"一无所知"指的并不是无知，而是指不会被过去任何一种已知的模式所封闭，不做提前的任何预设。这是一种全然开放地去了解事物全貌的状态、一种极强的承载力、一种空杯的心态。人们只有到了这个阶段，才可以说真正具备了整体性思维。处于这个阶段的人仿佛什么都不知道，但又好像什么都知道。处于这个阶段的人打破了自己固有认知的局限性，会从整体角度看待人事物，明白世界都是相对的，没有绝对的对与错、好与坏、黑与白，不走极端，保持开放的心态。处于这个阶段的人能够全然地看待一切，因此看事物会更加鲜明、清晰，同时节奏变得更加舒缓，不是呆板、停滞的，而是顺畅、和谐、极具力量的"慢"。在这个"慢"中，蕴含着把握整体的掌控力。

整体当中同样包含细节，能够抓住细节，就能够抓住重点。试图去了解某个领域或某个问题之前，先评估其中的关键因素和主要挑战，这些关键因素能帮助我们理解事态的整体架构。通过理解局部与整体的关系，将各个方面、各个领域的信息整合起来，能够更好地把握整个局势。要了解不同维度的数据和信息、从不同的角度出发考虑问题，保持警惕和敏感，随时关注和了解有关领域的信息，密切关注有关变化和趋势走向，以便更好地预测和应对将要发生的情况。时刻保持独立思考和"健康"的怀疑，对自己的决策进行分析和审核，保持一定的融通性，防止陷入思考的误区，以便更好地掌控全局。

总之，掌控全局需要具备整体性思维、敏锐的洞察力和持续学习的能力，同时要更加灵活地应对不同的挑战和变化，把握整体局势。项目管理人员只有具备了整体性思维，在项目管理的过程中才能对全局有一定的把握，不忽略、遗漏关键信息，避免低级错误的发生。越能够把握全局，越能够做到项目管理的全面性和有效性，越能促使项目最终获得成功。

4.1.4 系统性思维

> 我们的感官只能让我们感知外面世界很小的一部分。
> ——尼古拉·特斯拉

人只喜欢看喜欢的东西，不喜欢的东西看不见

在项目管理的过程中，另一项重要的能力是具备系统性思维。因为项目本身就是一个系统，同时嵌套在组织的大系统内，其中还包含多个类似小系统的子项目。整体性思维代表了项目管理能够覆盖的广度，系统性思维代表了项目管理能够达到的完整度（深度、广度、精微度）。

世界是一个巨大的系统，系统里又分许多子系统，子系统里还包含很多小系统。大系统嵌套小系统，这个世界是由许多不同大小的系统叠加构成的。系统内所有要素之间有着特定的关系，世界上几乎找不到没有关系的两个完全独立的事物，因此，世界是普遍联系的。一切事物之间都存在某种特定的逻辑关系。科学研究者不断地对系统中信息的传递和处理进行研究，由此形成了信息方法论和系统论。信息方法论和系统论认为世界上各种事物都充满矛盾，是不断发展的，物质的运动主要依靠矛盾运动产生的能量，而事物之间的普遍联系靠的则是信息。

系统在自然界、人类社会包括人自身都是普遍存在的，因此现实中存在着各种各样的系统，同样也有各种系统分类。钱学森先生提出了新的系统分类，将系统按照子系统的数量和种类、子系统之间相互关系的复杂程度（非线性、不确定性、模糊性等）及系统的层次结构分为简单系统、简单巨系统、复杂巨系统和特殊复杂巨系统。生物体系统、人体系统、社会系统、星系系统等都是复杂巨系统的代表，其中，社会系统是最复杂的系统，又称为特殊复杂巨系统。这些系统都是开放的，与外部环境有物质、能量和信息方面的交换，所以又称为开放的复杂巨系统。

世界上无法找到独立存在的人或事。世界与个体是你中有我，我中有你，世界的存在结构包含了个体的根本结构，个体的根本结构又组成了世界的结构。每个人都有一个根本结构，就是人的心智模式。看到一个人的根本结构，就可以看到这个人的发展趋势与方向。彼得·圣吉在《第五项修炼》里讲到的其中一项修炼就是心智模式。心智模式就是我们内心的底层结构，自我超越就是突破原有的底层结构。关于结构化思维的详细解读，可以看《金字塔原理》。

《第五项修炼》中介绍了改善心智模式、自我超越、共同愿景、团队学习和系统思考这五项修炼。其中，系统思考的核心就是研究要素之间的关系，而且强调系统往往是动态的。一个项目就是一个标准的动态系统，在动态系统里研究动态关系是很难的，因此在动态系统管理当中尤其重要的是具备洞察力。关系为什么很难看清楚？难就难在这个所谓的关系是动态的、不确定的。世界不是静止的，世界是不断运动的，关系随时在变。前四项修炼都是为了第五项修炼而进行的铺垫，通过学习可将每一项修炼运用到项目管理的实际操作中。

第一项修炼，心智模式

每个人原有的心智模式都是根深蒂固的，它潜移默化地影响着一个人的三观，以及一个人看到世界的样子。一个人通过自己看到世界的样子，对事物进行评价，选择采取相应的行动。心智模式沉积在每一个人的心灵深处，通常很难被我们察觉。如果看不清自己的心智模式，那么心智模式将影响并主导我们的每一个行为。我们喜欢或不喜欢一个人、对待事物喜怒哀乐的情绪反应都是心智模式在发挥作用。例如，在项目管理中，我们会反复被同一类事情阻碍，或者反复被同一个人或同一类人影响。在没有认清自己的心智模式之前，我们一直被其牵着鼻子走。我们自以为了解自己，但如果没有看清心智的运作模式，就不算真正了解自己。一个问题的出现对应着我们原有的某种心智模式，如果不能改变，那么类似的问题还会反复出现，改变心智模式，是一个人不断认清自己、重塑自我、最终解决问题的关键。

第二项修炼，自我超越

看清心智模式的目的是对其实现突破，"自我超越"正是这样一个过程。为了实现自我超越，首先要深刻洞察自己的"心智模式"，在这个了解自我的过程中，以观察者的角度客观地观察和分析自己的观点、认知和行为，进而看到自己心智模式中的不足和障碍，找到可以实现自我超越的途径和方法，这一过程通常是痛苦而漫长的，它需要足够的耐心、心理敏锐度和心理承受力。因此，只有那些真正勇敢而智慧的人才能真正实现自我突破和成长。

第三项修炼，共同愿景

"共同愿景"是指在一个项目组织中项目成员发自内心的共识，是其愿意共同完成的目标。一个项目组织的共同愿景将成为项目成员渴望实现目标的内驱力。个人的目标与组织的使命紧紧联系在一起，个人会更加主动并真诚地投入。共同愿景让项目团队中的每个成员凝聚在一起，为实现共同的项目目标而努力，使项目团队具有很强的实现共同愿望的凝聚力。

第四项修炼，团队学习

团队学习是建立学习型组织的关键步骤。彼得·圣吉认为，如果未能实现团队学习，成员个人的力量会被浪费。在一个团队中，个人可能通过前几项修炼具备很强的能力，但如果他们的努力未能有效地转化为团队的力量，就无法为组织提供价值。当一个团队能够不断汇集个人的力量时，整个团队如同凝聚成一道光束，最后形成强大的合力。因此，在项目团队当中，项目管理者既要能够有效识别成员的个人优势，还要能够调动团队成员的个人力量，并且能够形成团队内部的合力。

第五项修炼，系统思考

系统思考是五项修炼的核心。前面四项是第五项的基础。系统思考让我们看见事件之间的联系，使我们重新认识周围的世界，去看到事物背后之间的逻辑关系。从原有的一种分裂的思维方式逐渐转变为"万物相联"的思维方式。系统思考包含系统观点和动态观点。在系统中，不应该忽视各个局部的作用，因为它们不是孤立存在的，而是相互联系、相互作用的。但是在把握局部的同时，又具有动态的观点，不只是固定在某个局部。因此，项目管理中的系统思考是把握项目内外部各个要素的关联性。

人本身是一个系统，企业也是一个系统。彼此之间会有千丝万缕的联系，相互影响。系统思考能够加强其他每一项修炼，在这个过程中你会发现，通过不断融合，系统最终能获得整体大于各部分效力总和的力量。

中华文明自古就有系统性思维，它并不是近代由西方提出的。如果能了解中华文明的博大精深，那么就能理解文化强国的真正含义。传统中医理论正是利用系统性思维看待人体，而西医只以局部看待人体。中医既要把握局部，同时也要考虑系统之间的联系，而不是简单地、孤立地去看待各个器官。《黄帝内经》《皇极经世书》等都体现了古代先人的系统性思维。"观天地之消长，推日月之盈缩，考阴阳之度数，察刚柔之形体"，表达的是古人利用观测天地的变化，推演日月的盈亏，推求阴阳，洞察形体的刚柔。掌握万物之理，就是知晓了物与物之间的关联。因此，可以说中国的古人将系统性思维发挥得淋漓尽致。

美国记者看中医

1972年尼克松访华时，他的随行新闻记者詹姆斯·莱斯顿急性阑尾炎发作。在北京手术回到美国之后，莱斯顿曾经于1971年7月26日在《纽约时报》上发表名为"Now, About My Operation in Peking"的文章，讲述他在北京进行阑尾炎手术的经历。术后第二天晚上，因术后引起的腹部疼痛，针灸医生李占元没有使用麻醉剂，而是采用传统中医针灸缓解莱斯顿的术后疼痛。莱斯顿在文中提到，李医生相信身体是一个有机整体，疾病可能是由器官之间的不平衡引起的，而针灸的刺激可以通过消除局部充血或缓解对抗来帮助身体恢复平衡。

莱斯顿在手术后第二天通过中医针灸止痛的经历在美国引起了广泛关注，也让许多人对中医充满了好奇。对于我们无法理解的存在，只是因为现有认知的局限，让我们暂时没能看到它的合理性。

科学尊重客观规律。科学的局限是只能发现并利用科学规律，但是无法创造客观规律。世界是一个系统，系统是有结构的，结构是可以被认知的，体现的是科学层面。世界有其规律性，一切事情的发生都有特定的规律，这个规律超出了现有科学水平，需要科学发展不断探索。量子纠缠实验就是利用科学技术探索事物之间联系的一个经典案例。

量子纠缠

2022年，诺贝尔物理学奖被授予阿兰·阿斯佩、约翰·克劳泽和安东·塞林格，表彰他们通过突破性的实验，证明了研究和控制纠缠态粒子的潜力。曾几何时，每当提到"量子纠缠"这个词语，大多数主流物理学家都避而不谈，因为

> 这个词听起来带点"民间科学"的味道，甚至让人对宗教或者玄学产生联想。但量子力学的基础不仅仅是一个理论，科学家正在对其进行密集的研究，利用单个粒子系统的特殊性来构建量子计算机，改进测量，构建量子网络并建立安全的量子加密通信。如何允许两个或多个粒子无论它们相距多远都以共享的状态存在，被称为纠缠。自"量子纠缠"理论提出以来，它一直是量子力学中最具争议的讨论之一。之前，爱因斯坦谈到了远距离的"幽灵作用"，薛定谔说这是量子力学最重要的特征。

实验表明，自然界的行为符合量子力学的预测。中国"墨子号"量子卫星首次实现千公里级的量子纠缠分发。通过两个地面站点和卫星之间发射量子，在千公里级别上实现了量子纠缠。虽然科学在这个领域的探索已经获得一些进步，但在广袤的宇宙当中，依然存在许多未被认知的部分。

是什么限制了人们的系统性思维，正是人们的感官。人只喜欢看他喜欢的东西，不喜欢的东西他看不见。比如，一个人准备买一辆红色的特斯拉牌汽车，因为他觉得红色的汽车也许没人开，结果却看到大街上跑着许多红色的特斯拉牌汽车，只是平时他看不见。当我们关注什么品牌的车，就会在路上看到很多该品牌的车。这种现象不是因为我们关注了以后它改变了，而是当我们对它投入了注意力，它就开始呈现了。人的注意力是有限的，只有在关注某些物体时，才会对其进行深入的感知和认知。而人对于喜欢的物体，往往会更加关注，对于不喜欢的物体，则可能会忽略或者快速地过滤掉。

这种现象说明人们一个普遍的心理状态，即我们看到的往往只是自己喜欢看的或者格外关注的。我们的世界里从来都是自己喜欢的东西，或者自己讨厌的东西。既不喜欢也不讨厌的东西出现在面前，我们是没有感觉的。喜好和偏好也会影响我们的选择和注意力。人往往会更倾向于选择和关注自己喜欢的人、事、物，而对于不喜欢的则可能会避免或者忽略。这种偏好和选择也会影响我们的感知和认知，大部分人的世界是这样一种构成。所以不要认为我们看到的世界很真实，也许我们看到的世界并不一定真实。尼古拉·特斯拉曾经说："我们的感官只能让我们感知外部世界的很小的一部分。""我们的听觉范围很小。""中间的物体遮挡并阻碍了我们的视线。""要了解彼此，我们必须超越感官的范畴。"在项目管理当中，我们也会不自觉地投入个人的喜好，我们会倾向于关注自己喜欢的人、事、物，从而忽视了不喜欢的或者无感的，但也许就是在这些无感的因素当中，蕴含着关键信息或核心要素，而它们却被我们排除在外。因此，要想项目管理有成效，就要看到项目真实的状态，要掌握各个项目要素之间的逻辑关系，削弱自身喜好带来的感知局限，从而加强对项目的认知深度。

项目管理不仅是简单地完成任务和达到目标，项目经理还需要具备全局观和系统性思维。项目经理需要掌握整个项目的方方面面，包括时间、成本、质量、范围以及对应的影响要素，需要能够将这些方面有效地整合起来，形成一个有机的整体。

项目管理的关键在于突破自我认知的边界。在项目管理中，项目经理不仅需要掌握专业知识和技能，还需要不断地学习和探索，突破认知边界，这样才能够更好地适应不断变化的项目环境和项目需求，同时，也要为自己创造一个松弛、闲暇的空间。在紧张的项目管理中，项目经理会经常面临各种压力和挑战，因此需要一些时间和空间来放松和恢复，以便更好地应对面临的挑战和任务。

综上所述，全局观、系统性思维、突破认知边界等是项目管理中非常重要的因素。它可以帮助项目经理更好地把握整个项目，提高项目管理的综合水平。

4.2 目标与范围管理

> 正确的时间做正确的事情。

目标导向是一种行为模式，是指以目标为中心指导所有的决策、行动和工作流程。目标导向的思维方式有助于人们借助目标来规划工作、制订计划、解决问题并取得成功。它强调确定目标、制订计划、执行方案和反馈结果的过程，以确保实现既定目标的最佳方式。目标导向通常用于项目管理工作当中，也可以应用于个人和团队。

对各个项目的表述虽然不一样，但项目内在的逻辑本质上是一样的。学会项目管理的内在逻辑，就能够胜任任何一家公司的项目管理工作。掌握了逻辑主线，无论项目以何种方式进行表述，无论怎么变化，我们都能够识别。工具虽然千变万化，但底层的逻辑是一贯的，这个逻辑就是项目管理的核心思想。前面介绍的系统性思维说明世间万物的道理是相通的，一旦通达，就会明白没有理科、工科、文科之类的划分。一个人既写得一手好诗，同时他的数理化和哲学也很好，这样的人就是找到了学科间相通的部分，也就是前面介绍成功跨界的秘诀。学会并掌握项目管理的核心思想才是道。透过万事万物的现象看清其本质的能力，是项目经理最应该学习和掌握的技能。

因此，本书没有过度强调工具，而更强调项目管理的思想与逻辑。因为工具可以有很多种，换一家公司，如从A公司跳槽到B公司，项目管理的工具大概率会不一样，但内在逻辑不会改变。只要掌握了内在逻辑，去任何一家公司，都能读懂它的项目管理，能够识别项目是否有问题，并知道如何进行改进，这样便能够成为一名合格的项目经理。

范围管理是项目管理的核心之一，指对项目的范围进行规划、定义、控制和监督，以确保项目在预期的范围内完成。范围管理可以帮助项目经理确保项目在规定的时间、成本和质量限制内完成，保证项目交付的成果符合干系人的需求和预期，帮助项目经理强化项目目标并保证预期结果的达成。

4.2.1 目标导向

> 存在即合理，合理即存在。
>
> ——黑格尔

如何做到在正确的时间做正确的事？想要采取正确的行动，前提是熟悉每个阶段该做什么，清楚地知道必须做哪些事，哪些事情又是一定不能做的，哪些事需要放开，哪些事情需要管控。掌握这些，目标管理和范围管理就会有成效，项目就能管理成功。学习项目管理不应只停留在知识层面，也不是学习一堆概念。概念是为了帮助人们理解事实而产生的，是人们在对事物理解的过程中形成的，是用语言、符号或图形等形式来表达和传递认知的一种形式。在认知过程中，我们需要面对无限的信息和复杂的现实世界，为了更好地理解这些信息和现实，我们需要将它们进行分类、组织和概括，这就是概念的作用。概念可以将事物进行分类，将相似的事物归为一类，同时将不同的事物区分开来，以便更好地理解和处理这些事物。

需要注意的是，概念只是人们对事物的一种抽象表达，它并不能完全代表事物本身。人们需要不断地对概念进行修正和完善，以适应不断变化的现实世界和认知体系。同时，人们也需要注意避免概念的死板化和僵化，以便更好地应对现实世界的挑战和变化。因此，如果人们只学概念，就会发现所学的管理知识没有实际的用处，因为概念是为了帮助人们理解事实，然后在现实中采取正确的行动。学习项目管理的过程中会遇到的一个问题，就是把它当成概念去学习，这样很难理解其真正的含义。在现实生活中，我们的直观感受是，我们仿佛学了很多的知识和概念，但是依然无法解决项目管理中所遇到的实际问题，这种情况就是因为只是学了一些概念，但并没有掌握概念背后的真实含义。我们学习项目管理的目的是要超越概念去学习并理解其背后的事实真相，要掌握项目概念背后的本质逻辑。

如何衡量所做的事情是否正确？其参考的基本依据就是项目的目标管理。目标对于项目管理非常重要，它能帮助团队明确项目方向和重点，为项目提供衡量标准，并以此优化资源分配，提高项目成功的可能性。

彼得·德鲁克曾说，管理是正确地做事，而领导是做正确的事。目标导向型思维是从开始就确立明确的目标以及分析实现它需要的路径。明确的目标会让项目的资源与行动更加聚焦，这样可以极大地降低项目出错的额外成本，让项目的执行方法更加灵活，同时让项目团队内部减少了不必要的内耗。目标管理为项目提供衡量标准，帮助项目团队评估项目的进展与成效。

4.2.2 目标的设立

> 提出目标是管理人员的责任，实际上这是他的主要责任。
>
> ——巴纳德

离开了方向的速度没有意义，不要在错误的道路上快速地奔跑

项目要有目的性，以目标为导向。项目的目标不能被改变，目标更改就会变成另一个项目。项目目标要清晰，无论是项目还是人生，目标越清晰越容易成功。人生也是一个项目，没有人生目标最后很难成功，目标越清晰的人越容易成功。

管理项目需要设立很多目标，如近期目标、远期目标，大的目标、小的目标等，因此项目目标是多个目标的合集，只有一个个子目标实现了，项目管理的最终目标才有可能实现。项目管理的任务是通过组织管理、进度控制、成本和质量控制，实现每个子目标，最终达成项目管理的主要目标。

项目是为创造产品、服务或成果而进行的临时性工作。项目的开展是为了通过可交付成果以达成目标。目标指的是工作所指向的结果，要达到的战略目的和取得的成果。

目标意味着方向。只要方向正确，便会水到渠成。倘若最初的目标不正确，或者范围界定有问题、路线方向有偏差等，项目大概率会失败。项目前期最重要，是需要着重考虑方向性的关键时期。如果项目管理人员没有对"方向与速度"的问题充分思考过，在管理过程中就会容易遇到问题。在低头走路的同时，不要忘记抬头看前面的路，假如一直低头不看路，也许抬头的那一刻会突然发现前方已无路可走。

除了正确地做事，把事情一次性做正确也很重要，如果没有一次性做正确，犯的错误会向下传递。例如，项目1产生了A、B、C三个活动，然后继续往下分解。A、B、C的可交付成果之和应该可以达成项目1的目标，同理项目1的成果再向上传递实现上一层的目标。如果A没有交付成功，它就会传递给项目1，项目1就会将这个不成功往上传递。反过来讲，A如果出了问题，那么由A分解出来的D、E、F，就会把这个错误信息往下传递。而如果项目1是错的，就会传递给A、B、C，错误的A会继续传递给D、E、F。

所以项目管理强调一次性把事情做正确。它的重要性在于，项目管理过程中忌讳返工，返工是导致资源浪费最快速的方式。很多公司经常加班，一方面是因为其经常犯错，犯错就会导致返工，返工一次对应的资源消耗就可能增加一倍。项目无法按照原定计划完成时，追加资源成了最常用的手段之一。如果每个人都能一次性把事情做正确，会大大降低加班的概率。虽然很多人在忙，但最终的输出并没有提高，因为一部分输入是在为错误买单。

设立项目目标是项目管理的重要一环，它涉及整个项目的规划和执行。以下是设立项目目标的几个步骤：

（1）明确项目的背景和目的。

在设立项目目标之前，需要先了解项目的背景和目的，明确项目的原因和动机，以及它所需要解决的问题和挑战。

（2）确定项目的范围和目标。

在了解项目背景和目的的基础上，需要进一步明确项目的范围。项目范围可以包括时间、成本、质量、资源等方面的要求，而项目目标可以是实现某种业务或技术目标，或者是解决某种具体问题或挑战。

（3）明确项目目标的可测量性和可行性。

在设立项目目标时，需要确保目标具有可测量性和可行性。这意味着项目目标需要明确具体的指标和标准，以便能够进行衡量和评估，需要确保目标是可以实现的，能够满足项目的范围和要求。

（4）与干系人沟通和确认。

在设立项目目标之后，需要与项目的干系人进行沟通和确认。干系人包括项目组成员、客户、业务伙伴等，他们需要对项目目标进行评估和确认，以确保项目目标符合他们的需求和期望。

（5）项目计划的制订和执行。

最后，根据项目目标制订项目计划和执行方案。项目计划需要包括具体的时间表、资源分配、任务分工等，以便能够实现项目目标。

设立项目目标的意义在于明确项目的方向和目标达成的标准，确保项目的所有工作都是为了实现项目目标而服务的。为项目提供衡量标准，为项目决策提供依据。

4.2.3 范围管理

> 做事情一定要产生结果，否则不必浪费时间。

项目范围边界指项目的界限或范围，涵盖了项目管理计划的所有方面，包括项目目标及其所有相关活动，定义项目的目标和活动，明确项目的背景、需求和期望效益等。

项目范围的定义是项目管理中的一个重要步骤，是确保项目成功的基础。通过项目范围的定义能够让项目团队清晰地理解项目的任务和目标，有效地控制项目进程，避免项目偏离轨道和失控。

范围边界能够帮助团队明确项目的范围，使他们知道哪些任务需要完成，以及需要完成哪些工作才能实现项目目标，有助于团队认识到哪些任务是不属于项目范围的，以避免不必要的工作和资源浪费。

项目范围管理包括确保项目做且只做所需的全部工作，以成功完成项目的各个过程。管理项目范围主要在于定义和控制哪些工作应该包括在项目内，哪些不应该包括在项目内。WBS的边界就是项目管理的范围边界。范围管理中除了WBS，还有范围说明书。很多项目会遇到项目范围变化的问题，导致成本的增加或交期的延误。

从预测型方法到适应型或敏捷型方法，项目生命周期可以处于这个连续区间内的任何位置。在预测型生命周期中，项目开始时就需要对项目的可交付成果进行定义，对任何范围变化都要进行渐进管理。而在适应型或敏捷型生命周期中，通过多次迭代来开发可交付成果，并在每次迭代开始时定义和批准详细的范围。采用适应型生命周期，旨在应对大量的变更，需要干系人参与项目。因此，应将适应型项目的整体范围分解为一系列拟实现的需求和拟执行的工作（有时称为产品未完项）。在一个迭代开始时，团队将努力确定产品未完项中哪些最优先项应在下一次迭代中交付。在每次迭代中，都会重复开展三个过程：收集需求、定义范围和创建WBS。在预测型项目中，这些过程在项目开始时开展，并在必要时通过实施整体变更控制过程进行更新。

> 资源不足是项目无法完成的重要原因。
> 两个常见问题：范围蔓延和范围萎缩。

项目管理中所有的活动都消耗资源，大部分项目的资源是不足的，许多项目的失败是由于资源耗尽引起的。因为项目是资源受限的，所以项目经理要具有高效利用资源的能力。高级项目经理通常具有获得更多资源的能力，并且善于利用外部资源。

范围管理对于项目管理十分重要。范围管理主要关注两方面，一方面是范围蔓延，另一方面是范围萎缩。做项目，既不能范围蔓延，也不能范围萎缩。多之一分则太长，减之一分则太短，不长不短刚刚好，是项目范围管理的最高境界。

项目范围蔓延是指项目的范围逐渐扩大或超出最初的计划或约定。这种情况通常会导致预算超支和进度延误，可能对项目的质量和可达成性造成负面影响。范围蔓延通常是由于未能识别和规划项目风险，或者干系人的需求和期望发生变化。为防止项目范围蔓延，需要进行充分的项目规划和监控，并在必要时调整项目范围以确保项目能够如期交付。项目执行过程中范围蔓延是经常会遇到的问题。

至关重要的一点是认识到在项目管理中一切活动都会消耗资源，范围蔓延的后果是造成额外的资源消耗，轻则导致项目目标打折，重则导致项目失败。

> 早期管理决定了项目能否成功，后期管理决定了项目能否做得更好。

范围萎缩，简单理解就是该做的事没做。范围萎缩是指项目在执行过程中出现项目范围缩小或因变更而导致达成度降低的情况。这可能发生在项目的目标变化或可交付项减少，或者项目所覆盖的工作内容减少等方面。

在很多项目中，范围蔓延和范围萎缩是同时存在的。一个是不该做的做了，一个是该做的没做。项目管理难，难就难在项目范围的精确控制，而精确控制是管理的精髓。

需求变更会导致项目延期和成本增加。要想项目管理规范，公司需要有一套比较完善的需求变更管理流程。需求变更和范围管理之间是强相关的，需求的变化大概率会导致范围的变化，从而导致成本的增加或项目的延期。

管理控制过程中往往存在偏差，存在实际的进展状态和计划的进展状态不一致的问题，且这种偏差当中一般进度滞后的情况比较多，提前的情况少，这时需要提出变更请求。因为所有的变更请求都意味着资源变更或者计划变更，引起资源的追加或调整，但资源往往是有限的，所以在发现偏差时及时提出变更请求，才能有利于资源优化或者更多的资源倾斜。

如果项目的范围没有明确规划和控制，那么风险管理可能会变得非常困难。如果项目的范围不明确，团队也可能会面临一些潜在风险，如预算超支、时间延误、质量问题等。在风险管理阶段，团队需要了解项目的范围，制定相应的应对措施并将其纳入风险管理计划中。

为避免项目范围蔓延和萎缩，项目管理团队需要在项目开始前和项目过程中，加强项目沟通，并建立明确的变更管理制度，及时掌握项目进展情况，并对风险进行评估和应对，以确保项目在范围内和规定时间内完成。在项目范围管理中，识别和管理风险是非常重要的。

4.3 项目风险管理

> 项目经理和项目团队应该习惯与风险共存。

事物的发展确实有其结构和规律，而且这些结构和规律是客观存在的，不受个人意志的影响。在面向战略层面的管理中，能够看清结构和规律，才能做出正确的决策和规划，才能对项目进行全面的分析和评估，识别潜在的风险，并制定相应的应对措施。

在项目管理中，风险是指项目在实施过程中可能面临的不确定性和潜在的负面影响。因为项目本身就是一个不确定的过程。无论是内部因素还是外部因素，都可能对项目产生影响，导致项目无法按照预期的目标和结果实施。

项目管理中的风险是无法避免的，任何项目都会面临一定的风险。项目经理和项目团队要有清醒的认识，不应忽视风险存在的事实，并且通过分析、预判和严格把控来减少风险的影响。项目经理和项目团队应该习惯与风险并存，并积极采取措施来识别、评估、处理和监控风险。项目团队应该在项目初期和项目执行过程中识别和评估潜在的风险，包括内部和外部的风险因素。通过风险评估，可以了解风险的潜在影响和可能性，为后续的风险处理做好准备。风险管理是一个持续的过程，应该贯穿项目的整个生命周期。在项目早期，完整地识别风险对于项目风险管理至关重要。

风险需要处理和控制。一旦项目团队识别了潜在的风险，就应该采取相应的措施来应对风险。应对方式包括避免风险、减轻风险、转移风险或接受风险，并在项目执行过程中持续监控和跟踪风险。风险管理需要有效的沟通和团队成员参与，项目团队应该与干系人进行及时、透明和有效的沟通，包括风险识别、评估、处理和监控的情况。干系人的参与和反馈可以帮助项目团队更好地了解风险，并做出明智的决策。

正确看待项目中的风险，采取有效的风险管控措施，可以帮助项目团队应对不确定性和变化，降低项目失败的风险，保障项目的成功实施。

4.3.1 风险与回报

> 人生必有风险，引人入胜亦在于此。

项目风险管理包括规划风险管理、识别风险、开展风险分析、规划风险应对、实施风险应对和监督风险等过程。项目风险管理的目标在于提高风险正面的影响，降低风险负面的影响，从而提高项目成功的可能性。

项目具有开放性。再次强调开放性是因为运营是一个相对封闭的环境，运营中的人、事、物相对比较稳定，而项目基本处于开放环境中。开放性会带来一些问题，如产生不确定性，不确定性就会带来风险。因为项目的开放性特征，不确定性不可能完全消除，所以风险不可能完全消除。简单来说，项目经理要面对的常态就是在充满风险的环境里做项目管理。

项目管理者要具有足够的心理承受能力，要能够在不确定的环境里做确定性的决策。环境是不确定的、不可预测的，但要求结果是相对确定的，所以做决策要明确。因此，项目经理的洞察力显得尤其重要，项目经理要具有较强的预见能力。预见能力就是目光长远的判断能力，如果连当下的局面都无法看清楚，长远的未来就更难看清。要想获得洞察力，先从看清当下的一点一滴开始，不断培养自己的洞察力，有足够的洞察力才能有足够的预见能力，进而看到未来。

为什么现在的人普遍容易感到焦虑，从大环境看，因为我们所处的这个时代是VUCA时代，VUCA时代的特征就是不确定的、多变的、复杂的、模糊的，不确定性本身就容易引发人们的焦虑。行业趋势、企业存亡、产品迭代、工作状态、职业发展等都在不断变化，但是人们的内心往往习惯性地追求某种安定，这种外在不断变化的事实与内在向往安定之间的矛盾让人产生焦虑。这个多变的世界正在给我们带来非常大的压力。但从另一方面看，一个不确定的、复杂多变的时代恰恰也是学习和成长的绝好时机。

项目的不确定性会产生风险，项目的失败大多数是因为项目风险管控不到位。而风险管控的第一步是识别风险、洞察风险，这依然需要洞察力。没有洞察力就会寸步难行。看不见问题，那么解决问题就无从谈起。在计划阶段，为什么要包含变更计划？就是因为存在不确定性，一切项目都有不确定性，不可能把不确定性完全消除。

责任、风险、利益的对称原则

责任、风险、利益的对称原则是指在项目或组织中，与风险相关的责任和利益应该相互对称和平衡。根据这一原则，当一个人或一个团队承担了某项风险时，他们应该在风险带来的利益实现时共享相应的收益。这意味着责任和利益应该相互匹配，避免出现责任不对等或利益不对等的情况。责任大意味着利益大，承担责任越大，相应利益就应该越大，这就是对称原则。高风险意味着高回报，风险越高，回报就应该越大。责任和风险应当与收益和利益相对应。例如，在一个投资项目中，投资方承担了更多的风险和责任，他们应该获得相对应的更高收益。另一方面，如果公司发生了意外事故，导致人员伤亡或环境污染，公司应当承担相应的责任和风险，包括赔偿受害者和修复环境等。

责任、风险、利益的对称原则体现了公平和正义的价值观，在各种决策和行为中都应该被遵循。应该欢迎风险，而不是讨厌风险，没有风险就没有回报。总是选择低风险的项目，意味着回报也少。所以，项目经理不应该讨厌风险，而是要有效地控制风险。同等条件下，风险管控得越有效，盈利的概率就越大。正如许多涌现出的新能源汽车企业，最终能够存活下来的一定是风险管控有效的企业。利益和风险永远是成正比的。

4.3.2 风险与管控

> 风险来自你不知道自己在做什么。
> ——巴菲特

项目管理的核心是风险管理

风险无法被完全消除，但可以通过采取一系列的措施来有效地控制。风险管控应该是一个持续的过程，需要在项目的不同阶段不断识别、评估、处理和监控，并根据实际情况采取相应的措施来确保项目的顺利实施。

在项目初期，团队应该共同识别和评估项目中的潜在风险。这需要全体团队成员的参与和贡献，确保风险的全面评估。在制订风险管理计划时，应该明确风险的责任方。责任方需要清楚地了解他们的角色和职责，并采取相应的措施来降低风险的发生概率或影响程度。当风险发生时，责任方应该积极采取相应的风险应对措施，包括管控风险情况、及时采取纠正措施、与干系人进行沟通等，以最大限度地减少风险对项目的影响。最后不要忘记利益共享。当项目成功实现预期利益时，责任方应该分享相应的收益或奖励。可以通过激励机制、绩效评估或其他形式的回报来实现分享收益或奖励，以鼓励团队成员在项目风险管理方面的积极参与和贡献。通过遵循风险、责任、利益的对称原则，创建一个公平的项目环境，激励团队成员共同努力应对风险，分享项目成功带来的利益。这有助于增强团队的合作意识和责任感，提高项目的成功率。

风险管控的重点和难点

项目管理的核心是风险管理，如果风险管理有效，项目自然能够管理成功。既然项目是为交付价值而开展的具有不同复杂程度的独特性工作，自然会充满风险。开展项目，不仅要面对各种制约因素和假设条件，还要应对可能的相互冲突和不断变化的干系人期望。组织应当有目的地以可控的方式去承担风险，以便平衡风险和回报，最终创造价值。

项目风险管理的重点在于识别和管理未被其他过程所涵盖的风险。如果不妥善管控风险，这些风险有可能导致项目偏离计划，无法达成既定的项目目标。因此，项目风险管理的有效性直接关乎项目成功与否。

每个项目都存在两个层面的风险。其一，影响项目达成目标的单个项目风险；其二，由单个项目风险以及不确定性的其他来源联合导致的整体项目风险。考虑项目整体风险也非常重要，项目风险管控过程需要同时兼顾这两个层面的风险。一旦产生单个项目风险，项目目标就会受到正面或负面的影响。项目风险管理旨在利用或强化正面风险（机会），规避或减轻负面风险（威胁）。未妥善管理的威胁可能引发各种问题，如工期延误、成本超支、绩效不佳或声誉受损。把握好恰当的时机则能够获得众多好处，如工期缩短、成本节约、绩效改善或声誉提升。整体项目风险有正面或负面之分，管控整体项目风险旨在通过削弱负面变异的驱动因素，加强正面变异的驱动因素，以最大化实现整体项目目标的概率，把项目风险敞口保持在可接受的范围之内。

越靠前的事项越重要，拥有一个好的开端是项目成功的关键。要做正确的事，尤其重要的是，要明白如何正确地做事。从资源的投入水平看，项目前期非常重要，决定了整个项目能否成功。前期资源的投入量相对较少，项目还未完全启动，识别风险并对可能浪费资源的部分进行合理的纠偏十分重要。另外，项目初期资源投入少，潜在风险大，不确定性最高，因此要特别谨慎。项目前期的细微错误都可能随着项目的不断进行而传递到下一个阶段，从而最终对整个项目造成不可挽回的损失。随着项目的进行，确定性会逐步增加，风险也会逐渐降低。

项目风险管控的重点在于，在前期的需求分析阶段，明确有没有需求、是不是真实的需求至关重要。许多项目最终失败是因为虚假的需求，仅凭借个人感觉确定需求是危险的。"我"作为个体的感觉有时候并不可靠，因为个人有时候考虑问题容易偏执，无法客观地面对自己，会刻意回避问题的存在，这是由于人性的弱点导致的。因此要正确地认识自己，正视自己的短板，才能在项目管理过程中避免更多人为造成的风险。

项目风险管控的难点在于精细度的把握。即便一个技术含量低的零件，如果供应链不稳定，也可能对整体生产造成一定的影响。从风险管控的角度观察，全生命周期链条的每个部分都会对项目产生影响，并且影响的大小不确定。若在所有的风险上投入极大的精力，就会导致资源不足。此时对项目管理者提出的要求是能够较准确、较敏锐地根据形势的变化完成风险的识别和管控。这是十分重要也十分困难的一点，即在有限的资源无法被平均分配到所有环节的情况下，如何在实时变化的动态环境中，通过预测完成风险管控。尤其是受环境变化影响较大的项目，对项目管理者的风险敏感度、环境敏感度提出了较高的要求。

开展任何一项活动和工作都一定会受到其他活动和工作的影响，活动的开展具有整体性。很多情况下出问题就是因为活动环节太多，其中受到影响的因素也多，导致过程中总有考虑不到的地方。考虑不到的地方就会产生风险，风险会对项目产生影响。因此，风险管控过程要考虑项目的系统性、整体性，以保证资源在风险管理计划中被合理地配置，最大限度地减轻风险并实现组织的目标。

4.3.3　风险与辩证

> 管理就是把复杂的问题简单化，把混乱的事情规范化。
> ——杰克·韦尔奇

管理是一种平衡的艺术

在风险管理和决策过程中，不同的观点、利益和因素之间的相互作用和平衡，这就是风险中的辩证关系。管理不能令所有人都满意，但可以达到所有人都可以接受的一种平衡。

唯物辩证法指的是物质统一性原理。物质的状态是绝对运动和相对静止的对立统一。物质是绝对运动的，这点需要仔细思考。一根放在餐桌上的香蕉是否产生了运动？运动这个词并不是单指空间上的变化，而是指普遍意义上事物变动的状态。一根香蕉放置几周就会完全腐烂，这种腐烂不是在一瞬间发生的，而是渐渐发生的，也可以说是每时每刻发生的。但就当下而言，甚至十分钟前到现在，香蕉还是香蕉，外表好像并没有发生任何变化，内部变化也是极其细微的，这就是所谓的相对静止。相对静止是我们能够认识这个香蕉的基础。

这条原理对于项目管理的启示是什么呢？既然事物是绝对运动的，那么任何时候、任何地点和任何条件下从事项目管理工作时，都要按照事物此时的状态去认识事物，一切从当下实际出发，可以参考过去的经验但不能过分依赖过去的经验。

辩证法即对立统一的思想。辩证法认为，世界上任何事物都是由对立面组成的，对立面之间存在着矛盾和斗争。但是，对立面又是相互联系、相互依存的，它们之间又存在着统一性。联系指事物之间以及事物内部相互影响、相互制约和相互作用的关系。数学领域的一个猜想名为六度空间理论，指的是每个人最多只要通过六个人就能够认识任何一个陌生人，其展现的正是世界是普遍关联的这一现象。此外，联系还具有客观性、多样性和条件性。世界普遍联系原理的启示是管理项目要有开放性、整体性的思维观念，分析事物不能只盯着表面看，还要从和它互相联系的事物来进行考察。

发展指的是新事物产生和旧事物灭亡的过程。唯物辩证法认为，世界上的一切事物都以过程的形式存在，一切事物都有其产生、发展和转化为其他事物的历史，都有它的过去、现在和未来。发展的观点给我们的启示是要把一切事物如实地看作变化、发展的过程，没有什么东西是永恒不变的。之前是如此，将来还是如此。对于事物，我们既要了解其过去，观察其现在，还要预见其未来。

辩证地看问题

对立面的斗争和统一是事物发展的根本动力，是推动事物发展的内在规律。对立统一规律是辩证法较为核心的规律，也是我们通常讲的矛盾分析法。矛盾指的是事物内部和事物之间的对立统一关系。任何事物都存在矛盾，矛盾运动推动事物发展，人们可以通过发挥主观能动性，创造条件，使得矛盾运动向着自己希冀的方向发展，以实现改造世界的目标。

辩证地看待项目，意味着要从多个角度、多个方面来审视和理解项目，不只是单一、片面地看待项目。看待事物，不能只看到事物的一面，要看到事物的两面、多面，了解事物内在的矛盾和对立关系，以及这些关系对事物发展的影响。辩证看待还要看到事物的发展过程，不能只看到事物的现状，要看到事物的历史、现在和未来，了解事物的发展规律和趋势。看到事物的多重性，以及不同事物之间的联系和影响。比如，大型企业模式有两面性。一方面项目流程规范完善，员工做事风格严谨认真。另一方面，大型企业往往缺少一定的灵活度和拓展性，容易导致固化的风气。另外，大型企业因其稳固的基础，抗风险能力普遍较强，可它们一旦出现经营不善，由于其组织架构惯性较强，试图打破固有局面进行改善的困难也相对较大，这是大型企业普遍要面对的问题。

在组织发展初期，相对固定的架构和模式具有一定的参考价值，此时积极影响大于消极影响。但在发展过程中，若已有的架构和模式无法适应外界的变化，无法实现与市场的紧密结合，其消极影响便会逐渐增强，最终，大概率会演变成固化和限制，进一步对人的思维形成制约。思维定式一旦形成，在惰性的驱使下，员工对新兴事物变化发展的抗拒度提高、敏锐度降低，进一步恶化则最终会导致组织架构的僵化和发展的停滞。

当代一些大型企业的问题皆是由这样的过程演变而来的。有原则，但也容易被"原则"所困。不容易犯错误，但也犯不起错误。在这种模式下，最严重的后果就是竞争力下降。

凡事都有积极的意义

经济学家研究了疫情给世界经济带来的正反两面的影响：并不是所有的经济危机、大萧条都是负面的，每一次经济危机和大萧条都是资本主义制度和体系更新迭代的一次机会，危机发生一次，相应的迭代就发生一次。所以凡事都有积极的意义，这也是中国的阴阳理论。事情从来不可能只是一面的，而是正反两面的影响同时存在，并且事物的发展是由内部矛盾和斗争推动的。

风险和辩证的关系

风险和辩证的关系可以从两个方面来看。

（1）风险是辩证的产物。

辩证法认为，任何事物都是由对立面组成的，对立面之间存在着矛盾和斗争。这种矛盾和斗争会产生风险，因为矛盾和斗争可能导致事物的不确定性和不稳定性，从而产生风险。例如，在商业活动中，市场需求和供应之间存在矛盾，这种矛盾可能导致市场风险的产生。

（2）辩证法可以用来管理风险。

辩证法强调对立统一的思想，认为任何事物都是由对立面组成的，对立面之间存在着矛盾和斗争。在管理风险时，可以采用辩证法的思想，通过对风险的对立面进行分析和协调，来降低风险的发生概率和影响程度。

综上所述，风险和辩证的关系是密切的。风险是辩证的产物，同时可采用辩证法的思想来管理风险。凡事都有积极的一面，因为任何事物都是由对立面组成的，对立面之间存在着矛盾和斗争，但同时也存在着相互依存、相互促进的关系。因此，我们需要从多个角度去看待事物，发现其中的积极面，以便更好地应对项目的挑战并抓住解决问题的机遇。

4.4　项目管理的多视角关系

> 看不到出路是因为陷在受困的逻辑当中。

一个人所站的位置影响了他所看到的世界的样子，如图4-3所示。

图4-3　站在不同的视角看山

图4-3中左边的图是一个人徘徊在山脚下，只能看到山下某一处的风景。图4-3中右边的图是一个人站在山顶，可以看到风景的全貌。两张图告诉我们，不同的人看同一座山，因为不同的视角和位置，所能看到的风景是完全不一样的。当一个人站在山脚下时，他只能看到山脚下有限的部分，有些地方因为视线遮挡或者视角影响看不见。这说明，一个人的立场和视角决定了他能看见什么。在实际的管理中，因为人们所站的位置不同，导致双方看到的"风景"不同而无法理解对方，而管理恰恰是需要管理者能够站在不同的位置去找到解决问题的关键点所在。

一个人在认知世界的时候，往往难以摆脱自身立场和视角的局限，所以许多时候，人们看到的事物是不完整的。正是这种片面性，导致了传统认知的缺陷。要想全面认知世界，就要离开原有的立场和视角的限制。当人们不再停留在某个固定的视角时，便有了利用每个视角看这座山的可能性，这种可能性就是不预设立场。不预设立场便能摆脱经验认知，突破固化的思维模式带来的限制，用一种更广阔且更加自由的方式去认知世界。利用各个视角和不同的维度来认识这个世界，就是立体思维。

4.4.1　项目管理与工程管理的关系

> 在科学上没有平坦的大道，只有不畏劳苦，沿着陡峭山路攀登的人，才有希望达到光辉的顶点。
>
> ——卡尔·马克思

科学家解释世界（理论），工程师改变世界（实践）

项目管理和工程管理是紧密相关的领域，两者相互依存、相互促进。

具体来说，工程管理是项目管理的技术支撑，包括项目的设计、制造、建设、维护等方面。在项目管理中，需要根据项目的需求和目标，制定相应的工程方案，确定工程的范围、进度、成本等要素，以确保工程的顺利进行。同时，项目管理也是工程管理的组成部分，包括对工程进度、成本、质量、风险等方面的管理，以确保工程能够按时、按质、按量完成。

项目管理对工程管理很重要，项目管理的内容约占整个工程管理内容的70%。如果项目管理基础没打好，那么工程管理也很难开展。因为在实施阶段，工程管理中相当部分的内容都是以项目方式存在的，不经过有效的项目施工，工程管理无法实现。

在实际项目中，需要将工程管理和项目管理两者结合起来，通过有效的项目管理手段来确保工程的交付成果，使得项目目标顺利实现，通过有效的工程管理保证项目交付的成果产生持续的价值和社会收益。

4.4.2　项目管理与战略的关系

> 小人谋身，君子谋国，大丈夫谋天下。
>
> ——鬼谷子

战略就是方向

项目经理必须了解组织的战略目标，以便确保项目目标与之保持一致，并实现战略目标。

战略优先级指一个项目在企业中的重要性排序，一般战略优先级越高的项目越重要。如果想在企业内快速提升自身的能力、充分发挥自己的所长，应尽量参与到战略优先级较高的项目中。一般高级经理对企业项目的重要性排序都很清楚，如果一个项目经理初来乍到，搞不清楚哪个项目重要，问一下高级经理就能知道。或者说，如果高级经理想要重用一个人，就会先把他安排在一个比较重要的项目中，自然就为他打开了上升通道。可能有的人会认为自己是小工程师、小团队主管，与企业战略没有关系，但其实战略和每个人都有关。只要在企业中，企业的战略就一定会影响每个人。每个人在企业中的行为都是战略执行的结果。企业的战略目标和战略优先级与项目资源分配密切相关，有的项目受到特别的支持，什么资源都能申请到，说明这个项目的战略优先级较高，它的成败对企业很重要。越是重要的项目，资源匹配度就越高，资源满足的优先级就越高。

例如，冬奥会这个项目组合中，就包含许多项目集，诸如场馆准备、运动员选择、火炬活动、赛场准备等，每一类都是一个项目集，每个项目集下面都是同类型的项目，这是一个很典型的项目组合。而奥运会是国家级项目，战略优先级很高，国家领导人都需要参与。通常一个项目的优先级和重要程度也能从项目经理的职级上体现出来，项目越重要，项目经理的职级就越高，重视程度也越高。如果相关领导经常询问某个项目的情况，也说明这个项目的价值比较高，受到上级领导的关注。在项目例会上，领导经常来看一看近况、听一听汇报，说明对这个项目很重视。相反，如果一个项目的情况领导并不关心、无人问津，说明这个项目战略优先级较低。

项目管理是支持战略实施的重要工具。战略需要通过项目实施才能落地，因此需要项目团队的有力支撑。战略通常会采用项目组合的形式，即通过一系列项目来实现战略目标。

项目管理对于战略落地至关重要。如果没有项目管理团队，战略就无法实施。很多企业花费了大量资金去找咨询公司制订解决方案，但是如果没有战略执行能力，这些方案就无法实施。这并不是因为解决方案不好，而是因为缺乏战略落地的能力。

项目管理可以为组织提供可执行的战略规划，包括最优的资源配置、时间安排以及团队成员的领导管理，确保项目的实施达到预期目标，帮助组织实现战略目标。战略规划与项目管理之间的对话和协作，对组织长期的发展和成功具有至关重要的价值。

4.4.3 项目管理与运营管理的关系

> 是故置本不安者，无务丰末。
>
> ——墨子

运营是为了让企业活下去，而项目是为了让企业在未来活得更好

运营管理是对项目管理的有力支撑，没有一个企业可以离开运营。运营是为了维持企业的正常运行，项目是为了让企业更好地运行，两者是相互促进的关系。两者并没有主次之分，只是扮演了不同的角色。项目工作面向未来，运营更多的是关注现在。运营是维持经营，项目是开拓未来、寻求机会。项目更着眼于应对未来的变化和改革，解决未来遇到的挑战，开拓未来前进的道路。

项目管理和运营管理的方式不一样。运营是解决常规性问题，是封闭和重复的，追求稳定性。比如，车间每一批生产出来的零件尺寸都不一样，合格率忽高忽低，这就是运营不稳定。要维持运营管理，就要维持现状，所以一般做运营的人不喜欢改革，不喜欢变化，因为经常变动会直接影响运营的效果。

但项目处于开放环境中，项目本身就是为了应对风险而存在的，这也是项目的本质。如果一个产品可以一直热卖，那肯定没有人想推新产品，但现实是人们对于产品推陈出新的要求越来越高，项目就是为了应对这样的外界环境而产生的，于是新产品研发的周期越来越短，创新性和成本要求越来越高，质量要求也越来越严格。起初做项目管理是为了让企业活得更好，而现在更多是为了让企业活下去。在竞争如此激烈的市场环境中，若没有完善的项目管理，企业的生存可能都会出现问题。因此将来企业的项目化运作会越来越普遍。

项目管理和运营都是目标导向的，但关注的目标不同。项目管理关注的是特定项目的目标，而运营关注的是企业整体的目标。项目管理是短期的，通常涉及几个月到几年的时间跨度，而运营是长期的，涉及数年以上的跨度。项目管理是由项目经理和项目团队执行的，而运营是由中层管理者和基层员工实施的。项目管理为运营提供了新的产品、服务或业务流程，而运营为项目管理提供了资源和必要的各种支持。项目管理和运营都需要持续改进和优化。项目管理需要根据项目进展和结果进行调整，而运营需要不断优化业务流程和提高效率。

4.4.4　项目管理与环境的关系

> 我们是从世界本身的原理中为世界阐发新原理。
> ——马克思

任何项目都不能离开特定的项目环境，这是项目独特性的一部分

为什么说每个项目都是独一无二的？因为每个具体项目的管理方法都不一样，项目内容和干系人不一样、项目要求和期待不一样，这就决定了每个项目都是独特的。离开项目环境谈项目没有意义，不存在离开具体环境的抽象层面上的项目。如果没有把项目的具体背景和环境条件分析清楚，谈项目的成本控制和进度预算也只是片面的。

环境对项目具有直接影响。例如，政治稳定和经济繁荣的环境有利于项目的顺利进行，而政治动荡和经济衰退的环境则会对项目造成不利影响。环境因素也会影响项目的管理和决策。法律法规的变化、市场需求的变化等都会对项目的管理和决策产生影响，因此需要对环境因素进行分析和评估，以便更好地制订项目管理策略和计划。

要提升工作效率就需要多方沟通，多方沟通中较为典型的是跨文化、跨国项目沟通管理。沟通的关键是及时、充分、有效。在跨国项目管理中，有效的沟通非常重要。项目经理需要制订明确的沟通计划，并与团队成员和干系人沟通，以确保所有人都了解项目的目标、进展和要求。另外，要管理文化差异。跨国项目通常涉及来自不同文化背景的团队成员，项目经理需要了解不同文化之间的差异，并采取措施来管理这些差异。需要考虑不同的礼仪、价值观和沟通方式。跨国项目可能面临许多风险，如政治、经济和自然风险。项目经理需要识别和评估这些风险，并采取有效措施来减轻或消除风险的影响。

项目沟通当中的核心问题主要是人的问题。特别是在一些国家，地域文化和环境对项目的影响非常大。不同地方的人做事的风格和习惯都是非常不一样的，所以说管理的难度还是对人的管理。对人了解不够的时候，管理是充满挑战的。理论跟现实之间永远有一定的差距。理论都是理想状态，而在现实世界中经常是多变和不可控的。

多数情况下，人们更喜欢理想化的存在。但这个想法恰恰是很多问题出现的源头，因为追求理想化的同时，没有意识到或者忽略了真实世界是如何运转的，别人是如何考虑问题、如何做事的，此时就会对现有问题考虑不充分，导致判断出现偏差，决策出现失误。

在跨国项目管理当中，应当找到一种普世的价值观。而不是用某个独有的意识形态去说服对方。假如整个项目管理的价值取向比较混乱，不是一个有序的状态，就无法进行有效管理。项目团队甚至整个公司都需要有凝聚力的文化氛围，一个具有软实力的凝聚核心对团队至关重要，当这个核心出现问题时，团队就很容易出现问题。从这个层面去理解，就能把团队能力看得更加清晰，当然，是否看得足够清晰，还取决于对每个个体的洞察。

国际空间站

国际空间站是一个典型的跨国项目，由16个国家共同建造、运行和使用，是有史以来规模最大、耗时最长且涉及国家最多的空间国际合作项目。自1998年正式建站以来，经过十多年的建设，于2010年完成建造任务转入全面使用阶段。这个项目的意义就在于，在跨国合作的过程中，可以集各家之所长，前后陆续有100多个国家的宇航员造访并在上面进行各种科学实验。国际空间站如同一个全球化运作的企业，在不同国家、民族、文化之间进行合作。

缺少良好的沟通文化和沟通组织环境，做起事情来会非常困难。很多事情往往不是个人能够决定的，所以组织文化对一个项目的影响非常大，这是项目环境里面非常重要的内容。组织文化和组织环境、沟通体系和沟通机制会直接影响项目的成败，如果这些存在问题，想靠个人的力量和努力去解决，几乎难以达成。因为解决这个问题要耗费的资源，已经远远超出项目经理的能力范围，这点要有清晰的认知。项目的问题有先天缺陷造成的，有人性的弱点造成的。把具体情况看清楚，把环境看清楚，把项目看清楚，并做出正确的反应和决策，项目才可能获得成功。

小结

项目管理，不仅要有知识还要有智慧。获得智慧不像学习知识，不能简单地教，智慧需要通过自己学、自己悟。项目管理从业者不能只学习技术与科学，也要学习人文、社科等知识。假如我们对处理工作中人与人的问题认识得不够深入、体会得不够深刻，在项目管理过程中，很容易遇到问题与麻烦。知识是可以掌握的各种有序信息，而智慧是把知识、技术、应用连接起来真正解决眼前问题的能力。掌握这个能力，不单单是从书本上学来的，也是通过在工作中仔细观察、用心体会，并且从一次次实践总结中领悟到的。

学习项目管理确实是一个不断开阔自己眼界、拓宽自己思维的过程。项目管理需要综合运用各种知识和技能，包括计划、组织、领导、控制等各个方面，需要具有全局观和系统性思维。通过学习项目管理，我们可以了解不同行业和领域的管理经验与实践，从而拓宽自己的视野，提高自己的管理能力。同时，项目管理也需要不断地思考和创新，寻找解决问题的新思路和新方法，从而提高自己的思维能力。总之，学习项目管理需要不断地学习和实践、总结与反思、积累与突破，这样才能够逐渐成长为一名合格的项目管理人员。

第5章

项目管理中的人

从项目中跳出来,站在社会层面、宇宙层面,才能全维度地看清楚一个具体的项目,做一件对社会、对地球有利的事情。

中国哲学强调整体性和多维度思考,将人与世界视作一个不可分割的整体。所有的活动都是围绕着人进行的,基于人的需求展开,借助人的力量发展。只有具备多维度的认知,才能在项目推进的过程中多角度地理解人和需求,从而更好地掌控项目并取得成功。

基于不同的维度,人的定位也会有所不同。理解了人的定位,才能更好地满足其需求。在理解人与世界、人与社会、人与项目的多维关系的基础上,才能更好地认识项目基于人的不同状态而产生的变化和发展,从而明确如何应对定位与关系所带来的影响。最终,通过多维度的认知,获得更好的项目管理实践。

5.1 多维度的人

5.1.1 人与世界

世界是一个庞大的系统,人类只是其中微小的存在。倘若抛开人的社会属性,人只是一个动物,一个普通生命体的存在。所以,人应该对其他的生命体采取同样尊重的态度。再渺小的生命体,对于整个世界而言,都是不可缺少的组成部分。系统需要保持一种平衡的状态,因此人们需要建立和谐的世界观、符合生态理念的世界观。生态地球就是要建立一个可持续的系统。

当拓展到这个层面时,人就是地球上一个普通的生命,并没有比其他的任何动物高级,也无权牺牲其他动物的生存条件和生存权益,或者说为了让自己活得好而牺牲其他生命。在世界维度的视角下,没有社会人的属性,人类需要遵守和谐生态的世界观、宇宙观。

对于项目管理的具体要求,便是要建立可持续发展的项目,建立符合生态地球、绿色地球甚至绿色宇宙理念的项目。这是一种更为深刻的和谐观。只有在此基础上,我们才能更好地推进一个项目并取得成功。

其根本原理就是保持系统的平衡。所有的系统都存在平衡与和谐的问题,不以个人的意志为转移。如果破坏了系统的平衡性,就一定会遭到反噬。例如,大量的废水和废弃物被排放到江河湖海,饮用被污染的水和食用被污染的水生物,会使人中毒,甚至死亡。从世界维度来看,同样存在特定的规则。古人"天人合一"的智慧,就是这一规则的概括和总结。正是这种智慧,让我们能够站在世界层面上,看到系统及其运作和平衡的规律。也正是这种智慧,让我们知道"这条河道不要动""这座山不要开采"。

近年来,自然灾害频繁出现,究其深层原因,就是对世界层面的平衡的破坏。当这种平衡被破坏时,自然界就会采取行动来"收拾"我们、"惩罚"我们,以此达到新的平衡和稳定。人们需要认清现象背后的原因,并及时反思,采取相应措施来维护系统的平衡。

5.1.2 人与社会

在社会层面上，人更加具象化，需要面对的是社会属性、伦理道德和价值观等问题。从这个角度去分析项目，就会产生更多的约束。一个项目可能是有商业价值的，但是它可能是违背伦理道德的。虽然某些项目对企业发展是有利的，但是从社会层面来讲，它可能造成某种失衡或破坏，对社会来说是不利的。

社会属性强调的是个人的社会责任，要具备社会责任感和社会责任意识。在个人的价值观和判断中，必须遵守社会公共价值。所谓的社会公共价值，就是满足社会的要求。所以，在追求企业利润和满足个体需求的同时，不能以牺牲社会利益为代价。

在《PMBOK®指南》（第7版）中，列举的项目创造价值的方式示例包括（但不限于）：

- 创造满足客户或最终用户需要的新产品、服务或结果；
- 做出积极的社会或环境贡献；
- 提高效率、生产力、效果或响应能力；
- 推动必要的变革，以促进组织向期望的未来状态过渡；
- 维持以前的项目集、项目或业务运营所带来的收益。

从创造价值的角度来看，项目经理的存在是为项目创造价值；项目的存在是为企业创造价值；企业的存在则是为社会创造价值。事实上，企业的价值大小是其为社会服务的能力大小，以及所创造的公共价值的大小，而非仅由获取利益的大小或占据资源的多少决定。企业实现长久持续的发展，其根本取决于它能够对社会发展产生多少有益的影响。相反，如果项目经理、项目或企业仅仅考虑攫取资源，实现利润最大化，只会成长为社会的"毒瘤"，其能力越强大，造成的危害也就越大。社会是不会容忍这类企业和项目长期存在的。

工程师之戒——魁北克大桥

"工程师之戒"被誉为世界上最昂贵的戒指，因为生命无价。工程师之戒也是耻辱之戒，它代表着魁北克大桥两次垮塌事件的血淋淋的教训。

回首大桥从设计到建造的整个过程，傲慢无知、迷信权威、缺乏监督等乱象频频出现。事件伊始，魁北克桥梁委员会聘请了美国著名桥梁设计师西奥多·库珀（Theodore Cooper）来设计建造魁北克大桥。初期，库珀未经过充分论证和分析，便将桥梁的跨度加长。理由是这样可以节省桥墩费用，降低在深水中建造桥墩的不确定性，使工期缩短一年，而且可以使魁北克大桥成为最长的悬臂梁桥。1907年，工人发现该桥部分杆件出现了明显的变形，库珀收到报告并调查时，凤凰城桥梁公司给出的解释是，变形的现象在材料买来时就存在了。同时，作为拥有最终决定权和控制权的专家，库珀抵达施工现场的次数很少，在大桥修建的前3年，一共只到过现场3次。加拿大国家铁路公司计划请一位专家复审大桥的技术规定时，被库珀严词拒绝，称不希望有人对他产生掣肘，这也导致桥梁的建设失去了监督。后来，材料监督员向库珀报告大桥所用的钢料远远超出原估计用量，库珀估计这会使桁架应力增加7%~10%，但他仍然让工程继续。最终，在1907年8月29日，桥梁发生垮塌，约19 000吨的钢材从空中坠落，声音在10千米外的魁北克市依然清晰可闻，这次事故导致75名工人罹难。

加拿大政府不甘心失败，又在原桥墩上建造了第二座魁北克大桥。然而悲剧再次发生，在合龙阶段的悬臂安装时，锚固支撑构件突然断裂，桥梁扭曲变形再度坠入河中。这一事故带走了13名工人的生命。

为了铭记这次事故，也为了纪念事故中的死难者，"工程师之戒"被设计成如残骸般的扭曲形状，它警示工程师对公众和社会的责任与义务。后来，加拿大的七大工程学院为工程学本科毕业生颁发"工程师之戒"，同时毕业生进行工程师宣誓，表明愿意承担工程师的重要责任，心怀对工程师职业的谦卑之心。

新旧融合创风采——上海新天地

上海新天地改造项目位于上海市中心的太平桥地区西侧，地理位置优越。改造分南里和北里两部分，以"新旧融合"为设计理念，既保留了老上海传统建筑石库门的特色，又注入了现代元素和设施。项目旨在打造一个具有上海历史文化风貌并兼具前沿生活体验的时尚中心，在创造商业价值的同时，又兼顾社会价值的创造。其成功之处在于项目启动之前，对项目的商业价值目标和社会价值目标进行明确的定义和规划，如保护历史文化遗产、提高城市形象、建立多元化的商业形态等，以确保项目在创造商业价值的同时能够兼顾社会价值。在项目的规划和设计阶段，充分考虑历史文化保护、环境保护、可持续发展等因素，采取环保措施和可持续发展的运营策略，保证项目在商业运营的过程中对环境和社会造成的影响最小化。在项目的实施过程中，充分保留了历史文化遗产，如上海市第一家电影院大光明电影院、石库门建筑等，这些历史遗迹的保留不仅彰显了上海的历史文化底蕴，也为后代留下了宝贵的文化遗产。同时在设计上采用了独特的"复古与现代相融合"的风格，使整个商业区充满了艺术气息和浪漫情调，吸引了大量消费者前来消费和观光。

上海新天地改造项目是一个成功的城市更新项目，它尊重了历史和文化遗产，注重功能和空间的转换，倡导可持续发展的理念、设计与实施，提高了城市形象和品质，为人们提供更好的生活、工作和居住环境，实现了人与社会和谐发展的价值目标，为未来类似项目提供了积极的指导意义。

5.1.3 人与项目

项目中的人要强调个体的责任担当。个人需要具备权责意识、匹配的专业能力和一定的项目管理能力。

整体来看，人与世界是宏观意识，人与社会是中观意识，人与项目是微观意识。如图5-1所示，三者共同构建了全维度的人。在每一个层面，人都需要扮演好该层面的角色，确保在三个层面中完全统一和谐，在相互作用中达到特定的平衡。例如，在一个生态优美的地区开发旅游业，在利润层面或许可以满足项目的需求和社会的需求，但若对生态造成破坏，在世界层面则会产生更大的负面影响。

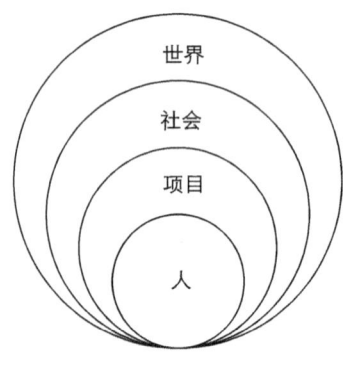

图5-1 多维视角

个体的认知局限常常使其无法从全维、立体的角度来看待世界、看待项目。被有限的认知阻碍，就无法从根本上突破和解决问题。众多的失败项目都无法跳出这一点的限制。个体的视野很窄。从企业、政府、经济的角度来看，都仅仅停留在项目中的人这一维度，没有跳出项目本身。我们必须超越单个项目，从更宽广的社会和世界层面来观察项目，才能全维度地看清楚一个具体的项目，做对社会、对地球有利的事情。

5.2 项目中的人性管理

彼得·德鲁克曾说："人比任何概念都有趣多了。"项目自始至终是与人有关的，管理基于对人的理解和对人性的理解。立足于真实的人性，看见具体的需求，项目才有现实意义，管理才有可行性。

5.2.1 如何知人善任

认识人的心智结构

对于一个人的认知，最核心的是对他心智结构的认知。一个人的心智结构实际上是一种特定的能量结构状态，包含了先天和后天两部分。先天的部分就像一个人的基因，身体基因更好的人通常身体更健康，智慧基因更好的人通常更聪明。先天的部分确定了一部分的能量结构状态。

例如，一个人的先天影响可能让他具备多个特点的能量结构，但是在后天不同的环境影响下，具体哪个特点会得到成长和发展，哪个特点会被抑制和削弱，是一件不确定的事情。以先天为基础，后天为影响因素，一个人的能量结构状态会不断演化，这也是一个人成长和发展的过程。

除了先后天的区分，还存在主次的差异。在一个人的能量结构中，通常会有几个主要的特点。一个人有很多面，具体显现出哪一面，取决于他的哪个特点被激活。而一个格外显著的特点如果是能量的匮乏点，在后天某种外界条件的激发下，它就会显化为具体的需求。例如，情感特别匮乏、特别需要关爱的人，可能是小时候生活在一个特别缺爱的环境中，长大了对爱就特别渴望，那他一生的努力其实都在寻找爱。或者小时候更多地体会到一种物质条件匮乏带来的痛苦，那他可能一生都想去赚取更多的钱，以弥补其物质上匮乏的感觉。即便变得非常富有，也还是渴望更多的财富。因为他匮乏的感觉并没有消除，所以很有可能这位世人眼中很富有的人总是在追求财富。要透过表面的他对金钱的追逐，看到他深层的因财富的匮乏而产生的恐惧和不安全感。这种恐惧促使他在这方面产生强烈的渴望，并驱使他一直行动。

因此，要了解一个人，首先要找到他的能量特点、匮乏点，找到他的需求和欲望所在，这是认识一个人很核心的地方。

> 听其言量其心志，观其行测其力，析其作辨其才华，闻其誉察其品格。

每个人都会与外界产生交互，在这个能量交互的过程中，个体便会与世界形成一种关联和相互作用的关系。这种相互作用的关系始终围绕着自身的能量特征点展开。无论外界如何变化，个体都会根据自身的特点和需求去解读这个世界。一个人认为这个世界好，那可能是这个世界正好满足了他的某个需求；认为这个人好，可能是这个人的言行举止正好满足他另外的某些需求。一个人自身的结构和特点，在外界条件的作用下会呈现出一种特定的状态，这种状态决定了他和世界之间会构建一种什么样的关系，他会用什么样的方式去解读这个世界。相反，如果要想真正看清一个人，必须看清他底层的能量结构，看清他行为背后的能量是富足还是匮乏，是出于丰盈而付出，还是出于恐惧而抓取。

从管理的角度来讲，更多值得关注的是一个人的特点。如果他有很鲜明的特点，可能是一个优点，也可能是一个缺点。如果是缺点，这就是一个能量匮乏点；如果是优点，就是一个能量释放点，会表现出特别强大的力量，如图5-2所示。比如擅长表达的人，在表达和交流的过程中能够获得一种满足感，同时在这个领域可以得到能量的补充。为什么呢？因为能量在这一点的释放过程，也是个体与外界进行能量交互的过程。在持续地用心投入中，能够与外界建立起一个稳定的能量交互通道，借此通道，人的能量会得到不断的补充和增长。

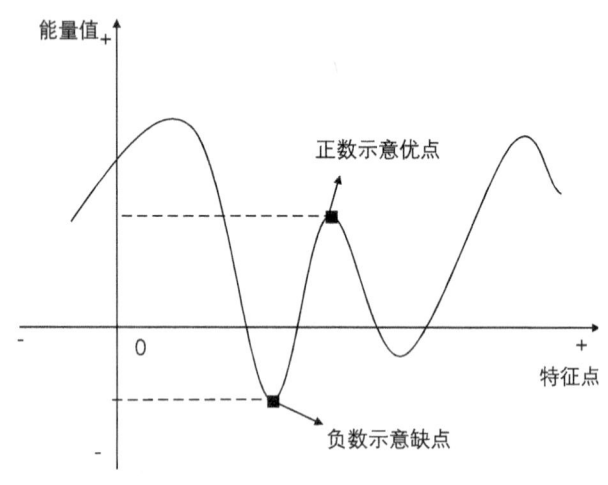

图5-2 从能量的角度看优缺点

整合与开发人力资源

人是项目管理中最重要也是最难以管理的资源，因为人是动态多变的，也是不易被认知和了解的。因此，对人性的认知是管理的基本前提。我们认识人性的目的就是为了在项目过程中更好地利用人力资源。

> 唯才是举，吾得用之。
> ——《三国志·魏书·武帝纪》

什么是知人？首先对个体来讲，每个人都是不同的，不同的成长经历、成长环境和自身的基因等，塑造了这个人个性化的特质，包括价值观、习惯、性格等。因此，每个人的身心世界都具有非常个性化的特征和特质，这些特征和特质决定了他的兴趣点和优点所在。

什么是用人？其实就是要发挥每个个体所具有的个性化的特长和特质。一个人不可能是面面俱到的，但是他身上的特质是可以为管理者所用的。从本质上来说，知人善任其实是资源的一种优化整合，用每个人的优点来弥补整体的不足，而不是去放大他们的缺点。

知人就是知道他的优点在哪里，擅长做哪些事情。知人是用人的前提。用人首先要知道他擅长什么，然后在他擅长的地方不断地挖掘和发展，不断培养他的优点。这样就能够以比较少的投入换取比较大的产出。这也是符合社会发展和高效利用资源的一种观念。

人力资源开发的核心就在于清楚地了解和认知每个人，找到他们的优点和能量点，为其提供成长的机会。让他们能够发扬自己的优点，为项目和企业创造价值。

> 在人类所有能够运用的资源中，只有人才能成长和发展。
> ——彼得·德鲁克《管理的实践》

不需要寻找完美无缺的人，而是要发掘可用的人才。包容人的缺点，发扬人的优点。从个体的角度来看，每个成员的优点得到了强化；从整体的角度来看，则是每个成员在最适合他的位置发光发热，在一致的目标和共同的努力下，实现整体的绩效突破。未来缺乏的也正是能够整合资源的人，这需要领导者在更大格局的层面上保持更开放，去链接人、团结人、用人。和他人的链接能力越强，越能撬动更大、更广的力量，最终使企业不断成长。

汉高祖刘邦

汉高祖刘邦是中国历史上第一位平民皇帝，刘邦曾自嘲："智不比张良、勇不如韩信、才不敌萧何"，但只有刘邦可以开创一个崭新的时代，建立一个璀璨的王朝。探寻刘邦建立帝业的过程，可以发现除了环境、机遇、天赋，最重要的一点就是其知人善任，在项目管理中就是强大的整合资源的能力。所以，高祖刘邦自我总结："三者皆人杰，吾能用之，此吾所以取天下者也。项羽有一范增而不能用，此所以为我禽也。"

刘邦既能够正确看待自己，知道自己的长处和不足，也能够看到别人的长处和不足。这种敏锐的感知力和观察力为用人奠定了良好的基础，能够根据人们的优缺点恰当地安排职责。比如，张良的分析能力和观察能力强、高瞻远瞩、具备战略眼光，刘邦就命他制定战略战术；韩信抱负远大、勇猛善战、百折不挠，刘邦就命他领兵打仗；萧何心思缜密、守规务实、纪律性强，刘邦就命他镇守后方、管理后勤。正是因为刘邦有知人善任、运筹帷幄、决胜千里的张良，攻无不克、百战胜敌的韩信，镇守后方、保证粮草供给的萧何，而且他们都能充分发挥各自的才干，所以刘邦能集众力为一股，在垓下之战中，一战定乾坤，给项羽毁灭性的打击。

诚如古人云："用人之长，天下无不用之人，用人之短，天下无可用之人。"

用包容凝聚团队

凝聚力是一种向心力，是一种兼容并蓄的统一的力量。在团队中构建凝聚力是一件极具挑战的事情，因为每个人都有特定的能量结构，都有自己的特点和个性。用图形示意的话（见图5-3），就是每个人有不同的形状和运动方向，彼此之间很难改变自己的个性去适应他人。两个差异很大的能量结构如果被放在一起，就会产生对抗和摩擦。这种对抗和摩擦会在个人和组织的层面都造成能量的消耗，最终导致组织的力量变弱。

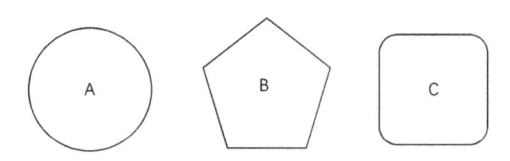

图5-3 不同个体的能量结构

凝聚力是指在保有诸多个体个性的同时，逐渐让他们的方向趋向一致，即求同存异。在更广阔的范围内寻求共同点，在个体的层面上接受差异。只有在尊重个体个性的前提下，求同才是现实的，才是有意义的。强行要求个体改变来满足组织的要求，只会增加他的无力感，削弱他对组织的信任。更大范围的包容才可以给个体提供安全感和支撑感，此时自发的调整和改变就有发生的可能。

> 伟大的领导者能够从下属的成果中感受到快乐。

诸多个体的方向趋向一致，集体的力量就会更集中，凝聚力就会越来越强。相反，如果一直保持对抗、内耗的状态，组织就会逐渐松散和无力。

那么如何把许多个体的方向一致化？这就需要一种更强的力量，而卓越的领导者就是这种力量的载体。领导者本身必须具备一个强大、稳定和有序的"磁场"，才能够吸引、影响和管理团队成员，建立团队的向心力、凝聚力。凝聚力弱的组织和凝聚力强的组织分别如图5-4和图5-5所示。

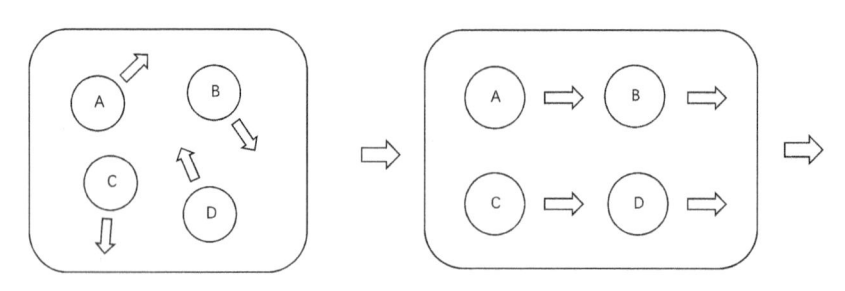

图5-4 凝聚力弱的组织　　图5-5 凝聚力强的组织

领导者需要很强的包容力、稳定性。在接纳每个人的差异的前提下，逐步把大家的力量合一，在此基础上实现集体的凝聚力。在凝聚力强的组织中，团队成员之间存在着密切的能量层面的流动和交互，彼此信任、互相帮助。

成功领导者的价值观：

- 人生来具有非常大的潜能；
- 将人视为"人"，而不是物质、工具；
- 每个人都被视为会不断改变、发展的人；
- 看到每个人的优点并善用就是能力；
- 接受每个人都完全不同的事实；
- 将每个人视为完整的人，即具有工作技能、知识和感觉；
- 鼓励开放、沟通、诚实的行为；
- 言行一致，让大家信赖你；
- 面对面讨论分歧；
- 愿意从事风险评估过的冒险行为；
- 强调团队合作。

学生心得　领导力就是影响力

"领导力"三个字蕴含了中华五千年传统文化的智慧，涵盖了西方管理学、心理学和组织行为学的精华，上至贤君明主、达官显贵、高层领导，都需要依赖领导力来管理组织和实现目标，下至贩夫走卒、芸芸众生都要依靠领导力过好自己的一生，维系好自己的家庭幸福，甚至实现自己的事业梦想。

"领导力就是影响力，影响力就是影响别人自愿追随自己实现共同目标的能力。"我深刻认识到领导力提升的关键在于个人的能力，又与身边的人息息相关。

一个人的力量往往有限，因此需要宽广的视野与胸怀，将团队成员团结在自己周围，共同实现更高的目标。同时领导力的学习重在实践，重在知行合一。理论知识再充分，感悟道理再完备，不去实践的话也只是空洞无物、苍白片面的。高谈阔论、引经据典的人很多，身体力行、脚踏实地的人很少，所谓空谈误国、实干兴邦就是这个道理。并且实践是一个积累的过程，只凭借短暂的冲劲与冲动是不足以造成决定性转变的。

在用人方面，优秀的领导者认为所有的员工都具备可利用的价值，并且能够不断提升其潜力。与此相反，缺乏领导力的领导者会只关注下属的缺点而忽视其优点，导致下属越用越难用。

> 这也提醒我们"见贤思齐焉，见不贤而内自省也"。对于他人的优秀贤明之处我们要虚心学习、诚恳请教。一方面，完善自己的内心与品行，提升自己的领导力，为公司创造更多的价值；另一方面，对下属的缺点与有待提升之处，我们也要深刻省察自己有没有类似的缺点，而不是站在制高点去肆意批判，因为极有可能这些缺点与毛病自己也有，只是为了自己的虚荣与脸面视而不见。要认识到人都是有潜力、能发展、有无限可能的，不要用自己浅薄的见识对他人施加刻板印象，甚至下定论，要记住"人人皆可为尧舜"。
>
> 同时秉持为下属服务的心态，真诚地提供力所能及的帮助，不吝惜温暖的关怀，并切实地帮助他们更好地完成工作。另外，作为办公室的领导者，更要有意识地传递自己的正能量，用自己的能量感染下属，激发他们的工作热情与动力，用真心传递自己的影响力。
>
> 榜样的力量是巨大的，领导者的风格、行为和特质通常会深刻影响团队精神内核。领导者应当成为优秀的榜样，为下属提供希望与信心，用自己的力量正确引领团队。这是今后我们在工作中需要深刻反思和提升的地方。

5.2.2 如何激励人

激发内在的力量

知人是第一步，用人是第二步，那第三步为什么是激励呢？因为对于一个人来讲，他有自己的变化周期，存在着波峰和波谷。无论能力、精力，还是精神状态、心智状态等，都会有周期性的波动。在人处于比较低能的状态时，他需要外界的支持和激发。激励就是为了激发人的活力，激发人内在的动力和能量，让其能够维持相对稳定和高水平的状态，从而获得良好的工作成果。

> 如果你想造一艘船，不要总是催人去采木，忙着分配工作和发号施令，而是要激起他们对浩瀚无垠的大海的向往。
>
> ——《小王子》

每个人都是目标驱动的，都会有一个内在的期望目标。这个目标对不同的人来说往往来源于不同的层次。一开始，目标可能是满足基本的生存需求，之后是尊重、安全等社会层面的需要，最后是精神和自我实现的价值层面的需要。一般来说，可以将这些需求分为三个层次，但实际上人内在的渴望和需求是非常丰富的，很多微细的需求无法被简单地归入这三类。

从理论上来讲，内在目标越清晰，对个人的驱动力就越大，影响力越持久。但很多情况下，内在目标可能是模糊的，个体可能并不清楚自身的内在目标。因此对激励者来讲，如果能够识别被激励者内在的渴求和深层的目标，并且让其清晰地意识到这一点，就能帮助被激励者获取某种持续的动力来源，保持一个相对稳定的状态。

这就是企业文化要达成的目的。通过企业文化的长期培育，让企业的某些价值观和价值认同与员工内在的某种价值观和价值认同进行趋同和共振，通过外在的强大力量，激发内在的渴求。内在的渴求一旦跟外在的价值认同建立了统一性和链接，就会获取某种稳定性，这种稳定性会产生一种持久的激发力。

通常来说，一个人很难自动达到高能量状态，并将这种状态维持较长的时间，所以大部分人都需要激励。作为领导者，本身需要具备非常高的自我激励能力和高能状态的维持能力，有更大的格局和更强的内心，这往往会激发员工的向往，在员工内心深处产生认同。

这样的领导力就达到了艺术的境界，使下属进入自我驱动、自我激励的正向循环中，为实现共同的愿景而努力。对领导者来说，核心在于提升自己，而非仅仅学习浅层的权术。通过目标与愿景确定方向，通过奖励与认可激励下属、树立典范，引领共同前行。

> 人力资源发展代表的是个人的成长，而个人的成长往往必须从内在产生。管理者的工作是鼓励并引导个人的成长，否则就无法充分运用人力资源的特长。
>
> ——彼得·德鲁克《管理的实践》

学生心得　激励引人成长

领导力是一种能够凝聚人心的积极力量，提升领导力的同时也要学习如何授权。授权也是一种信任力的体现。领导者有了安全感和大格局之后，才有打开心量的可能，授权给他人，用有限的权力发挥出无限的影响力。

善于授权意味着让下属独当一面，去自主地、创造性地处理事务，而不需要事必躬亲，通过集权控制或强制执行来完成任务。真正的领导者并不一定自己能力有多强，而是善于放权，团结比自己更强的力量，从而形成集体凝聚力。相反，许多能力很强的人因为追求完美主义，事必躬亲，认为别人都不如自己，最

> 终只能成为出色的员工，成为不了优秀的领导者。授权可以使领导者分身有术，集中力量处理更为重要的决策问题，产生更多的效益。
>
> 此外，授权可以激励下属，培养下属。激励能力也是领导者的核心能力，是成就最卓越的领导者的关键所在。领导者要能够激励下属去自动自发、心甘情愿地完成目标，而不是依靠权力的压制，被动地行事。培养下属最有成效的办法，是让他们在实践中获得足够的历练和能力的提升。如果领导者事事亲力亲为，则势必让新人难以成长，能人不愿留下。

5.2.3 如何管控冲突

冲突管理的分类

冲突在团队中是不可避免的，它大致可以分为建设性和破坏性两种类型。建设性的冲突能够使潜藏的问题得到暴露，团队成员需采取积极和理性的态度直面问题，在反思和解决问题的过程中不断突破和创新。团队的实际问题被解决，个人的能力也得到提升。反之，在破坏性的冲突中，团队成员以对抗和消极的态度对待冲突，这不仅导致人力和物力的消耗、团队凝聚力的降低，也不利于团队绩效的提升。从另一个角度来说，冲突的存在不是问题的关键，关键在于我们如何看待和处理冲突。敢于承担问题，勇于正视不足，冲突对团队和个人而言便会是一个成就他人、成就自我的契机。

常见的冲突管理可分为四种，如图5-6所示。第一种，我赢你输，往往采用强迫等较极端的方式。该方式仅适用于紧急决策时使用，可能导致双方在其他问题上产生更大的冲突和分歧。第二种，我输你赢，采取撤退、放弃、妥协等方式，通过暂时的让步以缓和局势，促成未来更好的合作和发展。第三种，我输你输，是权宜之计，适用于问题在当前不是很紧急或没有很好的处理方案的情况。第四种，我赢你赢，是一种合作型的冲突管理方式，需要找出问题的根源，从本质上解决问题。

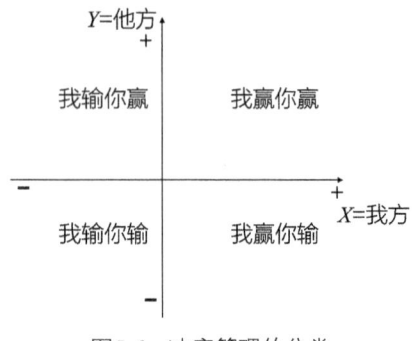

图5-6 冲突管理的分类

冲突的底层逻辑

冲突有诸多来源，从根本上讲，每个人都是独立的个体，有自己的立场、观点、利益和诉求。这也意味着个体之间并不是完全相容和匹配的状态。这种不匹配的具体体现就是项目和团队中的碰撞与冲突。如果一个人的包容性不够，就会强化和突出个性化的需求和个人化的诉求。在最容易理解的层次上，个人化的诉求很大程度上与利益相关。在利益之外，还包括情感、生活方式、生活环境、人际关系等方面的诉求。而所有这些层面都可能成为冲突的源头。一个人的诉求没有得到满足时，就会产生冲突。

当许多这样不同的个体聚集在一起时，不管是生活还是工作，内在差异的碰撞就会以冲突的形式呈现。只要遇到了合适的条件和环境，就会表现出这种不一致性。所以冲突可以存在于个体与个体之间、个体与组织之间、组织与组织之间，甚至一个人的内在也存在很多不一致的冲突。这就是所有冲突的底层逻辑。

求同存异解决冲突

如何解决冲突？试图让所有人变得相同是不可能的。同样，将所有组织变得一样也是不切实际的。真正的解决之道在于求同存异，在不一致的基础上，要找到一致性。虽然有分歧，但共同点总是存在的。因为个体间虽然有个性化的东西，但是在人的范畴内，总会存在一些共性的东西。只要不断扩大共性基础，减少差异性和不一致性，就能够解决冲突。

只要有足够的智慧把共性基础不断放大，把差异性和不一致性的影响逐渐降低，冲突就会得到缓解。当共性的基础足够强大的时候，差异性和不一致性的影响就可以被忽略。因此，真正的和谐在于扩大共性基础，减少差异性和不一致性。努力做到求同存异，关注共性的部分，寻求共同的目标，不要过度放大矛盾。所有的差异和不一致都可能导致冲突，而共性的部分会成为解决冲突的基础。

西汉名臣韩安国

西汉名臣韩安国是一位早年在梁王刘武身边担任要职的谋士，在平定七国之乱的战争中表现出色，受到人们的赞誉。在平定梁王刘武和汉景帝刘启之间的冲突时，他巧妙运用冲突管理的思维缓解了他们之间的矛盾，避免事态进一步扩大。韩安国后被汉景帝重用，进入了汉政权核心圈。他具有出色的才智和韬略，在治国方面有独到的见解和贡献。

韩安国通过站在求同存异的角度化解了不同方面的冲突，即从不同干系人的角度出发，寻找共同点，并解决分歧。干系人关系如图5-7所示。对王皇后和馆陶公主的游说展现了一种从干系人的角度思考问题的方式，他向王皇后解释了梁王的行为可能会让王皇后付出代价，并提醒她必须顾及窦太后的感受。对于馆陶公主，他强调兄弟和睦的重要性，并赞誉梁王的忠诚和孝顺，从而化解了两人之间的分歧。其次，游说梁王和窦太后的过程也展现了在处理冲突时寻找共同点的能力。他劝说梁王放弃觊觎皇位的想法，理解太子地位的合理性，从而缓解了梁王和太子之间的冲突。他还消除了窦太后的疑虑，并维护了梁王的形象。在处理冲突时不仅需要顾及各方利益，还需考虑到项目的整体利益。他明确表示，梁王不能为了窦太后的宠爱而忽视自己的长远利益。这种思维方式强调了整体目标的重要性，并为项目管理提供了极具价值的启示。

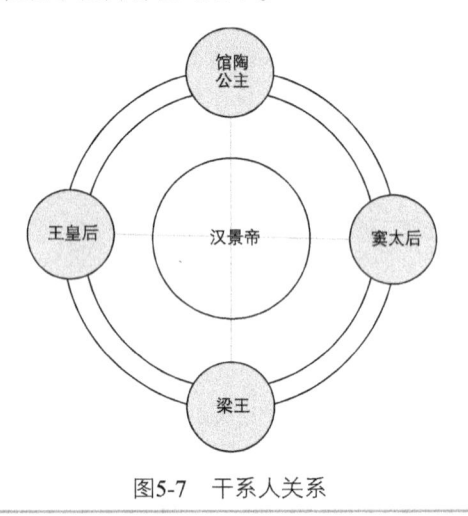

图5-7 干系人关系

韩安国在处理冲突时展现了高超的"求同存异"的思维方式，能够站在不同干系人的立场，通过寻找共同点来化解冲突和分歧。这种思维方式也为项目管理提供了具体实用的指导，即从各方利益出发，以整体目标为导向，找到冲突的解决方案。

5.3 项目中的多维认知

5.3.1 世界的结构和逻辑

> 因为认知的分辨率不够精细，所以看到的世界是模糊的。
> 因为认识的视角不够完整，所以看到的世界是片面的。

世界的认知模型

举一个简单的例子，远远可以看到在前方的大雾中有一棵树，但是能看到的只是一棵树的轮廓。雾慢慢散尽了后，就可以看到树上的树杈，再细致一些，就可以看到更小的树枝、树叶。这就是分辨率不断提升的过程。分辨率越高，认知的世界就越精微；细节越丰富，对事物的描述就越准确。我们对事物认知的提升，都要经过这样一个从粗到细的过程。

一个人的认知水平和认知能力的高低，会反映在其认知世界的精度上。认知水平是一种能力，更具体地说，是一种能量状态。就像电子显微镜和光学显微镜，电子显微镜的分辨率远高于光学显微镜，可以达到纳米级别，并且放大倍数也更高，因此需要更强的能量作为支撑。这和人的认知分辨率是一样的原理，能量的匮乏导致人对世界认知的模糊。但是，对于从来没有看到过清晰世界的人来讲，他并不会觉得自己眼中的世界是模糊的，因为他没有对比过。只有当一个人的认知水平提升了以后，才会有这种认知，意识到原来自己眼中的世界是不够清晰的。所以人如果不断地提升自己，并且达到一定高度的时候，自然就会知道原来的认知是存在一定局限的。

这就是人的认知升级的过程，也是能量的升级过程。按照霍金斯能量模型，能量升到700（可参考表5-1）时对应的是开悟的状态，也是一种很高的智慧态。这种状态已经突破了一般人认知中的所有限制，超出了人类认知的局限性。所有的问题在这种高能量状态下不会构成障碍，问题不是被解决，而是被全部超越。就像伽马射线可以从墙体穿越而无须将其破坏。达到这种状态的人不需要解决这个世界上的任何问题，因为他没有问题，所有问题对他都无法形成障碍。表面上这是一种认知的提升，其实也是智慧的提升，而智慧的提升是以能量的提升为基础的。

信息与能量

世界的本质是什么？简单来说，可以用能量和信息两个词来描述。信息与能量有很强的相关性，在某种程度上两者是一个统一体，如高的信息密度也是一种高的能量密度。

为什么用能量这个词呢？物理学家已经发现了构成世界的最小的单元不是粒子，而是弦波。它本身是能量波。人类看到的世界虽然现象千差万别，但是现象背后就是弦波的振动。最小的工作单元就是能量波动。

那为什么有不同的现象？是因为能量结构不一样，有不同的能量组合方式，因此显现千差万别。人也是如此，每个个体都可以看成一个能量团，有它自身的能量特征。所有的能量都是振动态的，不是静止的，而振动的关键参数就是频率和振幅。如果频率高、振幅大，整体的能量就相对较高。频率高，可以把一棵树看得仔细。振幅大，可以把一片森林看得完整。如果频率很高，但振幅较小，则分辨率和清晰度较高，表现在人身上就是心思细腻等特质，但宏观角度的分析能力可能相对较弱，无法进行整体把控。相对地，如果振幅较大但频率较小，则表现为宏观角度的分析能力很厉害，但是不够细致。

从能量的角度来看，地球也是一个能量团，有自己的生态系统。而人的思想的注入，给地球这个能量团注入了新的能量，但这也带来了一定的问题。人的想法如果不稳定，其能量的混乱度就会较高。这种混乱的能量被注入地球后无法消解，地球就会"生病"，可能具体表现为环境污染和生态破坏等现象。这种生病实质上是一种自我调整和修复，就像人体高烧其实是免疫系统在抵御病毒的袭击。地球作为高级智能系统，外界的影响只要不超过其自我修复极限，它就不会崩溃。从更宏观的角度，地球作为宇宙中的单元体，它也在努力保证宇宙之间的平衡和相融。

个人、团队、企业、社会、国家、地球、宇宙，都是完整的生命体、鲜活的有机体，都具备动态性、灵活性、自适应性、自组织性、自修复性。这些就是生命的特征。

人的能量结构

每个人都是一个独立的能量结构体，大部分人在这个世界生存、发展，首先需要获得一种安全感和稳定性。为什么会存在这种需求？因为内在的支撑力量不足，人会经常感到脆弱、不安和恐惧。能量结构中存在薄弱点，在内会体现为匮乏感，在外则表现为物质上的索取和心理上的依赖等，害怕外界拿走自己的东西，害怕外界伤害自己。此时人会本能地进行自我保护，用一堵厚厚的"墙"把自己封闭起来。如同造了一座围城，墙外的人进不去，但墙里的人也出不来。所以开放度很低的人是因为缺乏安全感，自身的能量结构有严重的薄弱点。

> **学生心得**
>
> 保持开放和灵敏，最大的障碍是和现有经验进行联系的习惯，习惯于用历史数据为当下的事情做解释。很多经验主义的错误都源于此。
>
> 要想获得动态信息的捕捉能力，首要的一点就是"无我"。摒弃个人的立场、情感、经历等一系列只和自己有关的因素，以纯净的、多维度的视角，立足当下去剖析问题，进而得出结论。

如果一个人在某一点的内在支撑力极强，能量很充足，结构很稳定，那么当他立足于这个能量丰盈点时，便有足够的勇气去保持开放，自身的能量结构体就会对外界打开一个窗口。比如，一个创作能力和表达欲较强的人进行个人的分享，看起来是在输出和释放自己的能量，但当他完成了与外界能量通道的连接后，外界的能量也在向他流动，他也在被"充电"。

所以开放性源于内心有支撑的力量，这是打开自我的基点。在此基础上才能和外界建立链接的通道。在通道不断扩大的过程中，外界对自身的能量补给也在不断增加。能量越充足，安全感就越强，内在越富足和丰盈，同时匮乏点也不断得到补足。这样就进入了能量提升的良性循环。恶性循环和良性循环的对比如图5-8所示。

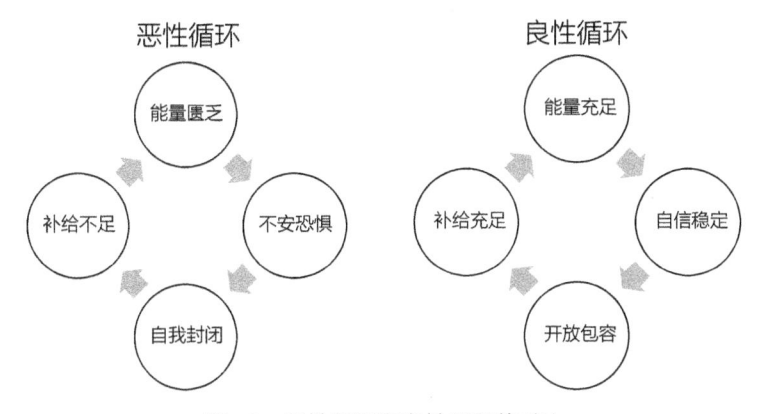

```
恶性循环                    良性循环
  能量匮乏                    能量充足
补给不足  不安恐惧      补给充足  自信稳定
    自我封闭                    开放包容
```

图5-8　恶性循环和良性循环的对比

> **学生心得**
>
> 保持开放的心态，和世界的各种资源建立广泛的联系。"世界上所有的存在都是你的路。"心态更开放，也为自己打开了更多的局面，能够发现人生无限可能性。这也是"做正确的事"的前提条件。

在这个道路上不断积累、前进，就会达到一种高度的自我负责、自我认同和自我实现的状态。而这种状态进一步提高了开放性。如果能够全面打开，就可以和任意频道对接，和整个宇宙进行能量交互。一个人能给出去多少，就能够得到多少；有多大的开放性和包容性，就能够从中获得多大的利益。所以，当可以爱这个世界上所有的人的时候，人就可以在这个世界的任何一个地方获得爱，感受到爱的流动和滋养。

换个角度来说，这种"得到"不是此消彼长的利益分配，而是生命格局的打开和生命境界的提升，也是古语中说的"厚德载物"，能够驾驭和运用能量，超越和解决现实问题。

但在没有获得这种支撑点之前，勉强自己保持开放是没有用的。这种勉强只会导致自我更深的压抑和匮乏，陷入一种非常痛苦和恐惧的状态。那么具体该如何获得这种支撑点？其实很简单，首先找到一个发力点，在具体事项上行动和体悟，解决问题，反思总结，积累经验，实现个人成长，如图5-9所示。在真实的行动和正向的反馈中获得自我的确定性，在确定性中获得安全感。在此基础上保持开放，让能量实现互通。互通后进一步强化这个支点，实现正向循环。

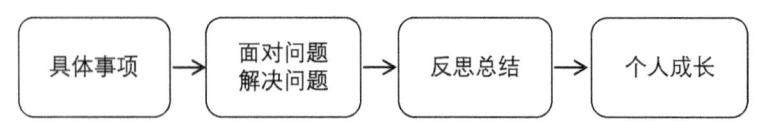

```
具体事项 → 面对问题解决问题 → 反思总结 → 个人成长
```

图5-9 如何获取支撑点

同时，人的能量结构中各个特征点不是独立存在的。当一个点，如图5-10中的A点，不断得到强化，能量越来越充足时，这个点会产生辐射作用，逐步影响它附近的特征点，并不断补足匮乏点。当匮乏点被逐一滋养后，如同荒漠中不断扩大的森林，内在力量开始启动，此时就能够快速地对自己进行修正和补足。

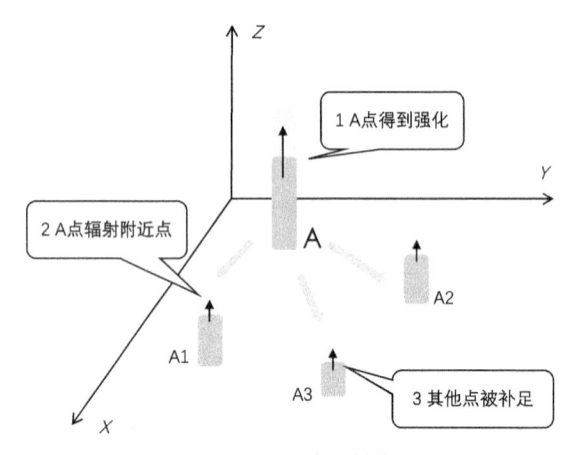

图5-10 能量的辐射作用

所以一个人不需要面面俱到，不需要在每个领域都做到卓越。只要在某个方向上达到一定的水平和境界，在此基础上不断强化和积累力量，就能够启动内在的力量，从而获得一种稳定的自信和支撑。以此为通道不断地从外界补充能量，就能向自身的其余匮乏点辐射能量。这就打开了一个自我提升和强化的内在通道，这个通道让一个人的内在持续不断地获取力量，内心会越来越强大，逐步以点带面，补足内心，最终获得真正的自信。

那么如何在一个点上积累能量？用心是积累能量的前提，无论是在什么样的情形中。如果根本找不到这个用心的点，那之后的所有提升就都是空谈。找到了这个点，就像找到了撬动石头的支点。不在于干什么，而在于能否用心。利用这个支点，形成正向循环，提供给自己确定的信心。

找到了用心的点，掌握了用心的实践方法，之后需要做的就是尝试扩大用心的范围，在更多的事项中找到用心的立足点。如果一直只在一个点用心，那么个人成长的内在辐射力就会相对较弱。我们不仅要找到那个点，还要让它长大。如果执着于一个点，就可能变得故步自封，得少为足。要把点连成片，才有可能真正提升自己的能量。这就是打井原理，要打通地表，联通地下河，之后水就会渗出来。这需要点滴功夫的积累、时刻用功的坚持，一点一点地挖掘。

5.3.2　从能量的角度看个体

三位一体

从能量的角度可以在三个层面上分析一个个体。首先，作为"自然人"的存在，强调的是一个人的生理状态、身体状态，如高矮胖瘦、身体强壮与否、精力充沛与否。走向社会后，个体和外界发生联系，不断地受到外界的影响，这就导致"社会人"角色的增加，这与"自然人"的属性是同时存在的。

此外，还有一种属性，就是"精神人"的属性。每个个体都有其内在的精神世界，而他的内在精神世界通常不会明显地与他的自然属性和社会属性相关。精神层面的存在是超越自然人和社会人的。

如果想要完整地了解一个人，需要对他的自然人状态、社会人状态和精神人状态都非常清楚。很好地融合对这三个层面的认知后，就可以较完整地认知一个人。对真正的识人高手来讲，是同时能看到一个人的三个层面的，并且能够将这三个层面融为一体。其实人的三个层面是互相影响的，共同构成一个内在的循环。而真正的成长也需要同时兼顾三者，作为自然人的成长、作为社会人的成长和作为精神人的成长，实现一体化全方位的进步。

我们常说"身体是革命的本钱"。如果一个人的健康出现了问题，很多社会活动就无法参加，这就导致他作为社会人的属性下降。而意志力、记忆力、专注力等同样以健康的身体为前提，如果身体状态差，内心的力量不足，精神状态也会衰减。反之，如果身体健康，精力充沛，就可以为社会做更多的工作，那么其社会属性也会扩展。精神越饱满，内在世界会越丰富，那么他作为精神人的存在也越来越丰盈。如果一个人的体质较弱，却勉强自己参加很多社会活动，这只会让他作为自然人的状态越来越差，从而进一步影响其精神人的状态，如出现焦虑、压抑等情况。这又会进一步损害其社会人的存在、自然人的存在，那么这个个体就在趋向系统的失衡和崩溃。所以自然人、社会人和精神人，三者相互促进、相互影响，共同支撑起一个个体的存在。任何一个层面的严重缺失都会破坏系统整体的平衡和发展。

对一个人的三个层面都有了清楚的认知后，就会对这个人有非常完整的了解。知道他的特长在哪里，并根据他的特长，让他去发挥自己的作用。比如，一个人的身体非常强壮，但他的社会属性和精神属性都非常简单，那么他可以去做偏体力劳动的工作。但如果一个人作为自然人状态不是很好，但他的社会人方面很强，那么就可以做管理工作。如果这两个方面都不是很擅长，但他的精神人层面特别强大，有极卓越的精神认知，那么他可以去做灵性导师。

> **学生心得**
>
> 在生活中要坚持良好的作息习惯，定期锻炼身体，保持良好的体态。饮食方面注重营养搭配，不暴饮暴食。因为身体健康是一切能力的基础，没有了健康，所有的能力都会大打折扣。良好健康的个人形象也是与人交往的基础，是领导力的重要组成部分。

品质的能量分析

（1）智商和情商。

从能量的角度来分析，显性的、表层的能量更多地体现为一个人的智力，即智商，更多的是思维层面的特质。而情商相对来说是更深层的能量，相对隐性、内收和细腻，但爆发时也可能会有更大的强度。

对大部分人而言，情商和智商都是可被感知的。而更深一层的潜意识很难被清晰感知并直接显化，但它和人类更高级的能力密切相关，如领导力。一个人能量的稳定性也受限于此。内在是否有深层的、稳定的力量，对个人的智商和情商的发挥起着决定性的作用。内在稳定性较差的时候，情绪状态往往也较低迷，此时智力也会变低，认知和处理问题的能力被大大削弱。潜意识再深入是非常巨大的黑暗区（超验层），对普通人来说这是一个未知区域。在这个区域内人会没有安全感，产生巨大的恐惧，而恐惧几乎是所有人的底色。能量状态示意图如图5-11所示。

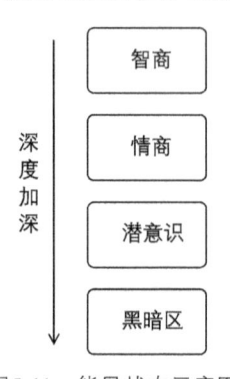

深度加深 →
- 智商
- 情商
- 潜意识
- 黑暗区

图5-11　能量状态示意图

从人类认识世界的方式来说，智商是头脑认知的层面，更多是知识和逻辑的，偏向显性。情商代表了另一种认识世界的方式，它更多的是一种感知，不是头脑，是心，是直觉的、感性的、抽象的、模糊的。感知的来源越深，就越有力量，就更接近底层的存在，这也是一个人内在稳定性的基础。而超出经验、记忆和头脑的存在，就是开启人内在智慧的起点。

（2）提高自己的情商。

情商表现为对情绪的认知和控制能力，以及在人际关系中的调节能力。情商四要素如图5-12所示。

认识自己　管理自己　认识他人　影响他人

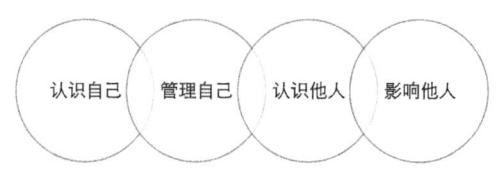

图5-12　情商四要素

提高情商的前提是自己情绪稳定。如果自己情绪不稳定，不可能影响他人，只能受他人影响。情绪越稳定，就越能认识自己、管理自己。相反，如果情绪管理失控，个人的能量会被快速地消耗。内在强大、有力量的人都是情绪稳定的人。

提高情商的第一步是认识情绪。不良情绪的显现是有规律的。如果经常观察自己的情绪变化，大概率会发现自己在某一系列的外界环境触发下，会有特定的不受控的情绪反应。这种不受控的情绪其实是深层的未被认知的能量结构。外界环境引发了内在能量结构的显现，表现出来就是情绪的爆发和失控。情绪如果被善用，是很好的工具，但如果情绪控制了自己，就会导致能量巨大的消耗。而情绪和大脑里的想法经常会相互"促进"，负面想法导致负面情绪，负面情绪进一步强化负面想法。如果不能及时地意识到这个恶性循环并进行调控，人很容易陷入焦虑、抑郁等快速消耗能量的模式中。

对领导者来说，要懂得保持情绪的稳定，把能量用在该用的地方，在解决现实的具体问题中产生作用。所以，有领导力的人通常有广阔的视野和远大的愿景，同时也具备较强的目标达成能力，看得长远，并且能够付诸行动。

不断地将所学的知识落实到自身和行动中就是成长。行动的开始就是敢于正视自己的不足，承认自己是需要提高的人。大部分人不敢正视自己，这也放弃了成长的机会。知人者智，自知者明。能够客观地评价自己，不自欺欺人，是自我成长的开始。情绪其实是我们认知自己的窗口，它背后是受限的认知模式。有特定的模式，才会产生特定的情绪反应，能量在此处无法被正确疏导和利用，因此要保持觉知，突破局限，进而实现不断地自我成长。

（3）其他品质。
- 沟通。能量流动性好的人，能够与各种人士就广泛主题侃侃而谈。这从侧面反映了他的能量限制和自我设限较小，并且在沟通时处于不卑不亢、放松自然的状态，既不过于迎合和依从对方，也不会有强烈的情绪反应和对抗。在双方都很舒服的状态下，恰如其分地沟通和做事。内在非常完备的人很少有情绪性的宣泄，更多的是理性的表达。如果在表达观点时，对方很抗拒，那很可能是因为自己没有认知到话语背后的情绪，进而给别人造成了干扰。当双方都处于这种状态时，人际矛盾就很容易产生。

- 坦诚。领导力的本质是内在的底层力量。内在有力量的人非常自信，不害怕暴露自己的特点和需求，表现出一种坦荡和真诚的特质。伟大的领导者都有率真的一面。内心没有太多的阴暗和伪饰，也就没有需要遮掩和恐惧的对象。敢于面对真实的自己，是内在稳定性的表现，也是激发内心深层力量的前提。

- 爱心。情商同时也体现为包容心和爱心，能够潜移默化地安抚他人的不稳定情绪。善于顺应他人情绪的人，人际关系自然顺畅。一般人最需要尊重、关怀和理解，内心需要被呵护。我们需要学会真诚地欣赏和赞美他人，发掘他人的闪光点。对自己来说，善于发现他人身上的闪光点，也是提升自己的机会，这样的人往往处事积极，受人尊敬和欢迎。对他人来说，发自内心的认可同样能够给予他人力量。自己的内心富足，自然也能向他人传递一个放松和舒展的气场。

- 放松。智慧在一种高度放松和高度专注的情况下才会产生。能量既不会过于混乱和失控，也不会由于紧张而导致堵塞和不能流通，在动与静中维持一个微妙的平衡。达到了这种高度的平衡以后，人就会格外有智慧，表达能力和思维能力都会出众。对普遍紧张焦虑的现代人来说，放松更是一项重要的能力。

- 自信。自信是一切成功的基础，真正的智慧源于自信的觉醒。而自信源于内心深处非常稳定、非常坚决的力量。虚荣、爱面子是由于内在的不自信，甚至自卑。无法确认自己，便需要借助外界的东西，如荣誉、光环、地位来肯定自己。很多人在失去这些外界的支撑后，内心就失去了支点，很容易走向崩溃。自信也是一种敢于面对未知的勇气，接受自己的不完美，不害怕犯错。任何事情的展现无须追求"既定的完美"，而是在当下的资源下努力呈现最合适的结果。人永远是在事情、时间中历练和成长的。

霍金斯能量等级（见表5-1）

> 人生就是不断晋级的过程，努力跳到一个更高的能量等级，达到稳定，再突破，再稳定，再突破……这就是人生的意义。

表 5-1 霍金斯能量等级

序号	水平	能量等级	情绪
1	开悟	700~1000	无法言说
2	宁静	600	幸福
3	喜悦	540	清朗

续表

序号	水平	能量等级	情绪
4	仁爱	500	敬爱
5	理智	400	理解
6	宽容	350	宽恕
7	主动	310	乐观
8	淡定	250	信任
9	勇气	200	肯定
10	骄傲	175	轻蔑
11	愤怒	150	憎恨
12	欲望	125	渴望
13	恐惧	100	焦虑
14	悲伤	75	悔恨
15	冷漠	50	绝望
16	内疚	30	自责
17	羞愧	20	耻辱

（来源：大卫·霍金斯博士的著作《心灵能量：藏在身体里的大智慧》）

大部分人实际上处于一种能量封闭和固化的状态，个人的能量无法启动。能量为什么不能启动？因为人的头脑中有很多错误的认知，错误的认知阻碍了能量的流动。将头脑中的种种限制清除，个人的能量自然就会流动起来，能量等级也会随之逐步提升。

能量等级提升后回头再看当初的自己，往往会觉得当时的行为举止很愚蠢、不可思议。但只有进步了之后才会有这样的体悟，一直停留在同一个层级时是无法看清自己的。每个人都是这样的，在没有跳出原来的能量等级之前，对自我的状态无法客观地认知。若没有外力的作用，只靠自身的力量很难完成这样的突破。很多人一直停留在100以下的能量等级，一辈子都很难跳出去。

如果一个人在低能量等级长期徘徊，偶尔跳到150以上，往往就会感觉非常满意，能量等级稍微提高一点可能就失去了前进的动力。

能量等级长期在100以下的人，永远都无法体会甚至无法想象能量等级在300以上是什么状态。人首先要知道自己生活在一种受限模式之中。如果没有认清这一点，受限模式是很难自行结束的。而要获得一定程度的自由，能量等级至少要达到450，否则很容易再掉下去。如果遇到非常复杂的情况——负能量很强的场景，可能会迅速地被拉到能量等级100以下。

　　同时，如果内心的很多限制没有突破，也很难维持在高能量状态。嫉妒、傲慢、怨恨、恼怒……所有这些情绪都是把人们拉到能量等级100以下的原因。

　　而对大部分人来说，自我感觉良好和自我膨胀是最难以跨越的。在175的能量等级，如果能量不断累积却缺少对自我的突破，一个人就会越来越膨胀。一些看上去很优秀、很强大的人，很难靠自己的力量迈过这一关。或者说人在这个状态很舒服，不愿意放下已有的成就。但只有突破了这一能量等级，自我成长的通道才会真正打开。放不下自己的傲慢，就无法迎来真正的生命成长的机会。如果在哪个地方自己很得意，那此处就是个人成长中会被卡住的点。所有的能量都会在这里积累和驻留，而不是被用来实现自身的提升和突破。

　　一旦突破了这一点，人就会变得十分谦卑，像泄了气儿的皮球，气没充满的时候，皮球看起来就是软趴趴的，但实际上深层的力量在一点一点累积，只是暂时还未在表层显化。在这个状态中，人的灵活性和稳定性也会增加。不像原来打满了气的皮球的状态，一碰就会蹦。此时的状态可以蹦，也可以不蹦，可以很刚强，也可以很柔软。因为有了更强的安全感和更深的自信，就不需要通过表演一个很强大的样子来伪装自己。这就是能量等级250的状态。此时能量开始加速累积，个人的成长也开始增速，从线性成长发展成指数成长。到了能量等级310，人就可以放弃自我固守的限制，保持全然敞开的状态。这时很难进入固化模式，所以能量的消耗也会大大减少。这个时候的内心会变得非常有力量，待人十分真诚和友善，能够自在地敞开自己，毫无保留地去爱所有的人。

　　能量等级350是一个转折点，人对外部世界的关心会逐步转为对内部世界的关心。人本自具足，智慧会开始显发，好像突然明白了很多道理。在这个阶段，人会创立自己的认知体系，由内而外地重构。在一个人的成长道路上，内在智慧的启用会提供一个非常稳固的基础和支撑，人很难再被外界的声音影响和动摇。

　　到了能量等级400，人已经可以充分享受孤独了。内在世界更细腻，更有体验感。自己的世界非常完美和丰富，不需要太多外界的支撑。而达到能量等级500，又会回归平实，聚焦生活的美好，体会真正的幸福。平常心是道，此时再高级的系统，也变得平常。即使在做饭的时候，也能体会到高级系统的存在，它已经与生活完全合一了。

　　到了能量等级540，人会生起强大的慈悲心。这种慈悲心是自发的，就像一个母亲不愿意看着自己的孩子生病受苦。此时人会表现出巨大的耐心和持久的乐观，因为他知道治愈一个人需要很长的时间。

　　到了能量等级600，世界就会变得静默，能量也停止向外界辐射。到了能量等级700～1000，内在的心灵世界会与外部世界合一、融通，达到天人合一的境界。

不要抱有太多不切实际的幻想，不要把人生想得太简单。脚踏实地地去累积自己的能量。生命的意义就是提高自己的能量等级。

> **学生心得　看见自己，链接自己**
>
> 与自己和解的一件重要的事情是，经由情绪的表达，看见自己、链接自己。
>
> 首先需要认识到自己的不良情绪。比如感到愤怒时，要觉察自身内在能量的失控，不要让自己沉溺于其中，沦为情绪的奴隶。要勇敢地面对自己，抽丝剥茧般去看见情绪背后的认知和逻辑。"我为什么会生气？""我是怎么理解这种行为和现象的？""我的目标和需求是什么？""我此时能够采取什么样的行动？"一步步追问下去，找到最根本的缘由，并通过长期的训练和坚持，逐步纠正局限的认知，建立起对自己、对世界的正解。
>
> 这个过程需要勇气、耐心。敢于把自己逼到死角，赤裸裸地反观自己；敢于放下各种防御和面具，坦荡地表达自己。接受自己是一个普通人，接受自己的各种脆弱和恐惧。学会爱这样一个不完美的自己，学会脚踩在大地上，在理性和感性的动态平衡中，一步一步地走向自己认准的方向。

5.3.3　能量提升实操指南

国学与修身

儒家的《大学》是修身的实战指导书。止、定、静、安、虑、得，每个字都是真实的心智层次和生命境界。

> 大学之道，在明明德，在亲民，在止于至善。知止而后有定，定而后能静，静而后能安，安而后能虑，虑而后能得。物有本末，事有终始。知所先后，则近道矣。
>
> ——《大学》

"止"，就是控制垃圾信息的输入，减少大脑的负能量和外界的干扰，逐步停止头脑中不切实际的想法和推演。"定"，就是通过努力让躁动不安的状态逐渐减弱，内心世界慢慢安定。达到"静"的状态后对世界的感知会变得细腻和敏锐，能够与自己和世界建立很强的连接。"安"，心安踏实，有强烈的安全感，此时大部分的恐惧和焦虑已经消失。之后达到"虑"，才开始看清自己真实的目标和需求，能够真正思考问题。找到正确的方向和道路后，才有所谓的"得"，让生命实现突破和成长。

六字修身中的每个字，都是一个能量累积、从量变到质变的过程。但对大部分人来说，每一步的跨越都十分艰难。外界的种种信息携带着巨大的能量，不停地影响着身处其中的每个人。只有自身的能量积累到一定程度，才敢于在这样巨大的洪流中先止步。而只有停下来，才能够看清自己所处的位置，看清世界的变化。当自己随着外界的影响不断晃动，失去立足点时，基本的观察力和判断力都无法发挥出来。久而久之便会深陷其中，难以自拔。

另一方面，一般人很难面对现实、接受现实，宁愿选择活在自己编造的美好中，活在各种正确和光环中，也不愿意耐下心、狠下心去看见自己。为了维护某种虚假又脆弱的形象，一而再再而三地自欺欺人也并不罕见。基于这种和真实世界割裂的存在，产生的只会是无尽的麻烦和痛苦。

> 以天下之目视，则无不见也；以天下之耳听，则无不闻也；以天下之心虑，则无不知也。
>
> 《六韬·大礼》

如老子所说，"圣人无常心，以百姓心为心"，人是能够活出一个完全不同的状态的。"不以物喜，不以己悲"，是儒家的基本功。在平静的状态中，对自己和世界的认知会愈加清晰，越来越能够活在真实的世界中，活在当下的灵动中。在各个维度、各个层面灵活地运用能量，就是智慧逐步增长的表现。能量的外放是灵动的、进取的，能量的内收是庄重的、威严的。一个能量充足的人也是一个具备独立性和安全感的人，不过分依赖外界的认同和评价。总而言之，内在有强大、稳定且流动的能量，一个人就有智慧。能够认识到自己的不足，并且有意识地调整，就是不断地修身，在靠近和践行圣人之道。

能量保存与沉淀

一个人的坚韧和力量源于自律和自控。

做不到自律，无谓的活动过多，能量就会在各种琐碎的事情中被消耗。自律的人能够看清楚自己的目标和道路，不会受外在因素的影响和诱惑，不把自己的时间浪费在不产生结果的地方。如果一件事不产生结果，不符合自己的目标，那么这件事情就不值得做。

提升自己和管理项目是相通的，都需要面对有限资源的约束。超范围就是做了多余的动作，而这些动作不是项目所必需的。执行力是资源，时间是资源，精力更是资源。如果大部分时间被花费在无关紧要的事情上，往往到最后就没有足够的时间和精力分配给真正重要的事情。

> 他们必须学会对自己负责，太多的人仍在指望人事部门来照顾他们。他们不知道自己的优势，不知道自己的归属何在，对自己毫不负责。
>
> ——彼得·德鲁克《管理的实践》

年轻的时候千万不要自认为很优秀，要将优秀的表现视为平常。傲慢、自大和浮躁会导致能量飘浮和发散。能量如果过于外放，内心就难以沉淀真正的力量。要把能量向内收，向下沉，不断积累并将它压实，才能实现能量的提升和跃迁。在外则要培养收放自如的能力，让能量流动起来，并且把握好分寸，不对自身造成过多的消耗。

个人能量的启用

人喜欢搜集知识、积累经验。但经验和知识一旦固化在头脑中，就会变成一种模式和障碍，这是头脑天然的缺陷。一旦进入经验模式，能量就会在这里打转、消耗，无法自然流动。就像垃圾软件开始占用内存资源，使可用的空间越来越小，运行和处理速度越来越慢。

所以，在一定程度上，资历越老、经验越丰富的人创新性就越差。经验只能解决经验能够解决的问题。一旦遇到经验之外的问题，人们接受和理解问题就会很困难，也很难突破和解决。

对真正的高手来说，其知识和经验会变成一种记忆，而不是一种模式，能量流动时没有任何障碍。当其需要某种方法来解决具体的问题时，处理问题的框架可以瞬间成形，并且在使用后即时解散，这个框架所占用的能量立刻被释放。这种即时生成的智慧就是当下的智慧。高手本身的能量就远高于普通人，而在启用时他能释放出来的能量只会更多。如果将普通人比作台式计算机，那么高手就可以被看作超级计算机。

在具体实操时要保持开放的状态，不要固守对抗，一旦出现某种取舍和倾向，就会制造边界和限制。同时，还要保持一定的稳定性，在这种状态下人往往能够突破原有的边界，达到一种更高的能量状态。

第6章

项目经理的修炼之道

路漫漫其修远兮，吾将上下而求索。

6.1 项目经理的核心价值

6.1.1 管理者应树立的观念

管理者的认知决定着管理者的行为。作为一个项目管理者，其认知水平和认知方式与所持有的观念密切相关，因为认知是基于观念的。首先，项目管理者应当具备以下七种观念。

竞争观念

> 要树立正确的竞争观念，将竞争观念落实到行动中来提高资源利用效率。

竞争观念的产生是因为资源不足。人、财、物、市场全部是资源，这些资源能够帮助项目实现目标。但所有的资源都是有限的，社会处处存在竞争，因此我们需要树立正确的竞争观念，将竞争观念落实到行动中，用来提高资源的利用效率。对于我们自身来讲，如果能够做到单位时间的产出比别人都高，就说明有竞争观念。真正的竞争不是与别人竞争，而是做好自己，提升自己，精进自己。

共享单车

为了倡导节能减排、低碳生活的理念，早在2007年共享单车模式就已经出现。随着信息时代的快速发展，硬件设备和移动网络都有了质的飞跃，使得共享经济、共享模式得到了资本的追捧，互联网共享单车如雨后春笋般涌入市场。2016年被称为共享单车元年，共享单车的出现解决了市民出行"最后的一公里"的问题。到2017年年底，国内共有77家共享单车企业，当年共享单车企业的融资金额高达258亿元。由于各家企业的产品和服务基本一致，但资源是有限的，因此企业需要拼命地扩张以争夺市场占有率和资本的青睐。最终导致各家企业付出更多的时间和成本，却换来了更低的收益。无序且过度的竞争、政策的转向、资本的退场，让大部分共享单车企业陷入资金链断裂、倒闭，停业，甚至"卖身"的危局。因此，经营企业一定要树立正确的竞争观念，通过提高产品差异化、质量和服务，获取和扩大销售利润。大卫·休谟曾说："高尚的竞争是一切卓越才能的源泉。"市场竞争不是零和博弈，企业要学会从竞争中合作，从合作中竞争。

时间观念

> 树立正确的时间观念，就是在正确的时间做正确的事情。

管理从自我管理开始，自我管理从时间管理开始。时间是个人所拥有的最重要的资源，所以要有时间观念。

时间管理是管理的起点，对个人资源的有效利用就是自我管理。树立正确的时间观念，就是在正确的时间做正确的事情。时间是一个轴，也是一个维度，每一天都不同，每一分、每一秒都是不一样的。当你感知到世界每天都是新的，就说明你对这个世界的感知力已经很敏锐了。这种感知力其实是高效利用时间的基础，因为只有当感知力非常敏锐的时候，才能够在每一个当下做到快速反应来采取恰当的行动。这种感知力的提升需要进行长期的训练。

> **空客A380项目延期**
>
> 空客A380是欧洲空中客车公司研制生产的四台发动机、525座超大型远程宽体客机，空客A380投产时是载客量最大的客机，有"空中巨无霸"之称，对标波音747，欲在大型客机市场中分一杯羹。2000年，该项目正式启动，计划四年完成总装，在2006年执行第一次商业飞行。对于大型客机来说，如此庞大的跨国项目，四年的开发周期其实相当紧张，需要每个环节都保证严格不出错，对于时间的把控是一个巨大的考验。
>
> 在项目的整体进程中，英国、西班牙、德国和法国四个国家的工厂都有自己的工程体系、技术、供应商和法律及会计人员，整个组织管理尤为复杂。在这个过程中，拖沓冗长的审批流程和组织管理方面出现的组织架构松散、沟通不畅等一系列问题，导致了项目延期。除此之外，管理结构和生产进程中有太多没必要的低效设置，也使得组织管理和协调沟通非常困难，项目进展缓慢。

在这个案例中，空中客车公司一开始在运行这个项目的时候缺乏时间观念，没有考虑到组织复杂性引起的管理问题，过于乐观地估计了项目进度，在实施过程中发生大量问题，导致空客A380飞机的交付时间几度被推迟。

系统观念

世界是由特定的结构组成的，特定的结构是由特定的关系构成的，而所有的关系都可以被认知，所以这个世界可以被认知。这个世界之所以能被认知，是因为这个世界一切的呈现全部都是关系。

世界是由系统构成的。如果拥有系统思维，那么一切都处于系统之中。只要是系统，就符合系统的完整性、结构性、层次性，这些特点一定可以被认知。

管理的问题从来都不是孤立的，项目管理就是管理各种关系，要拥有看清各种关系的洞察力，就要具备系统观念，它是项目管理的核心基础。

> **都江堰工程项目**
>
> 2200多年前，古人创造了一个伟大的奇迹，完成了宏大的水利工程——都江堰。都江堰工程的目标并非单纯为了泄洪，还需要具备引水灌溉和分水排沙等多重功能，因此，传统的"堵"和"导"的单一治水模式根本无法达到预期效果。鉴于特殊的地理位置和治水条件，蜀郡守李冰父子创造性地提出综合采用分水导流工程、溢流排沙工程和引水口工程等三项工程完成都江堰水利工程的修建。基本原则是充分利用天然的地理优势，尽量减少人力、物力、财力的消耗，因地制宜的同时兼顾多方面影响因素，做到避其害谋其利，形成各项工程并驾齐驱的效果。

在都江堰工程项目案例中，李冰父子充分了解当地的自然地理状况，熟悉当地水涝灾害的具体情况，并且能充分利用现有的水利施工技术，通过整体谋划和系统布局，实现了泄洪、灌溉、排沙等综合效益，同时保证居民不受水害，且促进了经济发展。都江堰工程2 200多年来为人类带来的利益可以充分展现出古人在系统思维方面的超凡智慧。

风险观念

风险无处不在，且风险不可能被完全消除，所以需要锻炼在充满风险的环境里有效地开展工作的能力。做项目管理不能厌恶风险，因为风险与机遇成正比。一个人的风险接受力和风险敏锐度决定了他能取得多大的成功。如果有过人的能力，就能走与众不同的道路。

2007年，李嘉诚接受《全球商业》和《商业周刊》的采访时，介绍了他对风险的把握和预防措施。他表示自己成功的秘诀就是居安思危。李嘉诚认为："一个成熟的企业家，需要有非常敏捷的嗅觉，要随着市场变化而迅速调整方案，这样可以为企业找到新的出口，切不可等到企业开始走下坡路的时候再去寻找改变的方法，要时时刻刻保持危机感，在顺境中发现危害因素，努力将这些因素扼杀在摇篮里，只有这样，才能在商业中立于不败的位置。"

> **韩国三丰百货店倒塌事件**
>
> 三丰百货店位于韩国首尔瑞草区，是一座高5层楼的百货商场。1989年三丰百货大楼竣工，1990年7月7日开始营业，是韩国当时的标志性建筑之一。然而，在1995年6月29日下午6：05三丰大楼突然开始倒塌，随后在短短20秒内百货大楼塌陷进地下4层内，共造成502人死亡，937人受伤，财产损失高达2 700亿韩元（约2.16亿美元）。这是韩国历史上在和平时期伤亡最严重的一起事故，也是世界上建筑自行倒塌导致伤亡极其严重的事故之一。

随着之后对事故的深入调查，人们发现造成大楼倒塌的主要原因是在施工过程中缺乏必要的风险意识：将原本计划的四层楼房改成五层；将原本预留在顶层的溜冰场更换成8家餐厅；擅自增加了3台重达29吨的制冷设备却又将大楼承重柱减少……如此缺乏风险观念的行为都为后来倒塌事故的发生埋下了可怕的伏笔。

在这个案例中，项目进行过程（大楼建设阶段）中并没有对潜在的风险进行充分识别，也没有对相关施工变更的风险做正确的评估。最终，由于缺少风险观念，导致了严重的事故。

效益观念

> 效益观念就是凡是做事都要有结果。

效益观念就是凡是做事都要有结果。比如看书要有看书的效果，听课要有听课的效果，要对自己产生相应的影响和改变，这就是效益观念。而不是只知道播种，从来不去收割，或者收割了，也不放在粮仓里，扔得到处都是。很多人学了一堆课，拿了很多学分，这就是播种。学了一堆知识却没有整理，没有形成自己结构化的东西，这就是没有放进粮仓。那么随着时光的流逝，这些知识也所剩无几，这就是在浪费资源。

优秀的项目经理善于利用有限的资源实现效益的最大化，可以找到在有限约束条件下的最优解，从而实现成本最低、浪费最少、价值最大的效果。效益观念也是可以训练的。将这种思维观念在每天的生活当中练习，把人生中遇到的大大小小的事情用效益观念管好，就是这种观念的真正落地。

中铁建沙特麦加轻轨铁路项目

麦加轻轨铁路是沙特用于缓解交通压力而在伊斯兰教圣城——麦加投资兴建的铁路，全长18.25公里，是沙特的第一条轻轨铁路。2009年2月10日中沙两国签订合同，2010年11月14日开通运营。该铁路是中国企业在海外第一次采用EPC+O&M（设计、采购、施工加运营、维护）总承包模式建设的铁路项目。在工程建设方面，创造了许多"世界之最"——设计运能最大、运营模式最复杂、建设工期最短、施工环境最恶劣等。可惜这样一个工程杰作却未能成为一个成功的项目。2010年10月，中国铁建股份有限公司（以下简称中铁建）发布公告，预计该项目亏损约41.53亿元，随后中铁建股价严重下挫，A股跌幅达5.24%，H股跌幅达13.44%。中铁建没有充分评估可行性，盲目以低价竞标（与他国报价相差10亿美元），为项目埋下了隐患。同时，中铁建并不熟悉EPC项目，仅有的"概念设计"使得项目范围模糊、工作分解不准确、工程量估算发生失误，导致后续

> 工作量和成本不断增加。而且在工程分包过程中，项目设计、控制系统、控制设备等任务由国外公司实际负责，缺乏成本控制。同时，中铁建还缺乏国际工程经验，大额合同分包商均由客户择定，签订的合同条款苛刻，丧失了对项目的掌控力，最终导致合同范围不断蔓延，工作量不断增加，项目成本失控。

在这个案例中，麦加轻轨项目获得德国和英国有关的第三方独立认证机构的双重认证，整体项目实施质量和效果是好的，且该项目开通以后，极大缓解了麦加地区的交通压力，国际社会尤其是沙特给予了很高的评价。但由于缺乏效益观念，致使成本严重失控，给中铁建造成了巨大经济损失，也间接导致中国建造业海外扩张计划受阻。

人本观念

人本观念，就是以人为本。管理就是人的管理，是人性的管理。人的学问是最深的。只有对人性有深刻的认识和理解，才能做好管理。

人性管理的关键是对人的需求的管理。只有给到对方想要的东西，才是有效的激励。而处于不同阶段、不同位置的人的需求是不一样的。对于人的需求的管理，首先要识别出人的根本需求才能够对症下药。识别的前提是看破，能够清晰地看到事物的因果脉络关系。看破的前提是自身具备足够的洞察力，其基础是自身的稳定性（定力），这对于大部分人来说是非常难的。

> **海底捞**
>
> "双手改变命运"，张勇这样定义海底捞的价值观。提到海底捞，我们最先想到的可能是它温暖贴心的服务，海底捞的服务可以称得上是餐饮界的"天花板"。他们十分注重顾客的消费体验，无论是排队还是用餐过程中都能让消费者享受到极致的服务。但在张勇看来，海底捞之所以强大、所向披靡，核心竞争力是其独创的，能够激发员工创意、热情、积极性的一套人力资源体系，也就是对人的管理。他用"双手改变命运"的核心理念来凝聚员工，围绕这个价值观设计制度，使每一位员工都可以从基层一级一级地向上走。"公平就是多劳多得"，这也是张勇最常说的话之一。2014年张勇在海底捞推行了计件工资制度。在连锁经营的过程中，张勇又设计了一种"师徒制"的利益分享机制，徒弟成功晋升之后，师父的个人收入与其徒弟、徒孙餐厅的营业业绩直接挂钩，这极大地提高了店长培养优秀的储备店长的积极性。海底捞从一家名不见经传的小店发展到在香港上市，张勇在餐饮界缔造了一段传奇，这离不开他以人为本的观念。无论是对待员工还是顾客，他都用心去体会、去给予、去呵护、去服务。张勇的另一个愿望是要创造一个平台，在这个平台上，每一个员工、每一个阶层的人，都有能力去改变或创造属于自己的未来。

法治观念

项目环境很复杂,涉及的法律也很多,合同、法规都属于法律的一部分,作为一名合格的项目管理人员,应当重视法律。有些海外项目,经常因为我们对海外国家的法律条款、合同条款不太熟悉而造成重大损失,甚至在合同签订过程中,"打钩打叉"都没搞清楚,就把名字签了,等到索赔的时候才发现很多都是限制性条款。所以,签合同时需要非常谨慎,对于对方的法律条款和法律环境要非常熟悉,因为签了合同就要承担相应的法律责任。

> **波兰A2高速公路项目**
>
> 波兰A2高速公路项目是波兰政府公开招标的项目,该项目作为中国企业首次进入欧盟国家的大型基础设施项目,于2009年9月28日与业主签署了施工合同,合同总额达到4.47亿美元,总工期32个月。2010年6月正式开工,到2011年5月,工期过去40%,工程才完成20%。在国际承包工程中,国际通行的FIDIC条款规定业主应在开工前向承包商支付启动资金,由于中国企业不熟悉相关规定,关于工程款预付的条款全部被删除,工程启动却没有预付款。而且,由于缺乏对波兰相关法规的了解,出现了签证困难的问题,中方施工人员未能按时到场,导致项目进度延后。另外,按照波兰的劳工法,中方劳工也必须按当地工资水平进行雇用,预想的中国劳工低成本的优势并不存在。最后,因缺乏对于波兰环境保护法规的了解,低估了环境保护成本,导致总成本上升约10%。最终,因大面积拖欠分包商款项,工程停工,承包商中海外联营体权衡之后只能毁约退场。波兰业主则给中海外联营体开出了约合2.71亿美元的赔偿要求和罚单,外加三年内禁止其在波兰市场参与招标。

在这个案例中,中海外联营体当初并不清楚波兰市场的特殊性和欧洲法律的严肃性,与业主签订的合同也缺乏审查,过于偏向业主,对中海外联营体过于苛刻,可以说是一份不平等的合同。合同条款参考了国际承包工程通用的FIDIC条款,但与FIDIC标准合同相比,业主删除了很多对承包商有利的条款。对相关法律缺乏了解,对合同风险审查不足,最终导致中海外联营体对局面逐渐失去掌控,项目无法完成并造成无法挽回的损失。

以上这些观念只是项目管理者认知这个世界、实施管理行为的一个出发点和基础。虽然这七种观念不一定全面,但它们具有方向性和引领性的作用,能够保证我们在对问题认知的过程中从相对全面的角度来理解问题和处理问题,在一个正确的轨道上面开展工作。

6.1.2 项目经理的能力之眼

项目经理的能力非常重要,需要在项目管理的过程中明白应该在哪些方面来提升自己。

在国际项目管理专业资质认证标准(ICB3.0)里面有一个能力之眼,如表6-1所示。它一共分为三部分。第一部分是左边的行为能力(Behavioural Competences),偏重人的软能力方面;第二部分是中间的技术能力(Technical Competences),偏重人的硬能力方面;第三部分是右边的综合能力(Contextual Competences),或称高级能力。

表 6-1 能力之眼

序号	行为能力	技术能力	综合能力(高级能力)
1	领导力	项目管理实施成功	项目、项目集、项目组合和永久性组织
2	专注力和动机	满足干系人需求	商业
3	自控力	项目需求和目标管理	系统、产品和技术
4	果断性	平衡机会和风险	个人管理
5	放松	质量管理	健康、安全和环境
6	开放性	项目组织管理	金融
7	创造力	团队管理	法律
8	结果导向	问题解决	
9	效率	项目结构	
10	咨询	项目范围和交付管理	
11	谈判	项目时间和阶段管理	
12	冲突和危机处理	项目资源管理	
13	可靠性	成本和金融	
14	伦理道德	采购和合同管理	
15	价值取向	变更管理	
16		控制和报告	
17		信息和归档管理	
18		沟通管理	
19		项目启动和收尾	

行为能力

在PMP认证考试中,主要评估的是技术能力。然而,对于一位卓越的项目经理而言,更为关键的是培养自己的行为能力即软能力。这是因为,相较于技术能力,软能力在实际工作中发挥着更为重要的作用。正是这一原因,尽管获取PMP证书的过程相对直接，但要成为一名杰出的项目经理充满挑战，其核心难点在于软能力的培养与提升。

> 项目管理最难的部分是软能力。如果不重视软能力的培养，那么对于整体能力的提升将是微乎其微的。

从表面上看，项目管理学是学习做事情的学问，要懂得各种各样的项目管理知识，了解各种各样的项目管理特征，掌握各种各样的项目管理工具。但它的底层核心其实是做人的原则，体现在人的软能力方面。项目管理最难的部分是软能力，如果不重视软能力的培养，那么对于整体能力的提升将是微乎其微的。下面我们来看软能力包括哪些方面。

（1）领导力。

在PMI的旧版人才能力三角里面，领导力是最重要的能力，新版中已经把领导力变成了影响力技能，因为领导力就是影响力。影响力就是让别人自愿追随你去实现共同目标的能力，是领导力的基础。从通俗意义上说，影响力就是说话有分量，别人爱听，而且听了能照着去做。所以学习领导力就是要不断地提升影响力。影响力非常广泛，并不局限在某一个特定的场合或场景里，而是存在于任何地方。一个有影响力的人，可以影响任何人，并不是只在工作场景里或在团队里。

约翰·麦克斯韦尔在《领导力的5个层级》中将领导力的成长分成5个层级：职位、认同、业绩、育人和巅峰。职位仅仅是领导力5个层级中的第一个层级；第二个层级需要领导者的观念和做法能够得到员工的认同并且能给团队带来鼓舞；第三个层级的领导者有能力建立一支有生产力的团队，并且带领团队走向成功；第四个层级的领导者能够在带领他人获得事业上的成功的同时收获个人心性的成长；第五个层级，领导力的最高境界是一种特殊的个人魅力，能够让人产生无理由的信任和向往，是一种非常抽象和复杂的影响力。

此外，从事项目管理工作的项目经理在职位权力不够的情况下，需要花更多的时间和精力在非职位领导力上更加有效地开展项目。管理的最高境界就是对组织施加影响，领导的最高境界就是"领导"你的领导。而项目经理要想对组织施加影响，也必须"领导"你的领导，否则因为权力有限，无法对组织施加影响。

（2）专注力和动机。

因为专注力是学习力和记忆力的基础。如果没有专注力，做事情很难持久，也很难深入。现在很多人经常说：让我干别的还行，就是不要让我看书，我一看书就会犯困。为什么呢？因为看专业性很强的书，或者是很有思想深度的书，通常需要有很高的专注力，而多数人专注力达不到。

培养专注力的方法就是平时做事要专注，不要总分心。现在手机上的各种信息太多了，做事情容易三心二意，如果经常这样，就会形成一种不专注的习惯。真正的专注力养成期是在幼儿园和小学的早期阶段，这个时候小朋友不管玩什么都可以玩很长时间，这时候一定不要打断他，因为那就是他的专注力形成期。如果总是打断他、干预他，给他安排一堆他不喜欢的东西，专注力就不会形成，长大以后就会坐不住，学习比较吃力。

重复是成年人培养专注力比较有效的方式。先养成在做一件事情上持续专注的习惯，然后不断进行重复，这样就可以习惯性地把注意力集中到一件事情上面。很多成功人士都是日复一日地无数次重复去做一些简单的事情。通过重复，可以形成专注力的记忆，当这种记忆足够强大的时候，进入专注力的状态需要的时间就越来越短，之后做这一类事情的时候就能够迅速进入高度专注的状态。

> 如果知道他人的动机是什么，那么就很容易去激发他产生动力。

能力之眼中的"Motivation"可以翻译为动机或激励，真正的激励就是激发他人的动机。如果知道他人的动机是什么，那么就很容易去激发他产生动力。动机管理是人力资源管理的核心和基础。有时候发现某个人好像没有工作激情，那可能是因为你还没有触动到他比较有激情的部分，还没有找到他的兴奋点。只有具备了对别人的内在需求和内在动机的洞察力，才能够有效激励别人。

（3）自控力。

自控力也是非常重要的能力。自控力之所以很重要，是因为有自控力的人才能产生专注力。很多时候很多人完全无法控制自己，就像有的人睡觉前一定要刷手机，需要刷到凌晨两点才能睡觉，刷不到两点是无法入睡的。他都不知道自己在干什么，反正不刷手机是不行的，会很难受，必须刷一段时间的手机才能睡觉。这说明他已经被手机控制了。

如何提升自控力呢？做当前处境下该做的事，活在当下，而不应该身心分离。而在现实生活中，很多人要么活在对过去的悔恨中，要么活在对未来的期盼中，却很少活在当下，仿佛对有些人来讲，当下永远是过渡期。真正地活在当下，首先就是接纳自己，接纳自己所有的一切外在和内在，没有评判，没有因为自己的某些特征就产生烦恼；其次就是接纳身边的一切，存在即合理，那么周围发生的事情也没有那么奇怪了。

"知止而后有定，定而后能静，静而后能安，安而后能虑，虑而后能得。"提升自控力就是要活在当下，先约束外在的行为，然后控制心的内在状态，把心安定下来。

（4）果断性。

有些人做事喜欢思考很多，但总下不了决心，经常犹豫不决，在细枝末节上徘徊，花费很多的时间和精力。这样就会对自身造成很多无谓的消耗，时间久了就容易焦虑。果断性其实是在特定的情境下能快速做出决策的能力。决策跟信息输入有关。决策的质量取决于信息的质量。头脑有什么样的输入，将来就会有什么样的输出。决策困难的人通常头脑相对混乱，价值标准和价值判断也比较模糊。输入的信息比较杂乱，很难具有相对稳定的立场，对很多事情的判断经常是犹豫不决的。如果经常这样，做事的效率就会受到影响。

果断是人做决断的状态。果断性培养的前提是要管理好信息输入的质量，减少负面和片面的信息输入。在掌握足够全面的信息之后，才能够把问题看清楚。把问题看得越清楚，做决策就会越迅速和准确，就不会犹豫。

（5）放松。

放松是一种能力。经常焦虑、内心很紧张的人是不可能放松的，其眼神里面充满了恐惧。一个人如果比较放松，就会神情自若；如果不放松，就会看上去很警觉。

那么为什么难以放松呢？如果活在一种惯性的思维模式和工作模式之下就会造成紧张。运动员在运动的时候肌肉是很紧张的，但是运动结束后他们会去做足够的按摩来放松紧张的肌肉。头脑、心理的紧张和肌肉的紧张一样，在高强度的工作之后头脑是需要放松的，如听音乐、打坐、冥想等。总之，要从惯性的状态中走出来，进入另一种相对轻松愉快的状态里去。

（6）开放性。

有开放的心态就会表现得有开放性。人们思维的广度和高度都与开放性有关。人与人为什么很难相处，其实就是"你容不下我，我容不下你。"只要一个人能容下另一个人，双方的矛盾就能化解。如果两个人都容不下对方，那就只能对抗了。

> 对于自己不了解、缺乏认知的东西保持开放。

"海纳百川，有容乃大"，把船放到一条小溪里，小溪可能容不下，放到湖泊里面就可以了。一艘大船在湖里开不动，但在大海里就可以自由航行了。所以我们要做心胸开阔的人，心胸能够体现在我们的知识、素养、技能等各个方面。如果一个人能做到心胸开阔，就具备了成为一个高层管理者的条件。如果斤斤计较，心胸狭隘，就无法去领导别人。所以一个人的开放性是非常重要的。

通常我们会受限于自己狭隘的认知和过往的经验，所谓的对错多数建立在狭隘的概念和认知上。如果几百年前有人说准备坐飞机去北京，人们肯定会说不可能。其实是因为在人们的认知和经验里，这些东西完全不存在，所以才无法理解和接受。所以我们要对自己不了解、缺乏认知的东西保持开放。

（7）创造力。

创造力是非常重要的。现在很多人内卷是因为找不到出路。为什么找不到出路？因为找不到新的道路和方法。新的道路和方法通常不在传统认知里面，需要具备创造性的思维，才有可能找到。

创造力源于想象力。伟大的艺术家、文学家、科学家有很多相通的地方，这些从事高度创造性劳动的人，都有非常好的想象力。爱因斯坦、钱学森都很喜欢小提琴、钢琴，李政道、苏步青、竺可桢……都有很深的艺术修养。科学、艺术、哲学和文学在创造力和想象力方面有着高度的统一，是完全相通的。所以偏向于理工科的人可以多去看看艺术展，逛逛博物馆，注重提升自己的人文素养。这对于激发创造力、突破有限的格局和认知是非常有效的。

（8）结果导向。

项目本身是以目标为导向的，目标是以结果为导向的。我们做的所有工作都是为了目标的达成，这就是以结果为导向。任何时候都不要忘记项目的目标，所有不是为项目目标服务的活动都属于超范围。在项目管理中，对这方面有非常严格的管控，要让项目团队清楚地知道组织期待的结果是什么，然后都朝着这个结果去努力。

（9）效率。

管理就是为了提升效率，改善效果。很多人为什么达不到一定的效率和效果呢？这跟前面讲过的专注力有关。如果专注地做一件事情，一小时就能做完，可是因为无法专注，做了两小时还没完成，这种现象经常发生。很多基础能力的缺乏会导致效率不高，并且很容易出错，但如果认真程度和投入程度比较高就不容易出错。在自控力、专注力都处于比较高的状态下，人就能进行深刻的思考，就容易找到答案。如果人比较浮躁，那就可能永远找不到真正的答案。内卷是人心浮躁的结果，也是整个社会变得越来越浮躁的结果。大家都想去寻找那些表面上容易找到的答案，都在表面上下功夫，那些深层的真正答案很难被看见，都挤到同一条路上去了。所以项目经理要提升效率，首先要提升自控力和专注力，锻炼深度思考的能力。

（10）咨询。

如果思维比较活跃、开放，就能找到更多的答案和道路，就能给别人提供咨询。咨询的能力也体现了一个人思维的深度、广度、精微度等这些特质。

拥有咨询能力的人有几个特点。第一，有非常广的知识面；第二，有深度思考的能力；第三，思维具有非常强的发散性和收敛性，也就是说，能够看到别人看不到的更多的可能性，并且能总结归纳成对于当下问题产生直接指导作用的答案。所以咨询能力的背后是思维的深度、广度和精微度。咨询能力的锻炼可以先从一个点上培养思维的深度和精微度，同时注意完善自己的知识体系和架构，培养思维的广度。

（11）谈判。

谈判是沟通的高级形式。在沟通中，谈判和冲突处理都是比较棘手的，属于对抗性沟通。在对抗性沟通中，双方都抱着不信任和敌对的态度，在这种环境下进行沟通是比较困难的。

在沟通过程中，如果能看懂对方的内心，就能掌握主动权，所以透视内心的能力非常重要。同样，真正的谈判专家是很难被看透的，他们在这方面都有非常专业的训练，想通过他们表面的细微动作来推测其内心想法，几乎是不可能的。

（12）冲突和危机处理。

冲突和危机处理能够体现一个人的智慧。中国文化中有很多有智慧的思想，如天人合一、太极等。太极拳可以四两拨千斤，讲究借力打力，也就是说，你的力量越大，我对你的反击就越厉害，因为根本不是用我的力量打你，而是用你自己的力量打你。中医文化中蕴含着中国独有的系统观（天人合一观也是系统观）、整体观。只有从整体的角度出发，才能找到病因治好病。中国传统文化为解决冲突和对抗提供了有效的途径和思路。

> 只有从整体的角度出发，才能找到更多解决问题的办法和出路。

通过对抗的方式永远都不能解决冲突和危机。之所以有冲突，就是因为有对抗。如果再以对抗的方式去解决对抗，这又如何行得通呢？只有从整体的角度出发，才能找到更多解决问题的办法和出路。

（13）可靠性。

可靠性也是一种素养。交给你的任务都能保质保量地完成、按时地完成，说明你这个人很可靠，这也是一种稳定性的表现。稳定性很重要。缺少稳定性的人可靠性也比较差。

> 可靠性也是一种素养。

为什么有些人的可靠性比较差呢？其实这是情绪不稳定的一种表现。管理的本质是人性的管理，每个人表现出来的行为背后一定有内在的东西在起作用，有内部影响情绪的心智模式在起作用。一般人看不清自己的心智模式，突破不了自己心智模式的框架限制，所以就很难进行自我改造和提升。

（14）价值取向。

价值取向就是价值判断。经常犹豫不决的人，反映出的是他们的价值取向通常很不稳定，所以决策成本非常高。如果在每一件事情上都这么犹豫，那么对人的消耗会非常大。有的人每天什么都不做也会很累，就是因为他经常在这些琐事上做很多无谓的消耗。

一个人的世界观、人生观、价值观还有思维模式，会影响人的性格、思想、态度、习惯等方面，并且一层层地显化出来。要建立正确的价值取向，最根本的是从心智层面建立正确的思维方式。

（15）伦理道德。

对于高层领导者而言，伦理尤其重要。因为对于高层来讲，明白该做什么，比怎么做更重要。

做正确的事，在很多情况下跟伦理有关。比如，我们现在强调可持续发展，但在早期发展的时候更追逐GDP。那个时候更重视数量，不太重视质量，GDP的增速更重要。但在不同的发展阶段，人们的认知也发生改变，因此对于那种高投入、低产出的产业，国家进行了很多调整。因为环境在变化，人们的认知在升级，人们对于事物的判断和选择也会发生相应的改变。在不同的环境和时间点都能做出正确的选择是很不容易的。

伦理的范畴非常广，整个人类的一切行为规范都属于伦理的范畴。它又划分为道德规范、法律行为规则等。从本质上讲，伦理就是人活着应该遵守的一些规则、应该信仰的一些东西。

综合能力

综合能力，又称环境感知和响应能力，是优秀的项目经理所应具备的重要能力之一。具备综合能力的人能够更全面、深入地了解项目所处的环境以及干系人的各种需求和期望，并能够通过整合和分析这些信息，做出更加全局和长远的决策。

（1）项目、项目集、项目组合和永久性组织。

由于项目是在一个特定的环境中进行的，因此环境对项目的影响是至关重要的。对于项目经理来说，首先要能够从项目、项目集和项目组合这三个层级的全局视角来看待所有的问题和挑战，这样才能具备项目管理的全局思维和综合思维。其次，项目经理需要在这三个层级来推动项目的实施和执行，在保证整体目标达成的同时，考虑资源配置、交付时间和其他关键因素。最后，项目经理需要对永久性组织有深刻的理解和认知，永久性组织大多以企业和国家的形式存在，也包含区域性组织，如联合国。

因此，一个优秀的项目经理不但要了解项目本身，还要深入了解项目所处的环境，包括组织环境的文化、法律、政治、风土人情、人文特征等，所有可能会对项目产生影响的方面都要充分考虑。

（2）商业。

商业作为社会的主要运作形式和存在方式，是价值流通和交换的重要体现，也是企业获取利润和生存的主要方式。因此，商业是社会的主要载体，多数项目都是以盈利为目的的商业项目，它们的核心本质是在价值交换的过程中获取应得的利润。作为项目经理，深刻理解商业本质是至关重要的，必须了解商业的原理和规律，以便更好地为项目服务，有效地利用资源，并提高项目效益。只有这样，才能在竞争激烈的商业环境中有效地管理和实施项目，取得成功。

（3）系统、产品和技术。

系统、产品和技术是我们所能面临的一切实物的三个重要方面。从实物对象角度看，它们主要存在于系统层、产品层和技术层。我们所面临的一切的实物对象都可以从系统层来描述，一架飞机是一个系统，一艘轮船是一个系统，一栋建筑也是一个系统。此外，系统层还可以是更广大的存在。产品层则表现为单体实物的产品，如我们日常使用的各种各样的物品。技术层则是实物对象的内在支撑，支撑着系统和产品的运作和发展。系统、产品和技术是实物存在的三个方面，它们互为条件、互相支撑，共同构成了我们所面临的世界。在项目中，项目经理需要同时考虑这三个方面，并采取相应的措施，以确保项目的成功。

客观世界主要是以实物的形式存在的，这些实物可以从系统层、产品层和技术层三个层面进行理解和描述。只有深入理解这三个层面，才能真正拥有理解和把握客观世界的能力。很多项目其实都是以实物为对象的，项目经理要在系统层、产品层、技术层看清项目的实物对象，才能够真正地理解项目的内在逻辑，才能更好地把握和管理项目。

（4）个人管理。

> 每个人需要解决的首先是自己的问题。

个人管理被划分在综合能力中，是因为很难做到。管理最终会落实到单个人的管理上。因为一个组织实质上就是由一群人组成的，其中每个人都是独立的个体，每项工作都需要由一个具体的人去落实。因此，个人管理是组织管理中至关重要的一环。

能管好一个人才能管好一群人。如果一个人都不能管好，就不可能管好一群人。因此，管理从自我管理开始，管理从个体管理开始。领导力的培养也一样，先去影响一个人，然后影响一群人，最后影响整个组织。

什么是自我管理？首先不要过度地关注他人，而要关注并解决自身的问题。如果一直以各种标准要求别人，那么永远都学不好管理，自身也无法得到改善。相反，我们需要始终保持审视自身的态度，认真反思自己存在的问题。学习管理首先就要拥有这种态度，每个人需要解决的首先是自己的问题。

（5）健康、安全和环境。

健康、安全和环境非常重要，因为这直接影响与项目有关的人的健康和安全。我们追求的任何利益、企业发展、项目成功其实最终都是为人而服务的，不能以牺牲人的生命和健康为代价。这是我们开展一切项目和工作的基础和底线。因此，作为项目经理，对此要有非常清楚的认知。

（6）金融。

上文提及大多数项目都与商业有关，商业又与金钱紧密相关，而金钱与金融的关系又十分密切，因为金融主要是解决金钱的运作方式和流通的问题。因此，项目中涉及金钱的问题都不能脱离金融。作为项目经理，如果不理解金钱的运作方式和规律，最终没有妥善解决金融问题，就可能导致项目失败或者无法实现盈利，这与项目的目标是背道而驰的。

（7）法律。

法律是一种最严格的规范，作为个人必须遵守，并将其作为行为、道德和伦理准则的底线。违反法律意味着伤害社会、他人和其他组织，这是与所有企业和商业行为的目标相违背的。因此，可以说法律是一切项目开展的底线，项目经理必须始终拥有法律意识、底线意识、道德意识和伦理意识。当一个人缺乏道德意识和伦理意识的时候，自身就会丧失正确的价值判断，就不符合作为一个人的基本标准，就更不可能成为一个优秀的项目经理了。

技术能力

项目经理的技术能力主要体现在项目管理方面的专业知识和技能上，这些知识和技能都能通过专业学习和实践不断积累与提高。

（1）项目管理实施成功。

项目经理需要具备保证项目实施成功的能力。项目的成功并不是偶然的，它需要遵循一定的规律和原则。项目经理需要了解并掌握保障项目成功的关键要素，如项目的计划、项目的风险控制等，并且遵守相应的规律来推动项目的顺利实施。

（2）满足干系人需求。

在项目管理中满足项目干系人的需求和期望也是项目管理的关键部分。不同的利益群体的关系怎么去处理，是项目经理面临的非常重要的问题，如何处理这些关系会直接影响项目的成功实施和效果的实现。

（3）项目需求和目标管理。

项目经理一定要清楚项目真实的需求和目标是什么。项目必须是建立在真实需求之上的，目标导向是项目管理的根本。

（4）平衡机会和风险。

在识别需求和寻找目标的过程中，机会与风险永远都是并存的。项目管理的关键就是在识别机会的同时避免和化解风险。通常机会越好，风险往往会越大。项目经理要具备敏锐的风险意识和风险控制能力，有效地平衡机会与风险，在获取成功的机会的同时最大限度地避免风险的影响。

（5）质量管理。

质量管理作为项目管理中的三大控制要素之一，在项目管理过程中扮演着非常重要的角色。质量问题不仅会影响项目的进度和成本，同时会对项目的实际效果产生深远的影响。项目经理要注重质量的管理和控制。

（6）项目组织管理。

项目组织分为很多种组织类型，如职能型、矩阵型、项目型等。项目经理了解不同的项目组织类型，可以更好地理解在不同的组织中的职权和资源状况，以及如何开展项目。

（7）团队管理。

项目都是以团队的方式来开展工作的，项目团队也是项目经理应该学习和关注的重要内容。这部分可以参考第2章相关的内容。

（8）问题解决。

项目的存在本身就是为了解决问题，因为项目是建立在现实问题的基础上的。因此，项目经理需要具备强大的解决问题的能力。

（9）项目结构。

项目活动的构成通常是可以用WBS的方式来表达的，它表达了项目中所有的工作活动的结构，并以树形结构展示，体现了项目的内在逻辑和特点。

（10）项目范围和交付管理。

项目的范围和可交付成果的确定是项目成功的关键。由于资源是有限的，因此必须将资源集中在实现项目的目标上。如果某项工作没有为项目目标做出贡献，那么这项工作就属于范围蔓延。同时，根据项目范围的要求，所有为了实现项目目标的工作必须包含在项目范围内，否则就会导致范围萎缩。所以项目的活动不能多也不能少。项目范围的实现取决于所有活动目标的达成，每个阶段的活动也都有相应的可交付成果。同时，可交付成果的实施保证了项目的范围，确保项目按照预定的方式顺利完成。

（11）项目时间和阶段管理。

项目管理中的时间管理通常指的是进度管理。把进度控制好是保证项目顺利实施的根本条件。项目管理出现问题，通常是因为进度管理出现问题。进度管理出现问题会导致成本超支、质量损失、人员流失等一系列问题。所以项目的进度管理是项目管理中的核心问题之一，项目阶段的划分也是为了更好地控制项目的进度。

（12）项目资源管理。

由于项目是一种资源约束条件下的活动，缺乏足够的资源是项目经理需要面临的最基本的问题之一。因此，作为项目经理，需要具备资源意识。资源意识体现在两个方面，一方面是能高效地利用现有的资源，另一方面是具备获取资源的能力。

（13）成本和金融。

项目经理要对资金的使用和流动进行有效的控制，在这个基础上才能有效地控制项目成本，获得相应的利润。因为大部分项目都是以获取利润为目标的，如果项目经理没有成本和金融方面的知识，就无法确保项目成功实施并获得最大的收益。

（14）采购和合同管理。

采购和合同管理是项目顺利实施的重要环节。作为公司的一项重要行为，采购在项目中是至关重要的，因为它是许多项目活动的主要输入。如果没有采购到相应的支撑资源，项目开展将变得困难重重，因此采购活动的及时实施也是保证项目进度的关键。此外，采购活动的有效性也直接影响项目成本的控制。如果采购的原材料和零部件没有达到应有的质量，也会直接影响最终交付物的质量，这更体现了采购在项目进度、成本和质量方面的重要性。

在采购实施的过程中，通常需要与交付方或供应商签订采购合同。采购合同签订的过程中需要注意项目中的物料清单、付款方法、延期罚款、解约办法、验收保修等相关条款，确保采购合同的条款清晰、详细、合理，避免产生歧义或争议。

（15）变更管理。

在项目实施过程中，由于环境的不确定性和项目本身面临的各种不确定性，项目变更是不可避免的。项目经理首先要认识到变更是一种正常的现象，要有冷静处理和应对变更的能力和态度。因为只有有效地应对变更，才能保证项目的顺利进行和有效控制。在VUCA时代，项目经理应该热爱变化、拥抱变化，将项目管理作为应对变化和推进变革的有效方式。

（16）控制和报告。

在项目实施过程中，项目经理必须对项目进行有效的控制，控制意味着对项目进行纠偏。项目经理要能够及时发现项目是否偏离目标和计划。如果发现偏离，就要及时纠正。控制是基于项目实施过程中的每个时间点的状态，对项目进行有效管控的基本的活动和动作。报告包括状态报告或绩效报告、进展报告，可用于比较项目的实际执行情况与项目目标和基准计划的差异。如果发现与基准计划有偏离，就需要采取纠偏措施，这可能涉及资源的消耗，从而影响项目整体的执行。因此，报告和控制是协同性的动作，必须紧密结合，以确保项目能够按照计划顺利进行，达到预期目标。

（17）信息和归档管理。

在项目管理中，沟通的方方面面都与信息有关，它涉及信息的生成、传递和输出等一系列问题。比如，是否需要通过邮件或电话进行沟通，都会涉及信息的产生方式、传递途径、内容等方面的问题。

一些重要的沟通结果，如一次阶段性的总结会议，或者一些问题讨论会议所涉及的信息内容，都是相当重要的，需要进行归档以形成项目的组织过程资产。这些资产能够为项目后期或其他项目提供重要的参考和反馈作用。

（18）沟通管理。

沟通是指信息的产生、存储、传播的所有过程，涉及信息传播的生成方式、传播形式、监督和反馈等方面。沟通产生的影响和作用非常广泛地存在于管理活动中的方方面面。在项目管理中，由于资源的有限性、相关干系人的复杂性、利益冲突的多样性、不确定性和高风险性，导致沟通变得更加复杂和多样化。因此，项目经理的沟通是一项特别复杂的任务。为了有效沟通，项目经理需要灵活运用不同的沟通工具和技巧，以便更好地与干系人进行合作。

（19）项目启动和收尾。

一个好的开始是做好项目的重要前提和保证。在项目的启动阶段，项目经理应对项目有一个非常清晰的认知和定位。在项目启动阶段做出的决策对项目的成功实施至关重要。比如，要识别项目的核心干系人和主要风险等，这些都是在项目启动阶段必须按时开始并保证质量的重要事项。在项目启动阶段必须认真评估、制定和执行决策，确保项目将按照规划和预算顺利进行，从而实现项目的成功交付和价值创造。

在项目收尾的阶段，也有很多重要的工作需要完成。首先，项目的成果需要形成组织过程资产，并在组织内部推广和利用。这将对组织的发展产生深远的影响。此外，还要进行项目后评价或阶段结束评价等相关工作。

6.1.3 项目经理的能力培养

知识/能力的提升逻辑

能力之眼是项目经理能力培养的范畴，这意味着项目经理需要从以下方面努力提升自己。如果这些方面的能力没有得到提升，只是学了很多知识，就可能只是在知识层面的累积而已。这也是为什么很多人虽然学习了很多年，但本质并没有改变。没有实质的改变就不会有实质的能力提升，因为能力的提升必须基于实践的练习，而知识的积累仅仅基于学习。

> 只要去学就会获得知识，但必须去练习才会获得能力。

每一种能力，如果没有足够的练习做基础，都很难掌握。因此要知行合一，"知"代表知识学习，"行"代表实践。

"学而时习之，不亦说乎？"孔子在《论语》第一篇中说的这句话其实也是在讲"知行合一"。"学"就是从道理上先明白，"习"就是不断地练习。把学到的道理在实践中去验证、去体会、去体验。因为不断地去验证，不断得到正向回馈，所以心情很高兴，这才是"学而时习之，不亦说乎"的正确解释。要实战练习，"习"就是实战。繁体字的"習"有"雏鸟数飞"之意，所以"习"有练习这层意思。习就是去练习，而不是去复习，也不是去学习，更不是做作业。

然而，一个人如果无法改变自己内在的心智模式，就不可能产生实质性的改变。他一定会按照旧有的方式去行事，这就是习惯的力量。因此，我们首先要从心智模式层面上建立一个有效的认知体系，才能做到真正的改变。

认识自己

> 如果不能认知自己的心智模式，就不能实现成长。

彼得·圣吉在《第五项修炼》中特别强调了心智模式和自我超越的重要性。对个体的成长来讲，如果不能认知自己的心智模式，就不能实现成长。心智结构和底层逻辑决定了一切思维方式和行为习惯。底层的心智结构不改变，只是改变表层，很快就会变回去。因为底层不改变，表层一定会跟着底层走。真正的成长一定是源于心智模式的突破。

人的心智模式由表及里，由浅到深大致分为六层（点），分别为意识认知层、情绪层（情绪投射层）、安定层、超验层、太极层和无极层，如图6-1所示。可以看出，人的心智能量层次由浅入深，各有厚薄。值得一提的是，多数人都不能在所有层次中控制和运用自身的能量进行对外的输出，也就是说，多数个体的能量并非以"完全层次"对外界保持开放，这也越发凸显出我们想要获得成长的时候，对于心智模式构成的了解、认知乃至掌握其运用方法的必要性和急迫性。

第1层，意识认知层。

在这一层面，人的认知水平和知识水平，即对信息的掌握以及处理能力属于相对显化的层次，需要建立对外界信息的正确认知。这一点相对容易理解，但真正做到且面面俱到并不容易。就如同战争中的领导者，首先要对敌我双方军情有全面、正确的认知，如果这一点能够完全做好，便拥有了"知己知彼、百战不殆"的认知基础。

第2层，情绪层。

情绪层又叫波动层。情绪层的能量层次比较厚，且具有不断累积的特性。如果意识认知层不是很清楚，到情绪层就更不清楚。在心智模式中，越往下就越容易模糊，越往下就越看不清楚。

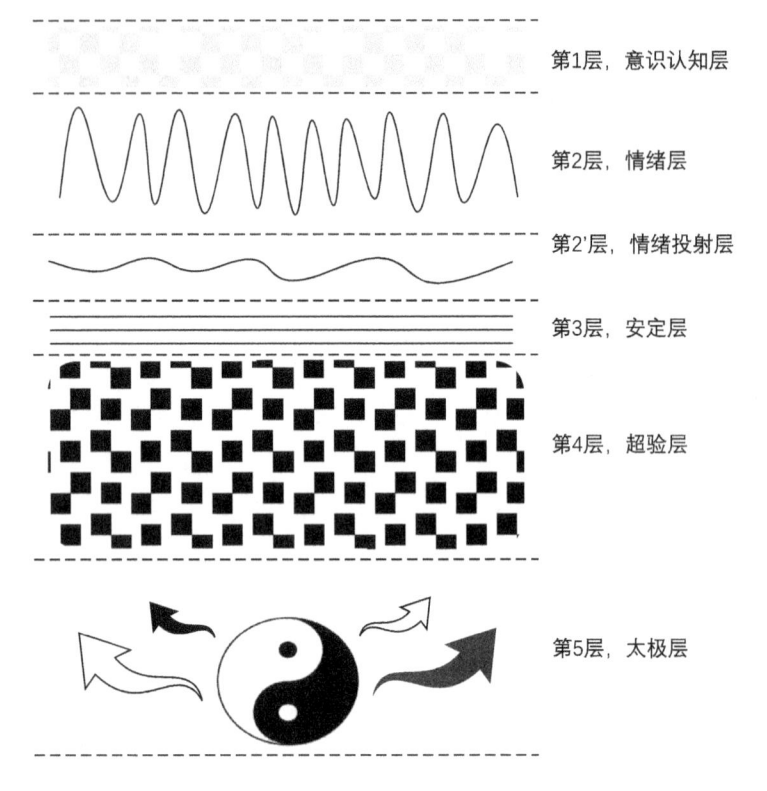

第1层，意识认知层

第2层，情绪层

第2'层，情绪投射层

第3层，安定层

第4层，超验层

第5层，太极层

第6层，无极层

图6-1　人的心智模式

要了解情绪层的作用，首先要了解情绪是什么？传统观点认为，情绪是一系列主观认知经验的统称，是人对客观事物的态度、体验以及相应的行为反应。一般认为，情绪是以个体愿望和需要为中介的一种心理活动。事实上，情绪层中的情绪不仅包含情绪的表层特性，还包含情绪背后的力量：积极的情绪包含积极的力量，消极的情绪包含消极的力量，中性的情绪背后也包含其特有的中性力量。

一般来说，深陷情绪层而无法突破的人是无法掌控自己的情绪的。在这个层次中，人控制不了自己的情绪，此时人是情绪的化身，自身在情绪的"迷雾"中，自然也难以看透他人的情绪，更难感知他人情绪中的细微变化。人与人之间的沟通为什么不顺畅，效率很低？因为绝大多数人都是有情绪的，都活在自己的情绪里。因此，在人际交流中，彼此的情绪会发生干涉、叠加，不断被放大，从而产生沟通障碍。其实彼此之间不是在交流，而是在独白。如果人们的情绪都很混乱，那么交流只是某种情绪的渲染。在这样的交流中，每个人只是在渲染自己的某种情绪，感受到的也只是对方的情绪，而真正的信息被淹没在情绪里面无法传达。

如果想要突破自我情绪层，首先需要认识自己的情绪和自己情绪背后所要抗拒的力量，与自己的情绪"和平相处"是与他人的情绪"和平相处"的基础，也是在该层次中调动自己的情绪力量，继而调动他人情绪力量的基础。

第2'层，情绪投射层。

情绪投射层存在于情绪层的底部，是穿越情绪层后一些本质的、相对稳定的特质与力量。这个层次体现了人性中最本质、最核心的情绪特质、心智模式。它虽然不像情绪层的能量层次一样厚，但对情绪、心智模式和人格的影响至关重要。其稳定且隐秘的存在特性也注定在运用层面上难以控制，这也是大部分人可以控制自己一时的情绪，但很难控制自己固有的心智模式的重要原因。

通过自我内心的修行，时时反思，处处思量，有利于控制好自己的情绪，从而逐步内聚情绪投射层的力量。在这个层面控制好，便可有"宠辱不惊，看庭前花开花落；去留无意，望天上云卷云舒"的格局与力量。

第3层，安定层。

《大学》第一章有云："知止而后有定，定而后能静，静而后能安，安而后能虑，虑而后能得。""安""定"便是"知止"之后的状态，也是后面有"得"的必要条件。"知止而后有定"中的"知止"就是完成了前文提到的对意识认知层、情绪层及情绪投射层的"知"，达到"止"的稳定。

所谓"知止而后有定"的"定"，就是要找到"惟精惟一"的"一线"境界，其实就是情绪几乎没有波动的状态。如果能达到"一线"境界，就会有非常强的洞察力，就能看透人的情绪和认知结构。这种境界类似于心平如"镜"的状态。所以，真正的"一线"就像结冰的湖面或明镜一样，可以看透、看穿万事万物。

第4层，超验层。

超验层并非虚无的境界。它的能量层次相当厚，对人的影响也至深至远。超验层显化世界的黑暗，是一种人难以目视、对可见光之外光波"不识其亮""不辨其色"的状态。

超验层可以类比"紫外线""红外线"，即在常识情况下触碰而不知，却有客观实在影响的层次。不识之物，不见之相，自然难以理解，更难言掌控。

第5层，太极层。

世间万物，虽各有其形态，但在本质上都可以归于统一。一阴一阳，阴阳相生，阴阳相容。从微观的尺度上，显相的世界中的万物无不是由带正电的原子核以及带负电的核外电子组成原子，构成分子，组成物质，又统一于太极点。

第6层，无极层。

《道德经》开篇便讲："道可道，非常道；名可名，非常名。无名，天地之始，有名，万物之母。故常无欲，以观其妙，常有欲，以观其徼。此两者，同出而异名，同谓之玄，玄之又玄，众妙之门。"此处的"无"，并非不存在，并非与"有"二元对立，而是佛法中"不二"的境界。

宇宙大道至简，作为众生之一，浮游天地之间，当以天地为师，滋养万物，有大美而不言，有天籁而不语。生当为人，无贪心，无嗔心，无痴心，无分别心。虚空之至，包容万物！

提升自己

在对心智模式认知的基础上，我们可以对自身的提升和成长方向有一个大致的概念，但是可能并不清楚该如何具体实现。因此，在接下来的内容中，我们提出项目经理应注重培养六项能力，这些能力代表不同的境界，并且可以通过平时的练习加以提升。

（1）洞察力。

第一项重要的能力是洞察力。它是一切能力的基础，只有看清楚了才能想明白。看不清楚就想不明白，想不明白就不能做出正确的决策，不能做出正确的决策，执行决策一定会浪费资源，过度浪费资源则一定会导致项目失败。拥有洞察力的人可以清晰洞见身边人的个人状态，不以个人语言或旁人评价为转移。洞察力敏锐的人，看待任何事情都能做到入木三分，知道问题的症结所在。在项目诊断的过程中，洞察力是至关重要的，因为它能够帮助人们根据公司呈现出的各种管理现状，立即判断出企业存在的问题以及其根本原因。

> 洞察力敏锐的人，看待任何事情都能做到入木三分，知道问题的症结所在。

在项目管理中，我们需要更深入地了解项目成功或失败的原因，并进行总结和分析。如果我们对事物的认识只是表面的，那么我们可能会不断重复犯同样的错误。只有通过洞察力的提升，我们才能逐渐提高思考问题的深度和广度，从而更全面地看待问题。因此，在学习项目管理时，我们需要重点关注并提高思维的广度、深度、高度和细腻度。如果有足够的广度，就能拥有强大的包容力；如果有足够的深度，就可以看到事情背后的真正原因；如果有足够的高度，就可以比别人更全面地看待问题；如果有足够的细腻度，就能避免遗漏重要的细节。所有这些都体现了我们的洞察力。

洞察力需要在平时的生活中不断培养。可以从观察一朵小花开始，可以看看附近的花是否开放、花的颜色、开放的顺序等。通过这样的观察，可以逐渐培养洞察力。我们应该把简单的事情看透彻，了解周围的人、事、物，然后逐步尝试更复杂的人、事、物。这是一个循序渐进的过程，也是一个"格物"的过程，只有通过"格物"才能把事物看清楚，才能"致知"。

（2）思考力。

思考力的基础是洞察力。洞察力要求我们先看清楚事情的本质，而思考力则更进一步，需要我们深入分析和理解事情，所以思考力是洞察力的进阶能力。要想将事情想明白，不仅需要洞察力，还需要一个人的知识结构和认知经验，这也是思考力的一部分。

> 思考力的基础是洞察力。

思考力是在洞察力的基础上，通过分析现象与结果之间的逻辑关系并做出预测，从而做出决策的能力。它需要先透过现象看清事物的本质，然后进行逻辑推断和分析，最终预测未来，做出决策。思考力能够帮助我们更好、更深入地理解问题和发生的状况，并且在做出决策时提供有力的支持。

（3）决策力。

洞察力主要从客观的角度来认知事物，思考力则能够将看到的问题与自身的认知体系联系起来，从而能够深刻地理解问题。决策力是将前两者综合起来，对看到的事情做出判断和选择，以便做出正确的决策。

我们在处理许多事情时涉及主体和客体的关系。主体是指人，客体是指环境或对象。为了达到主体和客体之间的和谐关系，我们需要做出判断和选择，这种能力就是决策能力。因此，决策能力的底层本质是对自我和外部世界的认知能力，以及对于自我和外部世界之间关系的把握能力，最终在两者之间找到一种平衡的关系，使我们能够在每个当下做出明智的判断和选择。

决策力可以分为保守型和激进型。两种类型没有好坏之分，关键在于个人的承受能力。例如，海边的渔民每次出海打鱼都面临着生命危险，但他们的祖先多数是用这种方式谋生，并且他们也习惯了这样的高风险的生活方式。然而，某些山区居民如果知道山里有老虎，就会选择不去那里劳作。这是因为他们可以选择在其他地方工作，而不必冒这样的风险来维持生计。因此，选择激进型决策还是保守型决策也与环境和文化等因素有关。

洞察力、思考力和决策力不仅在项目管理中有用，在处理生活事务时也非常重要。作为个体，我们必须具备这些能力才能更好地应对各种挑战和问题。通过发展这些能力，我们可以更全面、深入地了解问题，并做出明智的决策，从而更好地实现我们的目标。

（4）组织力。

做出决策之后，需要组织行动。如果要做一些简单的事情，一个人通常可以独自完成，但如果处理比较复杂的事情，就需要组织团队共同完成。组织力是把正确的人放在正确的位置上，让他们共同合作、共同完成任务的能力。在组织团队时，我们需要考虑每个人的特长和技能，并将他们分配到最适合他们的岗位上，这样他们才能充分发挥自己的优势，并为团队的成功做出贡献。

组织力的第一个问题是找到正确的人。为了找到正确的人，我们需要进行人才识别，评估他们的专业度、业务理解度、技能水平等，并将最匹配的成员分配到项目中。只有找到正确的人，放在正确的位置上，才能按照一定的责任分工有序地组织工作。

然而，即使找到了正确的人，也不能保证任务会成功完成。这是因为许多人缺乏工作动力。在这种情况下，我们需要对个人施加影响，激发他们的内在动力。这可以通过赋予他们足够的工作理由和意义，帮助他们树立正确的方向和目标来实现。这个过程实际上也是领导力的一部分。组织力和领导力密不可分，只有充分发挥每个人的潜力并激发他们的动力，才能共同达成团队目标。

（5）领导力。

前面已经讲过，领导力的本质是影响力，项目经理需要不断提升自己的领导力。事实上，人人都需要提升领导力。

领导力是一种内在能量，这种能量无论何时何地都会由内向外辐射。它不仅可以提升自身的修养，而且可以影响和激励周围的人，带来积极的变化。领导力可以通过后天的练习和开发来提高。以下四种方法可以帮助人们提升自己的领导力。

- 为心灵做5S（整理、整顿、清扫、清洁、素养），识别并消除负面情绪和杂念，获得内心自由。
- 寻找能够在精神上、方向上给予指导的老师，并与其多沟通，保证自己是在正确的方向上努力。
- 加强知识和思想建设，多读书并记录需要学习的精髓，在实践中加以练习。
- 加强身体锻炼，提升身体机能，建立自信，积蓄正面能量。这将有助于心态从消极转向积极，并使内在能量得到提高。

通过持之以恒地运用这些方法，可以逐渐提高自己的领导力水平。

（6）执行力。

项目经理的执行力通过项目成员的工作落地来体现。如果项目成员的工作不能执行到位，可能的原因有以下几个方面。

- 缺乏逻辑和方法：项目成员不知道该怎么做。在这种情况下，项目经理需要向其提供明确的逻辑和方法，并指导他如何实施。

- **专业能力缺失**：项目成员可能并不知道自己在专业能力上有什么缺陷。有些人表面看起来很专业，但在执行具体任务时才会发现缺陷。为了解决这个问题，项目经理需要为其提供专业能力方面的指导和培训，帮助其提高执行力。

因此，项目经理要具备执行力，首先要有一定的逻辑、方法和专业能力，然后传递给团队成员，以实现落地的效果。此外，项目经理还应该强调落地的能力和结果导向，积极与团队成员沟通，找出问题的根本原因，并提供指导和支持，最终确保项目的成功。

6.2 项目经理的进阶之路

6.2.1 项目经理应当如何学习

项目经理的素质

一名优秀的项目经理需要具备本专业应用领域的知识和技能，以及对项目环境深入的理解，并掌握一定的管理知识。此外，他还需要具备人际关系技能，包括对他人的包容性和良好的沟通能力。只有将这些技能整合起来，才能成为一名优秀的项目经理。项目经理的知识和技能如图6-2所示。

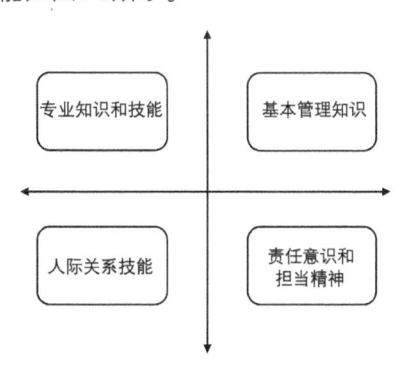

图6-2　项目经理的知识和技能

首先，项目经理必须具备相关领域的专业知识和技能，否则将难以理解和解决问题。例如，在新能源汽车项目中，如果缺乏对新能源的了解，仅依靠互联网搜索就想成为一名出色的项目经理是不可能的。因此，对于项目经理而言，打好自己的专业基础是非常重要的，这是立身之本。

其次，项目经理应当具备人际关系技能。这包括两个方面的技能：一是善于倾听，并且能够理解别人所说的话；二是善于表达自己的想法，确保自己的观点被清晰地传递给其他人。除此之外，激励他人也是处理人际关系的关键技能之一。优秀的项目经理应该能够有效地激励团队成员，使他们充满工作热情和动力，并认识到工作的重要性和意义。

再次，基本管理知识也非常重要。优秀的项目经理需要了解金融、会计、战略、组织、激励、个人时间管理等各个领域的知识。在项目管理方面，可以通过参加PMP认证培训来系统地学习相关知识。然而，获得PMP认证并不足以保证项目经理成功地管理项目，因为最根本的还是要靠自己的综合素质和实践能力。

最后，作为项目经理最基础的素质就是要有责任意识和担当精神。这一点可能听起来很简单，但实际上要真正做到并不容易，如任劳任怨，只有极少数人能够真正做到。在现实生活中，很多人能把分内的工作干好就很不错了。理论上很简单的一些素质要求，真正做好还是很难的。

学习的层次和方法

（1）学习的层次。

项目管理是一种涉及思想、工具、流程、体系和模板等多方面内容的综合性管理方法。在学习项目管理时，可以将其分为三个层次：最底层是知识层面的学习（What），即学习项目管理的相关概念、理论和知识点；中间层是工具技能层面（How），即学习如何使用各种项目管理工具和技巧；最高层是思想层面（Why），即学习项目管理的核心思想、原则和价值观。也可以解释为传道层（Why）、授业层（How）和解惑层（What）。学习的三个层次如图6-3所示，它们相互关联、相互促进，共同构成了学习项目管理的完整体系。

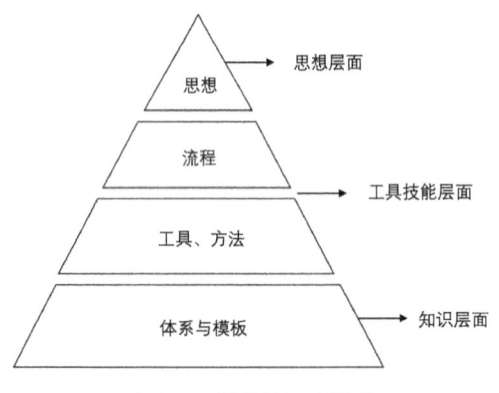

图6-3 学习的三个层次

第一，知识层面（What），对应着体系和模板，是学习的基础和最表层的阶段。这个阶段类似于幼儿园老师和小学老师教学生认字，学生只需要了解字的意思即可。然而，在任何学科中，仅掌握相关知识都属于最基础的阶段，因为知识本身并不具备实际的应用价值，真正重要的是如何运用所学知识去解决问题。因此，真正的学习不应该满足于仅仅了解一些概念和原理，而应该在此基础上不断尝试将知识应用到实践中。知识本身不是力量，运用知识才会产生力量，真正的学习不应该只满足于自己知道什么。

第二，工具技能层面（How），对应着工具、方法和流程。在这个阶段，学习者不仅需要了解相关知识，还需要知道如何运用这些工具和方法去完成任务。然而，这一层次只能解决一些程序性问题，也就是按照规章流程进行操作。一旦遇到不符合流程的情况，学习者可能无法继续前进。

第三，思想层面（Why），也是最核心和最有价值的学习阶段。未来成功的关键不在于知识的丰富程度，也不在于对具体工作的掌握程度，而在于那些既有独立思考能力，又能胜任各种复杂工作的人。然而，在现实生活中，很多人只注重完成具体工作，对于思维层面的重要性却视而不见。所以也可以说，只有拥有独立思考能力才能真正具备竞争力。

随着行业、企业和社会的发展，当前学习的知识和技能都有可能过时。然而，独立思考能力是永恒不变的重要素质。因此，学习项目管理的关键在于理解其核心思想，而非仅仅掌握一些具体的工具和技能。

（2）学习的方法。

学习有两种方法。一种是总入法，就是从原理性、根本性和共性的东西去学习。这种方法不需要走遍世界上所有的路，就能知道路是怎样的。如果一个人的领悟能力比较好，用这种方法比较简单。另一种方法是行入法，就是把万里路都走完了，总结出来原来路是这样的。

喜欢哲学思考的人倾向于采用总入法，而喜欢实战的人则倾向于采用行入法。对于项目经理来说，需要将两种方法相结合，既要理论支持实践，又要实践检验理论。

6.2.2 项目经理的成长路径

如图6-4所示，一名优秀的项目经理的成长基本要经历三个阶段。

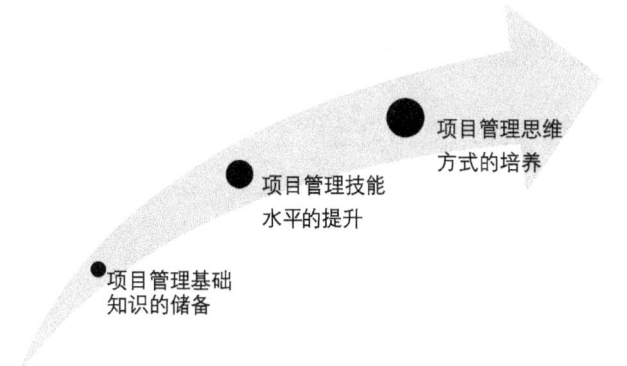

图6-4 项目经理的成长路径

第一阶段，项目管理基础知识的储备。在这个阶段，主要掌握项目管理的基本概念和理论，如通过获得PMP认证来考察知识水平。然而，获得PMP认证并不代表能够做好项目管理。

第二阶段，项目管理技能水平的提升。在这个阶段，需要将所学知识应用于实际工作中，运用项目管理工具和方法灵活解决遇到的问题。

第三阶段，项目管理思维方式的培养。这个阶段是最为核心和困难的阶段。在掌握了足够的基础知识和技能之后，需要进一步在思维层面上将项目管理的方式、方法和解决问题的逻辑转化为内在自觉的过程。这个过程需要一定的时间和积累，并且对于形成卓越的项目管理素养至关重要。因此，在项目管理教育中非常注重这个阶段的培养。

再进一步提升项目管理水平，就要谈到项目管理的本质了。项目管理的本质是管理人性，涉及人的心智的管理。从项目管理的角度来看，学习和提升的过程就是自我心智不断转变，并通过自身的改变来影响他人的过程。自我心智的转变是自我学习和成长所必须经历的过程。然而，很多人虽然参加了大量的培训和学习，但改变并不大，进步不明显，这是因为他们没有主动去升级自己的心智模式。因此，要实现彻底的自我提升，必须重视自身心智的转变。如果能够将项目管理的思维方式和方法内化为个人的心智模式和结构，并将其作为自己考虑问题和行动的自觉行为，那就可以用项目管理的方式看待世界、解决问题，这就达到了一个比较高的境界。同时，作为项目经理，用这种思维方法去培养自己的团队成员，也是扩大影响力的过程。

最后还要强调知行合一，"我想的就是我做的，我做的就是我想的"，在日常工作和生活中，必须将学到的项目管理方式和方法与自身解决问题的具体逻辑完美地结合起来。

以上就是比较完整的项目经理成长路径，这个过程不是一蹴而就的，需要不断地学习与实践，在实践中不断提升，最终达到知行合一。

6.3 终身学习，知行合一

6.3.1 学习的态度比能力更重要

态度包含两个重要的特质：积极、开放。积极意味着始终保持乐观向上的心态，而开放则是指对自己不理解的事物以及与自己观点不一致的事物保持开放的心态。

保持积极应该从小事做起，在工作和学习中始终乐观向上。保持开放也很简单，就是不轻易否定或评判别人。当遇到听不懂的内容的时候，应该问问自己为什么理解困难；当别人的想法和自己不同的时候，应该问问自己他们为什么会有不同的看法，而不是急于贴标签、批评或排斥别人。只有通过这样的不断练习，项目管理者才能培养出同理心和包容心，并具备真正管理下属的能力。

能力有高低，态度是当下就可以改变的。所以正确的态度比能力更重要。这是对管理者做事的要求，也是管理者学习管理的前提。

6.3.2 知行合一

知的层次

知的层次可粗分三层：粗心层、细心层和良知层。最表层是人的粗大的妄念的想法。要先看到这些妄念，然后再往里边看到微细的想法。从粗大的心到微细的心的过程就是儒家所说的"知止而后有定的过程"。当粗大的妄念止息之后，就会进入细心层，然后进入微细心层，对应着粗心定、细心定，以及一层层定。在每一层如果能够维持妄念不起的话，那一层就是有力量的。从表层往里走，要维持每一层都需要有力量。往里走就要收摄内心。收摄就是要获取力量，这个力量就是"定"。当把意的层面全部突破了之后，最后才能回到本体，也就是王阳明先生所说的"致良知"，认识无善无恶的心体。回到本位就是儒家的内圣，就是老子的无为境界，佛家的开悟境界。到达心体的境界就是圣人。圣人无心，以天下之心为心。

如何达到知？阳明先生也给出了答案："格物致知"。知是物之体，物是知之用，知一旦起来，背后一定有物，人是不能想出不存在的东西的，想到的存在的东西就是物。通过物能看到人的意，意为物之所用。所以格物是为了格意，不断"格"，不断纯化，透过了意，后面就是知，这就是通过"格物"达到"致良知"的过程。当意破掉，达到知的时候，是无法用语言文字来形容的，因为这个时候意不动，就无法生成文字和语言。但是达到这个知，能产生一切的理，所以才说"心即理"。

如何从知到行

对于我们而言，"知行合一"意味着学习必须体现在行动中。知识只是行动的起点，而行动才能够使知识得以落实。换言之，知道做不到等于不知道。只有将知识运用到实践中，方能发挥其价值和功效。如果学了却不去使用，那么只是浪费了资源，毫无生产力和价值可言。社会进步并非由于有人一直在学习，而是因为有人为社会创造了价值。因此，创造更多价值才是学习的目的。

为什么在学习项目管理时要强调"知行合一"？因为能够落地的项目才能被称为真正的项目。学习管理并不是纸上谈兵，而应该将理论应用于实践中，并不断反思和进步，使知识与行动相统一。因此，我们应该以"知行合一"的标准来要求自己。改变一个人很难，但改变他的行为相对容易。改变一个人的行为就会改变一个人的习惯，改变一个人的习惯则能够改变一个人的性格，最终影响一个人的命运。

知行合一就是要把知道的东西形成习惯和体系，保持积极开放的心态，为社会创造更多价值。

结 论

人生也是一个项目

  人的一生也是一个项目。所有的人都会离开这个世界，所有的项目都会结束。美国项目管理协会（PMI）主席保罗·格雷斯曾说："21世纪的社会，一切都是项目，一切也必将成为项目。"真正的项目管理意味着能够从项目管理的视角和逻辑出发来看待和解决所有的问题。如果学习了项目管理却不能将其运用到实际问题中，那么只是掌握了表层的知识，只停留在项目管理的入门阶段。

  在人生的每个阶段，找到适合自己的事情非常重要。首先需要选择机遇，明确自己应该从事什么，这也符合项目管理的逻辑。找到自己该做的事情对于每个人在不同的人生阶段都是至关重要的。接下来，只要按照正确的方法付出实际的行动，就一定收获得真正的成果，活出精彩的人生！

参考文献

[1] 李华，胡奇英. 预测与决策教程[M]. 北京：机械工业出版社，2021.

[2] Harold Kerzner. 项目管理2.0[M]. 北京：电子工业出版社，2020.

[3] 项目管理协会. 项目管理知识体系指南（PMBOK®指南）第6版[M]. 北京：电子工业出版社，2018.

[4] 项目管理协会. 项目管理知识体系指南（PMBOK®指南）第7版[M]. 北京：电子工业出版社，2023.

[5] Peter Senge. 第五项修炼[M]. 张成林，译. 北京：中信出版集团，2018.

[6] Donella H. Meadows. 系统之美[M]. 邱昭良，译. 浙江：浙江人民出版社，2012.

[7] David Anderson. 管理学[M]. 北京：海阔天空出版社，2018.

[8] Harold Kerzner. 项目管理：战略设计和实施[M]. 北京：机械工业出版社，2017.

[9] Eric Gispen. 项目管理：系统方法[M]. 北京：中国地质出版社，2019.

[10] Tony Frayer. 沟通的艺术[M]. 北京：人民邮电出版社，2015.

[11] 吕文学，马萍萍，张连营. 国际工程项目管理新模式——伙伴关系——解析香港建设业伙伴关系项目管理模式[J]. 建筑经济，2003（5）：53-55.

[12] 刘宝东. 走自己的路，才把中国革命搞成功了[N]. 北京日报，2021-2-1（10）.

[13] David R. Hawkins. 意念力：激发你的潜在力量[M]. 北京：光明日报出版社，2014.

[14] Peter F. Drucker. 管理的实践[M]. 北京：机械工程出版社，2018.

[15] 李阳. 李嘉诚传（全集）[M]. 河北：花山文艺出版社，2021.